走到春暖花开

一位女律师办案手记

李莹/著

华中科技大学出版社
http://press.hust.edu.cn
中国·武汉

图书在版编目（CIP）数据

走到春暖花开：一位女律师办案手记/李莹著.—武汉：华中科技大学出版社，2023.4
ISBN 978-7-5680-9183-1

Ⅰ.①走… Ⅱ.①李… Ⅲ.①妇女儿童权益保护-案例-中国 Ⅳ.①D922.75

中国国家版本馆 CIP 数据核字（2023）第 046619 号

走到春暖花开：一位女律师办案手记 　　　　　　　　　　　　　　　　　李莹　著
Zou Dao Chunnuan Huakai：Yi Wei Nülüshi Ban'an Shouji

策划编辑：郭善珊	
责任编辑：张　丛　张婧旻	
封面设计：尹　宁	
版式设计：赵慧萍	
责任校对：张会军	
责任监印：朱　玢	
出版发行：华中科技大学出版社（中国·武汉）	电话：(027)81321913
武汉市东湖新技术开发区华工科技园	邮编：430223
录　　排：赵慧萍	
印　　刷：武汉精一佳印刷有限公司	
开　　本：880mm×1230mm　1/32	
印　　张：11.25	
字　　数：234千字	
版　　次：2023年4月第1版第1次印刷	
定　　价：65.00元	

本书若有印装质量问题，请向出版社营销中心调换
全国免费服务热线：400-6679-118　　竭诚为您服务
版权所有　侵权必究

自序

命运就是这样兜兜转转,它会在某个时候将你拉回到你该在的轨道,无论你之前离它有多远。我不会想到,我一个学经济的、手捧公务员铁饭碗的人,会在而立之年后,成为自己是小女孩的时候想成为的人——一个铁肩担道义的妇女儿童维权律师。当然,如果不是这样,也不会有这本律师手记。

2002年7月1日,我走进了位于北京大学南门的资源西楼,推开了一间普通办公室的门。迎接我的,是一面墙的锦旗,还有随意贴上的照片。照片里一张张绽放的笑容,减少了我的些许紧张。

这是北京大学法学院妇女法律研究与服务中心,一家专为贫弱妇女提供法律援助和服务的公益机构。我当时只是作为服务中心的一名兼职成员,而且当时的我只是把这次结缘看成一次生命的偶然。但20年过去，回望全部的人生，我发现命运就像魔术师，一开始它就决定了你的角色，只是你并不知道而已。当命运撩开岁月的幕布，那个角色从暗盒里走出，向观众致意。

为妇女和儿童打官司就是我今生的宿命。

当我还是一个小女孩时，命运就种下了它的种子。远在广西工作的父母照顾不了我，外婆用她累驼的背把我背回老家。我的童年就在沅江边美丽的湘西小城沅陵度过，我也算是一个留守儿童吧。沅陵是一个水运发达的山城，沅江像玉带一样绕城而过，把货物和山外的信息带到这个小城。二十世纪七十年代的沅陵，货物到达码头后还是完全由人工卸货和运货，工具就是歌里唱颂的小背篓。我的记忆里还深深地印着这样的景象：码头上，妇女们背着沉重的背篓在烈日下艰难移步，身着汗湿的、灰暗的衣服，让人无法分辨性别。我不知道这种重活为什么要她们来干，同时她们还要做饭洗衣干家务。我的小心灵更无法接受的是，她们还经常被男人打骂，我在心里充满了对她们的心疼和同情。

外婆的驼背和她像沅江一样悠长的爱给了我一个温暖的童年。而六岁某天发生的事，成为我未来命运的一个因。一个背着沉重背篓的母亲因劳累靠着一辆卡车的车轮歇息，司机没有看到她，发动了汽车，她被卷入车底。我看到时事情已经发生，大卡车旁围了密密麻麻的人。我在拥挤的人群中看到很多带血的砖块。大人们说她是寡妇，得从码头上背好多篓砖才能挣出孩子们一天的饭食。我的眼里涌出了泪，这是我第一次看到苦难。那些带血的砖块在我的记忆中不断闪现，并成为永恒。

稍大后我主动要求回到在广西边远山区工作的父母身边。父母在不同的贫困地区辗转调动，让我见到了不同的苦难，而苦难的主角基本都是女人，甚至是我的同学、邻居。她们因贫困而挨饿、失学、生病、年少嫁人。她们的境遇深深地刺痛了我，我告诉自己，等我有能力，我一定要帮助像她们一样的人。

这个心愿终于在二十多年后实现。

我34岁之前的经历，是为绝大多数同龄人所钦羡的。1987年我在千军万马过独木桥的高考中成为幸运者。四年后我以优异成绩毕业，被分配到北京市局的政策法规处，成了北京人。之后的生活平静顺遂，而且很快我就有了新的身份：妻子和一个女孩的妈妈。

1995年9月在中国发生的一件大事，让命运的种子发芽了，那就是在北京召开的第四次世界妇女大会。那是我们国家改革开放以来第一次举办世界级盛会，有189个国家的政府代表团、联合国系统及非政府组织代表共15000多人参会。这次会议向世界展示了中国，也向我打开了一扇新世界的大门。会上那句"Women rights are human rights（妇女权益即人权）"，让我有一种如梦初醒之感，瞬间点燃了我的热情。电视里"北京怀柔NGO论坛"有五彩缤纷的帐篷、有不同肤色但有着同样激情的女人们和令人眼花缭乱的女性议题。我在那近半个月的时间里成了"迷妹"。每天上班，我迫不及待地看报纸对世妇会的最新报道；晚上回家，也顾不上照顾牙牙学语的女儿，紧盯着电视看。我自己也无法理解当时的我为什么如此着迷，也许，那就是所谓的觉醒吧。

我此生做出最重要的一次选择，就是放弃公务员身份，重回校园读法律。当时命运已经开始向我招手，可我并未真正意识到。

大学时，学经济并不是我的第一选择，我更喜欢法律。工作后，我用一年半的时间拿下了北京大学法学自考文凭，并在1998年通过了律师资格考试（即现在的国家统一法律职业资格考试），这些经历极大地鼓舞了我，我渴望更有激情和更具挑战的生活，于是我提出辞职，在2000年的秋天进入北京大学法学院攻读民商法学硕士。这个选择，只有我先生支持了我，而且在未来，他对我的所有选择全部投了赞成票，成全了我所有的任性，所以，我特别感谢他。

其实，这也是命运抛出的最重要的一次橄榄枝，因为这次深造，让我有机会遇见原北大法学院妇女法律研究与服务中心，并最终投入我终生所追逐、热爱的那份事业——我成为一名妇女儿童权益保护律师。

2002年初夏的那一次推门，开启了我新的人生。

进入中心后，我像海绵一样去吸收新的知识，包括妇女权利、社会性别意识、家庭暴力、性骚扰、就业性别歧视……每当看到一个个推门而进的姐妹，听到她们的故事，我用社会性别理念去分析和审视女性的角色和命运，我对性别平等有了更深的认识，也做出了我愿意毕生为之奋斗的选择——为她们的权利而战。

2004年初我正式成为一名执业律师，很快，我接到第一个案子。我记得见到这位中年女性时，她胳膊上的绷带因为长期奔波而变了颜色。任当地小领导的丈夫把她的胳膊打断，并把她赶出家门，她像"秋菊"一样找各部门，为自己讨公道。找到我们的时候，她的伤口因长时间得不到及时换药而发臭，整个人疲惫不堪，但眼神里的倔强让我感受到了她的力量。最终，我们帮她打赢了这场官司，那个男人承担了他应承担的刑事责任。这个案子让我深刻地认识到，法律援助的意义，就是让困境里的弱势群体通过法律援助可以获得高质量的法律服务，感受到司法的公平公正，同时，我们的介入，缩小了她们与强势一方的地位差距，让她们有自信跟不公抗争。

进入这个领域10年后，我开始考虑建立一个机构，我觉得，与现实的需求相比，专业妇女儿童权益保护公益机构的数量太少，而以专职身份公益地开展法律援助的律师数量也很少。我希望探索一个专业化的机构发展模式，也想推动公益律师的职业化。

2015年7月1日，北京市东城区源众家庭与社区发展服务中心正式在北京市东城区民政局注册，成为一家具有正式法律资格的民间公益机构，并开设受暴力妇女儿童帮助热线17701242202。源众的使命和愿景就是保护妇女、儿童等弱势人群权益，为建立一个没有歧视和暴力的世界而努力。2019年9月，源众被评为4A级社会组织。成立以来，源众的志愿律师、工作人员提供了近万人次的法律咨询，办理了300多起法律援助案件，涉及对妇女和儿童的家庭暴力、性骚扰、性侵、婚姻家庭权益、劳动权益等等，源众已经成为具有较大影响力的妇女儿童权益保护机构,这个过程,其实是源众、我还有所有我们帮助过的姐妹们共同成长的过程。

在救助的过程中,我发现,仅有法律援助是不够的,暴力不仅会给她们带来身体的摧残,还会带来巨大的精神创伤,暴力的阴霾甚至会影响她们的一生,而且,暴力往往会让她们陷入生活的困境之中,因此,她们需要一种综合性的支持模式:既有法律的,又有心理的,甚至还有经济的。因此,2016年11月,源众与第三方机构合作在腾讯公益平台发起设立了"给她无暴力的未来"受暴力妇女儿童紧急救助基金,为遭受家暴、性侵、性骚扰的妇女和女童提供包括生活救助、医疗救助、心理支持、法律帮助以及庇护在内的紧急救助,几年来帮助了近300人次的受暴姐妹,提供了近百万的紧急资金支持。2017年,开设了受暴力妇女支持小组,为遭受家暴的妇女提供团体式的系列心理辅导,帮助她们走出暴力阴霾,重新出发。

2022年8月,我们又开发了国内首个"家暴求助"小程序,为全国遭受暴力的受害人提供更加便捷、及时的专业性服务。小程序上线3个多月,使用量就超过3万人次,源众和源众的志愿律师为近千名求助者提供了支持和服务。

一晃20年过去了,这是我此生最快乐、最精彩的一段生命历程,奋斗的岁月最终以一组组数字呈现,显得简单、具象,只有我知道那背后的艰难与繁杂,那是怎样的厚重,又是怎样的深远——那是她们的故事,也是我的。

(本书中所有人名均为化名)

目录

屋檐之下的罪恶

无法摆脱的漩涡 _003
故事一　首个人身安全保护令　_005
故事二　我是受害人,我却必须原谅　_023
故事三　被重伤的妻子变成了被告丈夫的"辩护人"　_034

绝望之下的反抗 _051
故事四　有温度的尾声　_053
故事五　两封遗书　_070

生活在命运坐标的下轴 _089
故事六　渐冻的生命,全新的自己　_091
故事七　家暴40年,老人的不同抉择　_106
故事八　那个眼里闪着星星的女孩　_123

雏菊之殇

被牵线的玩偶 _141
- 故事一 揭开助学达人的画皮 _143
- 故事二 回不去的生活 _159
- 故事三 "反转"在共情和理性之间 _176

灌木之下的沼泽 _191
- 故事四 秋叶之死 _193
- 故事五 不必非得用生命来抗争 _208

职场魔手

名声是无味的向日葵 _229
- 故事一 我不想开庭了,我想撤诉 _231
- 故事二 坚持冲出黑暗的女孩 _246

选择披露 勇敢前行 _269
- 故事三 权力控制下的"诱奸" _271
- 故事四 一场尚有遗憾的胜利 _292

不做完美受害人 _309
- 故事五 恐怖的"亲密爱人" _311
- 故事六 被害人的反应有标准答案吗? _330

后记 _346

屋檐之下的罪恶

无法摆脱的漩涡

> 法律的力量应当跟随着公民,就像影子跟随着身体一样。
>
> ——贝卡利亚

故事一
首个人身安全保护令

· 高度危险 ·

2016年2月14日的情人节,我记得是一个阴冷的周末,下着小雪。中午的时候我接到了某区妇联的电话,说一位女士因为被家暴,带着三岁的孩子逃出来了,现已被警察送至该区救助站的受家暴妇女庇护中心,需要我们介入并提供服务。就这样,便开启了我们和冬梅的故事。

庇护是《中华人民共和国反家庭暴力法》(以下简称《反家庭暴力法》)确立的一项重要的处置机制。事实上,庇护制度已成为世界范围内对家庭暴力受害人一项重要的救济制度,它的主要功能是给家暴受害人提供一个安全的生活场所,并辅之以法律援助、心理辅导、社工支持等综合性服务。我曾经有机会在美国以及我国台湾地区考察过当地的庇护所,庇护所基本由专门的社会组织负责运营,整个庇护所设计温馨、设施齐备,受家暴妇女在这里能获得专业性的支持,甚至可以带上孩子,以避免施暴人通过孩子来要挟受害人回归或者服从其意志。受暴妇女在庇护所里展现的那种安心和发自内心的微笑让我印象深刻，因此，源众一直在积极推进国内的庇护工作，而在《反家庭暴力法》实施之前，很多地方也已经在当地救助站开辟出专门区域作为受家暴妇女的庇护中心，开展庇护工作，虽然庇护中心在救助站，但其管理和运营工作主要还是由妇联负责。在这个背景之下，2015年下半年，某区妇联以项目形式与源众合作，委托源众负责该区受家暴妇女庇护所的运营，以发挥社会组织的专业性力量。

冬梅的案子是源众受托负责救助站庇护中心运营后的第一个涉家暴案件。尽管在此之前我们已经制定了一套一体化的庇护机制和流程，但还没有真正实施过，因此，这个案件是一次真正的检验，大家难免有些紧张。接案后，源众迅速成立了包含社工、志愿律师以及督导专家的专门小组，并与妇联、救助站取得联系，负责庇护项目实施的同事小艺成为这个案件的主要承办人，她毕业于某学院的社工系，为人冷静而温和。之前源众办理的涉家暴案件主要是直接的法律援助案件，以律师为主，而在庇护机制之下，法律援助只是其中一个环节，需要有一个协调人对当事人进行支持和陪伴，并与律师、心理咨询师对接，同时连接救助站、妇联、派出所、法院等公共部门的资源，已经有了近5年工作经验的小艺无疑是合适人选。

但是，我们没有想到，这个首案是一场硬仗，成为源众的经典案例之一。首先，这个案件的难度超出了我们的预想，一个涉家暴案件所有涉及的问题它全部都涉及，不仅如此，还出现了很多突发问题，给小试牛刀的我们带来了巨大挑战。其次，这个案件的解决速度也超出了我们的预想，从我们介入，到冬梅拿到离婚调解书，仅37天，难以想象的快。为什么这么快？其实，这个案件还体现了反家暴的一项重要机制——多机构联动的威力，案件的快速解决，妇联在其中起到了重要的协调作用，调动了救助站、派出所、法院等各方力量，而源众则调动了法律、心理等专业性力量，各方有效联动，没有一方掉链子。第三，这个案件结局的反转也超出了我们的预想，正因为这个案件，让我重新审视家暴案件的复杂性、艰巨性，并调整了源众的支持和服务模式，将以法律援助为主调整为以法律援助为核心的综合性支持模式，并开发了多个支持模块，形成源众的特色。

  我们接到工作指令时已近中午，天空阴郁得很，雨雪没有停下的意思。小艺已经跟丈夫商量好带女儿一起过节，看来又无法实现了。小艺来不及安抚好失望哭闹的小女儿，当天下午就赶到了救助站，向冬梅详细了解案件情况，并为冬梅进行了家庭暴力的危险性评估以及需求评估。危险性评估结果高达9分，属于高度危险，即冬梅存在极高的人身安全风险，必须与施暴丈夫隔离。因此，我们马上向妇联汇报，冬梅需要在庇护中心待较长时间，需要妇联跟救助站领导沟通，说明情况。一般情况下，庇护的最长期限是10天。救助站领导给予了极大支持，特事特办，想办法延长了冬梅的庇护期限，让冬梅一直待到离婚调解达成，庇护中心真正成了冬梅安全稳定的大后方。

  冬梅入住当天，就上演了惊魂一幕。半夜时分她丈夫找到了救助站，不断进行各种骚扰，甚至向冬梅发出死亡威胁，因此能留在安全防卫极有保障的救助站对冬梅来讲是最为重要的。而需求评估的结果也让我们惊讶，冬梅的需求主要包括：诉讼离婚；需要律师帮助收集相关证据；本人以及大女儿需要心理咨询；需要帮助另行租房（地址保密）；需要帮助办理女儿转学；大女儿在男方处，不安全，需要帮助接到本人身边。还有一项惊到了我们所有人——冬梅怀孕近8周，需要尽快进行人工流产。而且她说，她老公特别狡猾，她完全不是对手，她特别害怕。确实，该男子在半天时间就查到冬梅下落并且当天就跑到救助站要求接人，已经让我感受到案件可能面临的难度和情况的胶着。小艺很焦虑，她从业快5年，首次遇到如此复杂的涉家暴案件。一路走来，这也是近年源众遇到的一块比较难啃的硬骨头。"没关系，我们搞得定。"我这么安慰小艺。当然，这不仅仅是安慰，我有这个信心，邪不压正，这是天道。我决定尽快见一见冬梅。

　　一天后，我和朝阳律协委派的张律师以及源众的志愿律师田咚出现在冬梅面前。此时，除了她逃跑时带上的小儿子，她的大女儿也来到了她的身边，这是我们介入后跟男方交锋的第一个成果，男方把大女儿送到了救助站。尽管已经来到安全环境，但我还是能感受到冬梅内心的恐惧和慌乱，反而她的大女儿显得很镇定，而且很爱说话。如果不是提前了解到这个女孩不仅目睹父亲施暴母亲，还经常被父亲打骂，已开始出现抑郁、焦虑、厌学状况，我可能会对女孩的兴奋感到宽慰，但了解了背景情况后，女孩的兴奋和好谈让我感觉到了更大的不安，我担心女孩存在双向情感障碍。得第一时间安排心理咨询才行，我心里暗想。我和另外两位律师再次详细了解整个案情、证据情况以及冬梅的需求。

·冬梅的故事·

这是一个典型的家暴案例，也是一个让人悲哀的故事。冬梅是80后，在单亲家庭中长大，她特别渴望家庭的温暖，而田强给了她认为的父爱和兄长般的关爱。对这份爱的沉迷让她逐步迷失了自我的判断，她成为对田强言听计从的"好女孩"。还有一个星期就拿到大学毕业证的时候，田强一句"毕业证没用，你跟我出来挣钱吧，我会给你一个家"，冬梅就断然放弃四年辛苦的学习，跟田强来到北京。

到了北京，田强并未实现自己的承诺，直到冬梅生下女儿，田强依然没有跟她领取结婚证，两人一直只是同居状态。而且田强如父如兄的面具很快就彻底撕下，他开始家暴冬梅。第一次家暴是在冬梅怀女儿4个多月时，只是因为一件很小的事情，田强对她大打出手，冬梅出现了流产症状，卧床保胎了好几个月。孩子出生之后，田强的暴力不断升级，冬梅身上淤青不断，甚至被限制人身自由。后来，冬梅找了一个销售代表的工作，她凭自己的认真、勤奋很快就成为销售骨干，也成为这个家的主要创收者，此时田强却办理了提前退休，享受着冬梅的供养。几年后，他们甚至在京郊买了一套房，但这没有对她的境遇带来任何改变。她的银行卡全部上交，田强每周只给她200块钱，让她安排全家人的伙食，还不能吃得太差，每一笔都要记账，一旦他认为她花多了，又是一顿打。每次冬梅出去见客户，都要提前报备，忘了报备，不但不能出去，还要被铐在卫生间思过。田强还经常查她手机，看她是不是跟异性有接触。

我听到这里，除了愤怒，也很好奇，因为他们只是同居，并没有结婚，那提离婚又怎么回事呢？冬梅有些不好意思，是她求男方结婚的。我不禁问："既然他这么打你，为什么还要跟他结婚呢？"她有些恍惚地回答："我也不知道，也许我想着结婚后他会对我好一些吧。"这是什么逻辑呀姑娘，我忍不住感叹。

在女儿8岁时，他们终于领了结婚证，但情况没有好转，并且，田强开始了性暴力，由于房间不大，他甚至不避讳女儿。主张结婚的她，不得不想到了逃离。冬梅一共逃了4次，都被狡猾的丈夫找到，被抓回来之后是更为残酷的暴力。绝望之下，她不得不拼命寻找自己的错处，来合理化这么多年无来由的暴力，到最后，她想到是不是因为自己没有生儿子，如果生个儿子，为丈夫家留下香火，是不是他就会对自己好一些？在女儿11岁的时候，她如愿生下了小儿子，田强确实很开心，也对冬梅好了一阵，但正如家暴理论所反映的，家暴的本质是权力控制，家暴不会自动停止。哺乳期还没有过，田强即故态复萌，而且，口口声声担心冬梅跟臭男人鬼混的他，自己却出轨了。当他听到冬梅再次怀孕后，竟认定孩子不是他的，在狠揍她一顿之后，他要求冬梅必须把孩子生下来，让孩子成为冬梅出轨的证明。面对如此的羞辱，冬梅才彻底看清这个她跟了十几年的男人。2月14日是情人节，田强一大早就出去了，应该不会很快回来,冬梅利用这个难得的机会,开始了第5次逃跑。说到这里,她看着我们,眼泪不停地掉:"这应该是我最后一次逃跑了吧?你们一定会帮我的吧?"

"是的。"我坚定地跟她说。

·交锋·

鉴于案件的复杂性,我们制定了工作计划,除了租房,基本上都很紧急。我们按工作内容分了组:第一组是心理支持组,我们安排了源众经验丰富的心理咨询师彩霞老师负责冬梅和大女儿的心理辅导;第二组是综合组,由小艺负责,主要负责跟救助站、妇联等部门的联动,还有针对性地为冬梅提供服务,最紧迫的是为她安排人工流产,以及解决大女儿的临时借读问题,因为涉及跨区,难度还是挺大的;第三组就是法律援助组,由我牵头,老搭档田咚律师还有周春梅律师加入。冬梅的诉求是离婚和争取两个孩子的抚养权,但如果难度大,财产和孩子抚养权问题可以商量。我们详细梳理了案情和证据情况,发现冬梅的家暴证据并不充分,她没有报过警,只有一些就医诊断证明。为此,我们约见了田强,想根据和他见面的情况,再制定离婚方案。

田强果然是老狐狸。来到救助站,他马上对冬梅和女儿嘘寒问暖,表达思念之情,见到了几天不见的儿子,他两眼放光,抱着亲个不停。我看得出来,他对儿子是真喜欢,当然也意味着,要孩子难度加大了一点。双方落座后,田强便开始表演。他声泪俱下地表达对妻儿的思念,说自己做得不好,向老婆道歉,但绝口不提家暴的事情。他还说这几天进行了反思,才意识到冬梅是多么好的妻子,自己是爱这个家的,以后自己一定会好好珍惜家人,好好过日子。不得不说,田强的演技很好,成功博得了我们一个年轻同事的同情,小同事偷偷跟我说,她觉得田强是真心知道错了,是不是给他一个机会?我笑了一下,看着一脸认真的小同事:"他这是鳄鱼的眼泪,你看他啥时候把画皮撕下。"

果不其然,在得知冬梅坚决要离婚后,田强的脸变得比川剧里的变脸还要快,他收起眼泪,恶狠狠地盯着我们,站起身来,甩话让冬梅别做梦,他是不会离婚的,说完扬长而去。之后田强便开始一系列操作:不断来救助站骚扰、叫骂;发信息威胁冬梅如果要离婚一定不得好死;分别向市妇联、全国妇联以及市民政局、民政部投诉区妇联和救助站。这些都没有得逞后,他又去威胁冬梅的家人。鉴于以上情况,我们意识到协议离婚基本不可能了,只能起诉离婚,并且要提供充足的证据证明田强构成家暴,因为根据2001年修正的《中华人民共和国婚姻法》(以下简称《婚姻法》)第32条第3款第2项的规定,家庭暴力属于可以直接判决离婚的法定情形,如果法院认定田强构成家暴,他同不同意都不影响作出离婚判决,但是,法院认定家暴的比例很低,需要充分的证据。因此,证据的收集成为法律援助组的首要任务。代理律师们开始了艰难的取证工作,她们梳理了冬梅多年的病例,找到了被打后冬梅就医的证据,还有冬梅描述被家暴的日记,并拿到了作为目睹儿童的冬梅女儿还有知晓田强家暴的朋友和邻居的证人证言等。她们整理了证据目录，并且帮助冬梅起草了离婚诉状，待做了人工流产的冬梅身体情况好转后即启动诉讼。

·申请了首个人身安全保护令·

此时，我又有了一个新的想法。2016年3月1日《反家庭暴力法》将正式实施，该法里有两项非常重要的机制也将随之实行：一是公安机关的告诫书制度，二是人民法院的人身安全保护令制度。这个案件如此典型，完全可以作为出具告诫书和签发人身安全保护令的第一案。早在2005年修正的《中华人民共和国妇女权益保障法》实施时，为推动和宣传该法首次制定的关于防治性骚扰的规定，在修正后的法条正式实施的当天，我帮助一个遭受性骚扰的当事人提起了民事诉讼，该案引发了较大的社会关注，被媒体称为"京城性骚扰第一案"。这样的案件，不仅帮助当事人获得司法救济，还是很好的公众法律宣传教育方式。听了我的想法，同事们都非常赞同，在法律实施的第一天就有案例，还让当事人获得司法救济，是多么有意义的事情。冬梅也表示，只要是对社会有意义，她愿意做这样的第一。

转眼就到了2016年3月1日，《反家庭暴力法》正式实施的第一天。一大早，田咚、周春梅律师以及同事小艺即前往法院提交人身安全保护令申请及离婚申请，法院当即受理，此案成为北京市《反家庭暴力法》实施后第一起申请保护令的案例。之后,几个人又马不停蹄地赶到派出所办理告诫书事宜。但接待的警察表示自己不了解这个规定,也没有接到相关通知,无法出具告诫书。这个结果并未出乎预料,法律是一个需要学习、理解、适用的过程。

但人身安全保护令的签发出乎了我们的预料。根据《反家庭暴力法》的规定,应该在提出人身安全保护令申请之后的 72 小时之内法院作出是否签发的裁定。但是 72 小时之后,我们并没有接到相关裁定,为此,田律师她们多次联系承办法官,但一直没有获得一个确定的说法。大概在第 10 天的下午,我打通了法官的电话,了解了迟迟没有作出裁定的主要原因,就是我们提供的证据都是间接证据,而冬梅的伤痕已经看不出来了,缺乏直接证据。毕竟《反家庭暴力法》刚实施,他们还是持慎重的态度。我跟法官表达了几个意见:第一,虽然没有直接证据,但间接证据已经非常充分,完全可以证明冬梅遭遇田强家暴的事实;第二,人身安全保护令是家暴的防火墙,设计目的是避免家暴的发生,不光是针对家暴实际发生,只要是存在家暴的现实危险性,就可以签发人身安全保护令,因此,人身安全保护令的证据要求跟实体审理(比如离婚案件审理)应当有所不同,它的证明标准应该降低,这样才能有效实现它制止家暴发生的功能。法官表示会考虑我们的意见。

在提出申请的第 14 天我们终于拿到了人身安全保护令裁定,我们的首个保护令申请成功了!遗憾的是裁定没有认定田强的家暴行为,只是认为存在家暴的现实危险性。家暴事实没有认定,这意味着离婚开庭时一旦田强否认家暴且不同意离婚,法官直接判离的可能性大大降低,为此,代理律师又尽最大可能补充了一些证据。但依我们的经验,家暴的证明标准一直是很高的,认定的比例也就在20%左右,因此,下一步离婚的庭审会是一场艰难的战斗。

尽管保护令的结果不够理想,但我们还是很高兴的,这毕竟是一个艰难却充满希望的开始。事实也是如此,几年来,我亲眼见证了变化。一是保护令签发率在逐步提高。《反家庭暴力法》实施后几年,我们帮助当事人申请人身安全保护令被驳回的比例不低,但是2020年之后有所变化,签发的比例在提高,2021年和2022年我们申请获得签发的比例居然达到了100%!这跟我们细致的准备有关系,但是我更愿意相信是法官的理念在变化。二是签发的时间越来越短。2020年有个申请用了7天,2021年我们获得签发最快的纪录是23小时,当时我们非常激动。而2022年,最快的纪录是6小时,从立案、听证、审理到出裁定,才6小时!我是真心为法官们点赞,这是理念的巨大进步,是当事人、我们法律共同体共同努力的结果。

再次回到这个案件。我们拿到保护令之后,离婚案件的推进也进入了快车道,法官了解到冬梅和孩子寄身在庇护所的情况后,尽快安排了开庭时间。保护令签发后,田强消停了一段时日,没有再骚扰冬梅。但我还是有隐隐的不安,由于我有其他工作安排,无法出庭,想到之前田强近乎疯狂的行为,我跟小艺交代,要做好开庭当天的安全预案,小艺说除了两位代理律师,她也会陪冬梅去法院,庭审后会请求法官安排双方分别离开。社工陪同当事人出庭，也是源众办理涉家暴案件的第一次。事实证明，这样的安排是必要的。

·开庭·

开庭的时间是下午，因为救助站离法院很远，小艺接上冬梅和她的大女儿就提前出发了，她们和代理律师约好在法院门口碰头，然后一起进法院。由于路途比较顺，小艺几人比预计的时间提前到了，两位律师还没有到。小艺见状，提醒母女俩注意田强的行踪。正说着，一辆没有牌照的吉普车突然停在她们面前，紧接着，一个戴着鸭舌帽和口罩的男人跳下车，是田强！他一言不发，直接拽住冬梅就往车上拖。小艺赶紧抱住冬梅，并大声让14岁的大女儿抱紧妈妈，同时大声呼救。路人逐渐围观过来，田强见状松开冬梅，跳上车驾车逃离，小艺马上报警。警察出警倒是挺快，但因田强已经离开，警察表示没法进一步处理，让冬梅注意安全，如果田强再有行动就马上报警。警察走后，两个律师也到了，此时小艺才感到浑身瘫软，衣服都汗湿了，不到一分钟的拉扯，她觉得像过了一个世纪，也后怕不已，如果不是她和大女儿的拼命阻拦，后果不堪设想。

开庭之前，田强再次出现，像没事人似的走进法庭，代理律师跟法官陈述了刚才的惊险一幕，由于没有造成实际伤害，法官只是训诫了几句，并未多说。田咚律师事后告诉我，她看到法官这样的反应，就预感到庭审不会太顺利。不出意料，田强不同意离婚,也否认自己家暴,代理律师提交了十几组证据,田强全部不认可。大女儿突破内心恐惧勇敢做出的证人证言也被田强否认。质证过后,法官问双方是否愿意调解。多年的诉讼经验让田咚律师意识到,法官很可能不会认可家暴的构成,所以才再次提出调解的动议。因为如果是第一次起诉,而对方坚决不同意离婚,又没有《婚姻法》第32条规定的法定离婚情形——比如家暴,司法审判一般不会判决离婚,但是如果双方达成调解离婚,则没有问题。代理律师事后跟我说,她感受到冬梅一步一步从希望变为绝望。冬梅哽咽着对法官说,田强确实实施了家暴,她必须离婚,否则会被打死。法官提出让我方回避,她跟田强单独谈谈。

在焦急的等待中,法官走了过来,她说通过做工作,田强同意离婚,但是他的条件是:他要儿子的抚养权,女儿归冬梅,他不负责女儿的抚养费,但是冬梅要支付儿子的抚养费;财产上他也提出了要求,算起来应该占夫妻共同财产的60%以上。如果不答应,他就不同意离婚。冬梅几乎没有犹豫就说可以,代理律师连忙拉住冬梅,急道:"他家暴你,还拿了大部分财产,对你太不公平了,你再好好想一想。"并且建议她给我打个电话,听听我的意见。

我接到电话后也十分愤怒,但是我们不能替她做决定,我跟冬梅说根据法律的相关规定,哪怕这次法院不判离,但判决生效6个月后还是可以重新起诉离婚,第二次判离的可能性是非常大的,如果有新的事实和理由,不用等到6个月。无论是什么情况我们都会继续给她提供法律援助。但是她回应的一席话至今让我印象深刻,她说:"别说半年,一天我也忍不了,钱少一些没关系,我自己慢慢挣,多给儿子抚养费也没关系,这样孩子也能生活得好一点。我愿意接受这些条件,只要能够离婚!"我知道她的心意已决,尽管非常心疼她,但也只能尊重她的选择。就这样,在她出逃37天后,终于拿到了离婚调解书,那一刻她的笑容,有一种新生的感觉。

·反转·

由于庇护已远远超过规定时限,案件结束后,我们尽快帮她找到了合适的出租房,在妇联的帮助下孩子的转学也办妥了,生活瞬间明媚起来,只是儿子交还给了田强,离别时冬梅哭了一场。我们能理解她作为妈妈的心情,但我们没有想到这会是结局反转的伏笔。

搬家、转学办妥之后,冬梅专门来了一趟源众,给我们送了一面锦旗,在欢声笑语中,她还开心地跟大家聊了自己对未来生活的打算。

然而几天过后,小艺突然接到冬梅朋友的电话,说冬梅大女儿告诉她,冬梅又回到田强身边了,就在他们京郊的房子里,但到底发生了什么事她也不清楚。

这件事情太意外了。我连忙拨打冬梅的手机,无人接听,打了无数个电话,无人接听后我只好试着打田强的电话,也是无人接听。长期的战斗已经将我锤炼得极为冷静,但在那个时刻我真是有点慌,我说服自己不要去想不好的结果。我想到报警，在网上查到他们房子所在地派出所的电话，我告知派出所我的代理律师身份，跟他们简单说明了情况，请他们务必去房间看看。派出所马上就出警了，敲开门后看到田强、冬梅和两个孩子都在房间里。"他们都挺好的。"警察在电话里跟我这样说。我愣了好一会儿，才想起说谢谢。

我还是不放心，又尝试给冬梅打微信视频，没想到接通了，但是田强接的，他说冬梅正在洗衣服。我说让我看一看她本人，手机镜头转向了正坐在小板凳上洗衣服的冬梅。她没有抬头，边洗衣服边跟我说3岁的儿子病了，哭着找妈妈，孩子太小，太可怜了，她没法不管，所以就回来了。她还让我们放心，她是安全的。我一时不知道该对冬梅说什么，现在回想起来，应该是一种很复杂的情感，有失望、有难过，甚至有一种功亏一篑的感觉，但很快这种情绪就调整了过来。

在任何时候，我们都要表达出对受害人的支持，这也是跟施暴人角力，因为他在时刻观察着我们的态度。因此，我非常严肃地对田强说："希望你珍惜冬梅，不能再家暴，否则我们不会放过你，追究到底！"田强说了一句知道了，就挂掉了视频。我再打，发现已经被拉黑。

其实，受暴妇女离开暴力关系的困难我是理解的，但好不容易离婚了，不到半个月就回去的确实不多见。我脑子里不断回想起开庭那天我跟她通话时她的决绝。一个宁愿牺牲财产、宁愿放弃小儿子抚养权也要离婚的人，到底是什么原因，让她离开后又回到那地狱般的关系里。我希望能知晓真相，这是对我们近40天连轴转工作的交代。

之后，我们想办法找到了冬梅的大女儿，了解了大致情况：离婚一周后，田强就找了过来，两人当天一起吃了饭，后来弟弟生病了，哭着要妈妈，妈妈就回去了。她很气愤也很无奈，但也劝不了妈妈。

只是事实，没有真相，也许不会再有真相了。

听完这些，办公室里一片沉寂，接着小艺哭了。近40天都是小艺在陪伴她，周末基本上没有休息过，小艺听她诉说，陪她做人流，还拼了命地从田强手里把她护住。"而现在，又回到了原点。"小艺哭着说道。

我拥抱了她。尽管是这样的结局，甚至可以说是反转，但在这一刻，我突然理解了冬梅，也释然了。我跟大家说："这当然不是回到原点，因为她们之间的地位已经发生了变化，冬梅知道，她的背后有我们，这就是她的底气，而田强也知道她的背后有我们，这就不一样。"听到这些，小艺心里好受了一些，紧接着又精神抖擞地去接待当事人了。

很长一段时间，我都有意无意地关心北京的法制新闻，特别关注凶案的报道，所幸一切还好。而冬梅的电话至今都没有再响起。没有消息就是好消息。

为什么难以离开？这是这个案件我们最大的疑惑，对暴力关系而言，留下还是离开，不是一个只能二选一的答案。

类似冬梅离开暴力关系后又回归的情况，其实在我之前咨询和办理的案件中也有过，之后也有发生，除了离开后又回归的，还有遭受暴力多年都无法离开的，还有犹犹豫豫反反复复的……这些案件中，最长的受暴时间是40年，受害人已进入老年,还是没能够离开。这并不是个别现象,而是家庭暴力的特征之一,也是处理家暴的难点之一。

为什么家暴受害人难以离开?这与受害人面临的多重困境有关,也与其特殊的心理状态有关。在大众文化里,家暴往往被认为是小事、是家丑,家丑不可外扬,这些观念像枷锁一样桎梏了她的思想;家暴受害人缺乏家人和朋友的支持,又很久没有工作,如果离婚,其没法养自己和孩子;还有为了孩子,孩子不能没有爸爸,单亲家庭很多时候会受歧视;甚至受到威胁,如果想离婚,施暴人就扬言要杀害全家;当然,也有公权力介入乏力、支持不足的原因。这些原因,往往会交织存在,让她们陷入现实的困境里。

此外,长期遭受家暴的受害人会产生一种特殊的心理状态——受暴妇女综合征。主要表现为:一是习得性无助,长期遭受暴力而无法摆脱,会让她们丧失自信,产生无助感,觉得自己无法摆脱对方,从而会顺从、认命;二是会产生恐惧、焦虑的情绪,害怕对方会给她更大的伤害。很多受害人跟我说,她听到他的名字就会发抖,听到他的脚步声也会发抖:

我忘不了一个 90 后女孩,在跟我们讲述她遭受家暴经历的时候,眼神充满恐惧,边说边紧张地到处看,生怕那个魔鬼突然出现。我们不断安慰她,这里很安全。突然她崩溃地哭着说:"我是真的很害怕,他要是知道我找了你们,会打死我的。"还有,她们往往会矮化自己的能力,放大对方的能力,觉得自己一无是处,对方强大无比。我看到她们中的很多人走不出来并不是没有能力,而是没有勇气。

现实的困境和心理的无助,在很多时候就表现为她们不愿意或是不敢求助,以及内心的不断摇摆,今天可能下决心一定要离婚,明天又改变主意了,甚至就像冬梅那样,离开了还可能再回去。很多时候,家暴就像黑洞,把受害人的勇气、力量、信心全部吸掉。研究显示,受害人平均要有7次的反复,才有可能彻底摆脱暴力关系。

但是,很多人并不了解家暴给受害人带来的灾难性影响,会责备她们不够勇敢,责备她们太软弱,甚至认为她们是受虐狂。要知道,这样的误解也会成为她们离开暴力一种无形的阻力。所以,我们在给家暴受害人提供服务时,需要秉承的最重要的一个原则就是以受害人为中心。如何以受害人为中心?就是理解她们的处境,尊重她们的真实意愿,针对性地为她们提供服务。

本案是《反家庭暴力法》正式实施后源众深度介入的第一案,具有非常强的典型性,能够回答许多问题。一方面,在《反家庭暴力法》实施后,受害人能够从制度上获得哪些帮助?作为社会组织如何联合社工、律师与心理咨询师的力量为受害人提供全方位的帮助?妇联、公安、法院等责任部门如何有效联动?另一方面,本案表现出家庭暴力的复杂性,如受害者为何难以摆脱施暴者的精神控制?受害者离开施暴者后受害人如何安全独立的生活?它让我们更深刻地理解了受害人的困境。

故事二
我是受害人，我却必须原谅

·一个求助电话·

2018年，我们格外忙碌。除了办理案件，源众开展了将近20期的反家暴能力建设培训，每个月两期。虽然《反家庭暴力法》实施两周年，但是据我们了解，基层责任部门以及一线的社工、律师、心理咨询师的培训极为不足，如果不了解《反家庭暴力法》，何谈去理解和适用其中的各项处置机制呢？此外，家庭暴力的相关理论和服务原则也非常重要，比如我之前提及的家庭暴力的特征、受暴妇女综合征等概念，以及以受害人为中心的原则等，如果不了解理论知识，是不能有效处理家暴案件，真正帮助当事人的。举个例子，亲密关系间的家庭暴力不仅仅是男方对女方的施暴，具体来说还是一种性别的歧视与暴力，其根本原因是父权文化的荼毒，对与家暴当事人直接联系的律师和心理咨询师而言，需要解决的不仅是诉讼中的证据问题和亲密关系中的沟通技巧问题，还需要用性别视角来分析和处理。因此，我们培训的内容非常丰富和实用，包括《反家庭暴力法》的解读、社会性别的理论与实践、家庭暴力的相关知识理论以及家暴案件办理实操等。培训效果也非常好，很多同行跟我说，培训给了他们更为广阔的视角和分析工具，对处理家庭暴力案件帮助很大。大家的肯定是对我和同事们辛苦付出的最大褒奖。

转眼就到了9月，一大早我拉着行李箱去赶飞机。源众在外地将举办新一期针对律师的反家暴培训，我本人还是授课老师。这时老母亲拉住我，一脸的委屈与不舍："我一个月都看不到你几次，你那些当事人都比我幸福多了。"确实，从源众成立起，每年三分之一甚至更多的时间我都在出差，80多岁的老母亲看得最多的就是我忙碌的背影。虽然她是一个特别理解我工作的老太太，但对于暮年的老人来讲，儿女的陪伴是她最渴望的。这个意义上，我做得太不好了。鉴于时间还早，我打算陪妈妈聊聊天，就在这时电话响了，听着听着，我忍不住嚷了起来："太恶劣了！"

又一起恶性家暴案件！电话是受害人的哥哥打过来的，他的妹妹山桃因妹夫卢旺长期家暴而离家出走，辗转在外地打工，卢旺找到山桃后要求复合不成，便向妹妹的脸上、身上泼易燃液体并点燃。山桃全身严重烧伤，生命垂危，目前还在医院抢救。他们兄妹几个凑的钱很快就用光了，还欠医院好几万元的医疗费用，是媒体朋友向他介绍了我们，他赶紧给我们打电话请求援助。

又是被泼易燃液体烧伤！几个月前，刚有一个被丈夫泼汽油烧伤的受害人向我们求助，才短短几个月，惨剧再次发生。

为什么要用毁灭的方式对待自己最亲的人？这个问题萦绕在我心头好久，这个电话又让我出离悲伤和愤怒。

由于要赶飞机，我交代负责紧急救助金的同事菲菲尽快为山桃申请医疗救助，法律援助的事情等我出差回来讨论。

最终山桃获得了4万元的紧急医疗救助，这是当时紧急救助基金发放最大的一笔支持款项。

培训结束回到北京，同事给我介绍了更为详细的案情：山桃是80后，出生在贵州一个偏远的农村，兄弟姐妹众多，家里非常贫困。懂事的山桃早早就辍学，外出打工，15岁认识了比她大将近10岁的卢旺，懵懂又渴望被爱的山桃很快就与卢旺谈恋爱，16岁就与卢旺同居，并陆续生下四个女儿，两人也一直没有领结婚证。艰难奔波的生活让两人渐行渐远，卢旺开始家暴。2017年某天晚上，劳累一天的山桃回到家，又撞见卢旺出轨，山桃气急之下给了卢旺一巴掌。虽然卢旺当即下跪认错，但已经寒心的山桃决心离开卢旺，不过噩梦就此开始。

卢旺到处寻找山桃。2018年春节后，卢旺找到山桃并强行将山桃带回老家，威胁山桃如果再离家出走就杀了她，在大女儿跪下求情后山桃才免于卢旺的暴力。第二天，迫于卢旺的威胁，山桃不得已与卢旺办理了结婚登记。两人同居十几年，老大都快15岁了，卢旺一直没有想过承担丈夫的责任，但在山桃决意离开的当口，卢旺却要领结婚证，山桃不知道是喜是悲，更不知道等待她的会是什么。之后卢旺便带着山桃外出打工，四个女儿留在老家。然而，结婚并没有改变山桃的境遇，三天两头的打骂让山桃非常恐惧，她终于明白，结婚只是卢旺套在她头上的一道枷锁而已。她只好再次出逃，先是逃到了自己的外甥家，没想到卢旺也追到了外甥家。

那天凌晨两点左右，熟睡的山桃被一阵剧痛惊醒，原来是卢旺用家用灭火器猛砸她头部，一股又腥又咸的液体流进山桃的嘴里，山桃才意识到是自己头上伤口流出的血，不禁大喊救命。外甥赶过来拼命抱住卢旺，才救了山桃一命。考虑到四个未成年的女儿，山桃放弃了报警，恐惧到极点的她选择继续逃离，跑到了H市一家工厂打工。但很快，卢旺再次找到了山桃。这次，幸运之神未能眷顾善良的山桃。

2018年6月20日早上，山桃上班的路上人来人往。卢旺突然出现，拦住山桃，问她到底跟不跟自己回去，山桃看着已被怒火烧红了眼的卢旺，心里一阵惶恐，但那个惊魂之夜实在太过恐惧，她不敢想象跟卢旺回去的后果，看着路上往来的人群，她获得了一种安全感，有了拒绝的勇气。"我不会跟你回去的。"话音未落，她感到脸上被浇上了液体，紧接着"嘭"的一声，脸上和身上瞬间被火包围。原来是卢旺拿出早已准备好的一瓶化学易燃物泼在山桃的脸上和身上，并迅速用打火机点燃。

事后我们通过阅卷了解到，卢旺还准备了农药及水果刀，准备在杀害山桃后自杀，不过并未实施，他对自己下不了手。山桃身上着火后，立即沿路边的墙角逃跑，并大声呼喊，但已经失去理智的卢旺看到火势不大，追上前又将第二瓶易燃物全部泼到山桃身上，火势迅速变大，山桃倒地，卢旺逃离现场。多名工友一起将山桃身上的火扑灭，将其送医院抢救并报警。后经诊断，山桃烧伤面积约40%，将近30%的烧伤深度为3度。2018年6月21日下午，卢旺在亲属陪同下向公安机关投案。2018年9月5日，H市公安局某区分局侦查终结，以卢旺涉嫌故意杀人罪向H市A区人民检察院移送审查起诉。

山桃的哥哥给我们发来了她出事之前的照片。照片里的山桃清秀、质朴，她恬静地站在小溪旁，甜甜地笑着。

听完同事对案情的介绍，我有些疑惑，这么严重的故意杀人案件怎么是在区级检察院审查起诉？虽然我们还没有阅卷，但以我的经验，大庭广众之下用这么残忍的手段置受害人于死地，后果这么严重，影响这么恶劣，量刑完全可以达到无期甚至是死刑。根据法律的相关规定，有可能判处无期徒刑或者死刑的案件，应当在中级人民法院审理，在区级法院审理，只能判有期徒刑。看来需要代理律师尽快介入才行！

由于案情重大，需要经验丰富的律师参与，为此我邀请了我之前的老同事、办案经验丰富的刘巍律师加入，与我共同担任被害人山桃的代理律师。刘巍律师办理过很多起重大、典型的家暴案件，她的特点是对案件细节钻研很深，往往能找到别人发现不了的突破口，让整个案件柳暗花明。刘巍律师与我的看法一致，应该尽快申请提级审理。她马上联系了A区检察院，结果了解到了更让我们吃惊的情况，这个案子竟然还没有做伤情鉴定！于是刘巍律师当即要求检察院督促A区公安分局补充伤情鉴定。检察院同意了我们的意见并表示提级审的问题待伤情鉴定后再审查。

20多天之后,我们接到了检察院的电话,告知我们山桃的伤情鉴定结果已出,为重伤二级,同意我们提级审理的请求,会尽快将案件移送H市人民检察院审查起诉。至此可谓初战告捷。

我们一直很挂念山桃,因此在案件移送市检察院之后,我们申请阅卷,并借着这个机会去看望山桃。尽管已经收到4万元的紧急救助,亲友们也帮她进行了众筹,但山桃还是无法支付巨额的医疗费用,在伤情稳定后,还未康复便出院了,哥哥姐姐为她在城郊租了房,通过中药慢慢进行治疗和调理。

由于阅卷花了挺长时间,我们到达城郊山桃租住的小区时已是傍晚时分。这是一栋5层居民楼,山桃哥哥打开门,屋里弥漫着中药的味道,山桃靠坐在床上,夕阳金色的光温柔地把她笼罩着。尽管已经有心理准备,她的伤情还是让我们吃惊:已经完全毁容。脸上斑斑驳驳完全没有原来的模样,鼻翼完全缺失,露出黑洞洞的鼻孔,让人忍不住的心酸。由于伤还没好就出院了,山桃身上的伤疤没能愈合,敷着大片大片的草药。而当我们看到她的手,忍不住地流泪。她的手指尖已经炭化,黑乎乎的,完全无法弯曲。 36岁的她,再也回不到过去了。

我们的到来,看得出来让她很开心,她热切地看着我们,好像有很多话要讲。我和刘巍律师多想抱抱她,但是不能碰,我们也无法握住她的手。一个简单的爱的表达都做不了,这是怎样的悲哀。

姐姐辞去了工作专门照顾山桃,但姐姐也有一大家子人,孩子们都在上学。"只能顾一头,她完全离不了人。"姐姐一边熬着粥,一边说,"律师,你们也看到了,卢旺毁了我妹妹的一生,结果他家人还想让我们谅解,我真想让他们来看看我妹妹现在这个样子,看他们还说不说得出口!"

山桃哥哥告诉我们,卢旺家里人一直给他们打电话,希望山桃出谅解书,让卢旺少判一些。更意外的是,两个大一些的女儿也想让妈妈出谅解书。她们说妈妈应该谅解爸爸,毕竟是一家人。

"山桃,你自己怎么想?"我问山桃。

由于脸部皮肤硬化,山桃的嘴只能张开一点儿:"我不会谅解的。"声音很小但很坚定。

"我们支持你!"

听到我们的表态,山桃眼睛里露出欣慰的神情。

回京后,我跟山桃的哥哥联系,让他跟外甥女做一下工作,如果有必要,我们也可以跟女孩们谈谈。但直至开庭,女孩们也没有跟我们聊,她们坚持认为妈妈应该原谅爸爸,因为都是一家人,妈妈已经这样了,为什么不能谅解爸爸,一家人早一点团聚?我能想象山桃心里有多痛,自己的女儿也不能理解自己。我们担心她压力太大,跟她表示,按自己的意愿决定就好,我们一定会理解和尊重她的选择。

她让哥哥转告我们,说她从没有动摇,她不会谅解,卢旺必须接受法律的严惩。我和刘巍律师很感佩山桃的坚强与坚定,在全家人的道德绑架之下,她是一个不幸却清醒的孤勇者。

家是中国人心目中特别又重要的存在,从古至今,有无数颂赞家的诗词歌赋，家被视为人生的避风港，最温暖的地方。但家也会变为地狱，而我们却看到这样奇怪的现象：因为是家人，加害人的行为可以被宽宥，处理也往往会减轻。几年前我办理的董珊珊因家暴致死案，导致她死亡的丈夫王光宇最后只是以虐待罪被判处有期徒刑6年半。而且很多人会认为受害人应该谅解，因为是一家人。伤害自己亲人的人可以堂而皇之地要求受害人谅解，如果受害人不谅解会被指责心狠。为什么是一家人，受害人就必须谅解？那在他向她泼汽油、挥菜刀的那一刻，他怎么就没有想到一家人？家成了暴力的保护伞，这确实是值得我们每个人思考的。从办理董珊珊的案件起，我就下决心对这样的现象说不，一直努力成为在她们勇敢喊出"我不谅解"时的坚强依靠。这一次，我们也一定要帮助山桃。

2019年元旦刚过，案件就移送到了H市中级人民法院。我们尽快帮山桃递交了刑事附带民事诉讼的诉状，要求卢旺赔偿受害人各项损失共计110万元。鉴于山桃的困境，我们又帮她提出了司法救助的申请。

没过几天，主审法官给我打电话，告诉了我一个意外的消息：卢旺罹患癌症，已经到了晚期。目前卢旺自己并不知情。法官希望我告知一下山桃。

我跟法官说，卢旺生病了，是不幸的，但生病并不是法定或酌定的从轻以及减轻刑罚的理由，他生病可以给他施以人道主义关怀，为他提供治疗，但是，不能因此而减轻刑罚，我们还是希望法院依法对其从重处罚，以体现法律的尊严，对恶性家暴行为亮剑，法官表示理解。

山桃在电话里听完我的叙述，沉默了一会儿，说过一会儿再打电话给我。我们能理解山桃的压力和为难。但是她很快就回了电话，表示她同意我们的意见，她不会改变自己的想法，无论如何，卢旺必须严惩。

案件进展很快，春节刚过不久，就通知开庭了。开庭前一天，我们又去见了山桃，几个月过去，山桃的身体和精神状态都有一些好转，说话的力气也增强了不少，她真是一个坚强的女子。我们专程见山桃还有一个目的，是和她商量她本人要不要出庭。尽管伤情有好转，可是山桃还是无法站立行走，伤口也没有全部愈合。我们还担心，看到卢旺，她会不会情绪激动身体承受不了。但是山桃坚持要出庭，她要亲自看卢旺接受审判。

2019年2月19日上午，本案开庭。开庭的过程总体比较顺利。虽然几年过去了，很多细节已经模糊，但有几个画面我依然印象深刻。

卢旺进入法庭，病情使他脸色苍白，他的目光在寻找些什么。当他看到全身包裹严实坐在轮椅上的山桃，眼里有泪光泛起。我也感受到了山桃的激动。他们都百感交集吧。

法庭当庭播放了监控拍下来的全部案情经过。尽管我在阅卷时已经看过这段录像，然而在法庭上播放依然带给我巨大的震撼。录像里，山桃最后变成一团火球。我相信，庭上的每个人都能感受到她切身的痛和绝望。我望向卢旺，他低着头，看不清表情。

我们除了参与刑事附带民事诉讼的审理并发表代理意见，也参与了刑事部分的审理活动，并发表了意见。

正如其他恶性杀妻伤妻案件一样，公诉人并未将其视为一起家暴案件，而是普通的故意杀人案，双方之间的矛盾认定为感情矛盾。我们认为，这就是一起极为严重的恶性家暴案件，只有回归它的本源，才能让全社会看到家庭暴力的严重性。家庭暴力不只是一般意义的打骂，一旦没有得到有效处置，就会演变成严重的伤害甚至是杀人案件，给家庭和社会带来严重的危害。而且，据相关研究显示，监狱里60%以上的故意伤害和故意杀人案件涉及家庭矛盾和家庭暴力。此外，我们还特别就本案量刑发表了相关意见：根据最高法、最高检、公安部、司法部《关于依法办理家庭暴力犯罪案件的意见》的规定，"对于实施家庭暴力构成犯罪的，应当根据罪刑法定、罪刑相适应原则，兼顾维护家庭稳定、尊重被害人意愿等因素综合考虑，宽严并用，区别对待。根据司法实践，对于实施家庭暴力手段残忍或者造成严重后果……，可以酌情从重处罚。"本案卢旺实施家庭暴力手段残忍并造成严重后果，受害人不能谅解。尽管卢旺目前患有疾病，但要考虑此案给社会及家庭带来的恶劣影响，要从维护法律的尊严及公正，维护受害人的权益出发，应对卢旺从重处罚。

一个星期之后，H市中级人民法院作出一审判决。判决认为，卢旺的行为已构成故意杀人罪，系犯罪未遂。卢旺犯罪手段特别残忍，犯罪后果严重且给受害人造成了难以弥补的痛苦，应从重处罚。本案因夫妻感情矛盾引发，卢旺作案后在亲友陪同下向公安机关投案并如实供述自己的罪行,有自首情节,可从轻处罚。判决卢旺犯故意杀人罪,判处无期徒刑,剥夺政治权利终身,赔偿受害人经济损失30万元。至此我们悬着的心终于落下。尽管一审判决最后判定的经济赔偿离我们的诉讼请求相差甚远,而且在判决中还是未能认定家暴行为,但无期徒刑的量刑,我们认为还是体现了罪刑相适应的原则,给了山桃一个公道。一段十几年的恩怨悲喜,最终以这样的一纸判决画上了句号。

我还记得庭审结束卢旺被带离法庭时他用力扭头看向山桃,也许,他想向她表达些什么:是对不起?还是,等着我,等我用下半生赎罪?而我知道,这一眼,也许是他们此生最后的相望。

两年多过去了,我们跟山桃没有再见面,我们知道她在积极进行康复训练。孩子是不是最后理解了母亲,我们一直不敢询问,我相信,她们终会理解。

故事三
被重伤的妻子变成了被告丈夫的"辩护人"

2019年初秋一个周一的上午,我们正在开周例会,这时咨询热线响了,一个女孩的声音说事情很着急,想尽快见到我。

约一个小时后,一个面容清秀的女孩坐在我面前,既憔悴又焦虑。我给她倒了杯水,让她不着急,慢慢说。

"李律师,我在网上查到你的信息,好不容易联系上你,希望你帮帮我!"接着,她给我讲述了整个案件经过。

女孩叫兰芳,来自淮河边的M城。她还有一个姐姐叫小竹,一个哥哥叫阿龙。姐姐是老大,比她大10来岁,姐妹俩关系一直都挺好的,但因为这个案件快成仇人了。姐姐是当地有名的漂亮姑娘,姐夫余来有4个姐姐,他是家中独子,从小被父母和几个姐姐宠着长大,肩不能挑手不能提,农田里的活完全干不来,整天游手好闲,家里主要靠姐姐小竹忙里忙外。没想到姐夫还长期对姐姐家暴。姐姐一是怕娘家人担心,二是这个男人是自己当年坚持要嫁的,所以自己被家暴的事情之前一直没有跟娘家说,兰芳和父母只知道他们俩感情不好,总是吵架。直到几年前姐夫的家暴越来越严重,姐姐好几次不得不跑回娘家躲避。

当时兰芳已经到北京工作，她是一个头脑清楚且有正义感的姑娘，看到姐姐的境遇，她坚持让姐姐离婚。没想到离婚后，余来不断骚扰姐姐，要求复合，还进行威胁。姐姐为了儿子，也担心余来真的伤害她和娘家人，只好又回到余来身边，两人同居在一起，但也许还是有考虑妹妹的意见，一直没有跟余来复婚。对此兰芳很无奈，她觉得姐姐太过软弱，但是既然姐姐回去了，只要两人好好过日子，做妹妹的也不好再多说什么。为了让姐姐心里好过一点，她还是叫余来为姐夫。

2020年初，余来和姐姐打算装修一下房子，暂时没有地方住，热心的兰芳让他们住进了自己在M城的复式大房子，她在北京工作，平时房子也是空着，没想到自己的热心让这个房子成了案发现场，也成了姐妹俩的噩梦。

房子一开始装修，余来称需要照顾父亲，就不再工作。闲不住的姐姐还是在小区外摆水果摊，赚钱补贴家用。无所事事的余来天天缠着姐姐必须跟他复婚。姐姐表示，余来对自己家暴一直没有改观，肯定不会跟他复婚。余来恼羞成怒，又去找妻弟阿龙，并多次称"小竹不回来，人可就没了"。阿龙觉得余来只是口头威胁，因此没有理会。2020年6月的一天，因求复合不成，余来再一次对小竹家暴，拳打脚踢，小竹伤得不轻。M城就那么点大，好面子的小竹怕亲戚朋友们笑话，又一次选择隐忍，没有报警，也没有跟妹妹兰芳说。但这一次家暴，还是把小竹打寒了心，虽然俩人仍住在一起，但小竹对余来很是冷淡。

2020年8月9日，小竹和余来的儿子远远从外地回到M城参加朋友孩子的满月酒后准备开车返回。父母长期感情不和，父亲总是家暴，给远远带来了很大的阴影，母亲回归他是不赞成的，但是他也没有更好的办法帮助母亲，所以也就听由母亲的选择，但是他明显对父母有所疏远，平时很少跟父母主动联系。这时兰芳也正好回到 M 城处理工作上的事情。自己的复式房子挺大，出差时间也不长，所以她就没有住酒店，而是跟姐姐和余来住在一起。她也很久没有见外甥，所以 8 月 9 日中午四个人一起吃了午饭。吃饭的时候气氛也比较压抑。

饭后，远远该出发时，父亲余来拿出 2000 元给儿子，可儿子就是不要，最后把钱塞回到父亲怀里，就驾车离开了。据余来自己供述，老婆对他爱搭不理，儿子也跟他这么疏远，连他的钱都不愿意要，那一刻他觉得自己特别失败。

有的人遇到这种情况会反思是自己哪里做得不好，而有的人反而把所有过错推给别人，并心怀怨恨。余来就是这样，他认为儿子跟自己疏远，都是小竹造成的，这个坏女人！他带着满身的怒气回到屋里。兰芳并没有觉察到，只是一个送行，让余来内心有了这么大的变化，她更没有想到，血案即将发生。一个普通日子里最寻常不过的午后就这样改变了他们以后的人生。

余来直接去了厨房，拿出一把 10 厘米左右的水果刀，上二楼的客厅找小竹。小竹正在换衣服，准备和妹妹兰芳一起逛街，她完全没有注意到余来的表情，更没有留意他背后手里的刀。他盯着小竹问道："你要去哪里？"

小竹完全没有意识到危险已经临近，她冷冷地答道："我去哪里要你管吗？"

话音未落，一道寒光闪过，她腹部一阵剧痛。余来动手了。

余来把水果刀一刀一刀地扎向小竹的腹部和胸部，并喊道："你们不要我了，一起死！"

求生欲让小竹拿手夺刀并呼喊求救。当时兰芳正在自己房间，隐约听到门外有声音，她一打开门就听见了姐姐的求救声，姐妹情让她那一刻完全没有任何害怕，她马上跑过去试图夺下姐夫的刀。没想到刀没有夺下来，杀红眼的余来又向兰芳捅去，一边还叫嚷："不活了，一起死！"在捅了小竹七八刀，捅了兰芳四五刀之后，余来也许意识到姐妹俩可能会死去，便有了自杀的想法，他朝自己腹部也捅了两刀。但人性总是这样的，余来舍不得对自己下狠手，也对活着怀有眷念。他只是浅浅地扎伤了腹部肌肉组织，伤口没有到达腹腔。扎完自己，他依然握着水果刀，嘴里嘟嘟囔囔。

所幸兰芳受伤不重，她冷静地劝余来把刀放下，称自己不会报警，并继续跟余来抢刀，从二楼客厅一直抢到小卧室。兰芳跟我说那其实只有几米的距离，抢刀的过程也就几分钟，但是她觉得那段时间就像一生那么长。明晃晃的刀，余来通红的眼睛，还有一起死的嚎叫，让兰芳内心有些绝望，她觉得自己和姐姐都要死了。但是，从小就十分有主见、独立、勇敢的兰芳不想放弃，她鼓励自己一定要坚持。因为用力夺刀，兰芳的虎口以及手指、手掌多处受伤，特别是右手食指受伤严重，后来虽经治疗但依然无法伸直。

在兰芳的不断安抚下，余来终于冷静下来，看到小竹和兰芳身上全是血，地面也是，余来有些愣神，兰芳抓住了这个机会，一边劝说姐夫把刀放下，一边顺势抓起一件蓝色毛衣裹住刀刃，一点点用力掰开余来紧握水果刀的手。兰芳跟我说，她小心而用力地掰开余来紧握的手指，每掰开一根手指，就觉得自己和姐姐离活下去更近一点。终于，余来松开了手，兰芳迅速将刀夺下，连同放在卧室床头柜上的小刀一起拿到楼下的洗脸池里。

余来看见小竹的胸、腹部不断涌出鲜血，便用手按住小竹的腹部。"我姐姐的伤口有七八处，他按住她的腹部完全没有任何用，而且捅都捅了，再来表达所谓温情也太虚伪了吧。"兰芳跟我说到这里时，依然掩饰不住愤怒。

这时兰芳的伤口也在涌出鲜血，剧痛不断袭来，她知道自己不能躺下，必须自救，否则自己和姐姐的血会流干。由于当时情形太过紧张，她怎么也想不起手机放哪里了，她挣扎着走出去，敲开了邻居家的门，看到邻居错愕、恐惧的神情，她连忙说："我家里出事了，但现在已经没事了，不用害怕，我手机找不到了，我需要用你的手机打120急救电话。"

打完120，兰芳心里踏实了一些，也终于想起手机放哪里了。她找到手机，再次拨打了120，然后打110报警，最后给自己的哥哥阿龙也打了电话。做完这一切，她虚弱得再也站不住，便躺在沙发上。

救护车很快就来了，医护人员先把余来抬走送至当地人民医院急救。第二辆救护车把兰芳姐妹俩送至中心医院抢救。此后，警车也到了。

一到医院，姐妹俩就被送进了重症监护室，并被下达病重通知书。在随后几天的抢救中，医院多次下达病危和病重通知书，哥哥阿龙觉得天都要塌了，他不敢想象，万一俩人抢救不过来，他们年迈的父母该如何熬过去。

兰芳说，也许老天爷垂怜他们一家，她和姐姐都从鬼门关被医生抢救过来了。待病情稳定后，警方过来给她们做了笔录，之后又进行了伤情鉴定，姐姐小竹是重伤二级，她是轻伤二级。余来自从进了医院，一直都在警方的监控之下，他的伤并不重，很快就出院了，出院后立即被警方逮捕。兰芳找我的时候案子已经侦查终结，余来涉嫌故意伤害罪已经移送某区检察院审查起诉。

听完兰芳的讲述，我心里感觉很憋闷，是愤怒、悲哀、同情……各种情绪的交集。自己不痛快就残害亲人，这是怎样深重的戾气和愚痴，人类基本的道德底线在他的心里怎么就飘散无迹了呢？

不过讲了这么多，兰芳还没有谈到来意，我给兰芳添了茶水，探寻地看着兰芳："你刚才很着急地见我，是出了意外的事情吗？"

听到我的问题，兰芳又浮现出紧张和焦虑的神情："是的，李律师，确实出了好几件事情，我和哥哥都不知道该怎么办了，希望您可以帮助我们。"

他们遇到了三个难题：

第一是姐姐小竹在他们不知情的情况下偷偷给余来出具了

谅解书，兰芳无法接受。

小竹被余来捅了七八刀，都是在胸、腹部的致命部位，失血量达到四成，差一点没命了。但是伤好出院后，小竹像是忘掉了前夫对自己的伤害，多次跟别人说自己也有错，如果不是自己对余来冷漠，余来也不会想不开，小竹甚至跑到检察院跟检察官这么说。兰芳听到这些都气晕了，她不明白姐姐为什么这么糊涂，"她想过完全无辜、不顾安危冲上去救她的妹妹吗？"兰芳跑去质问姐姐为什么这么做，是她真的觉得自己有错？小竹哭着跟兰芳说了真实的原因："远远已经到了谈女朋友的年龄，如果余来坐牢，没有女孩愿意找这样的家庭。本来离婚就已经给孩子带来很大伤害了，如果再加上这件事，太对不起儿子。"更让兰芳无法接受的是，姐姐还求她也给余来出具谅解书。

"你对不起你的儿子，你想过我的感受吗？你想过对不起我吗？"兰芳忍不住对姐姐大喊。她不愿意原谅姐姐的行为，更不愿意出具谅解书。没有想到，姐妹俩因此决裂。让兰芳稍感欣慰的是，哥哥阿龙支持她，但阿龙也因此受到来自余来家人的压力甚至威胁。兰芳跟我说，她和哥哥因为这件事，不被全家人理解，像是站在了孤岛上。

第二是余来罪名的问题，公安机关以涉嫌故意伤害罪的罪名移送检察院，她不能接受这个罪名，她认为应该是故意杀人罪。

第三是她通过跟检察院的多次沟通，了解到检察院认为余来的行为属于犯罪中止，原因是余来最后松手让兰芳拿走刀，而且在警察到来之前没有再实施伤害行为,这让兰芳无法接受。余来就是冲着要她姐妹俩的命下的刀,是自己拼尽全力才把刀夺下,为此食指还落下残疾,怎么就成了犯罪中止?

她更担心的是由于这几点,余来可能会判得很轻,很快就可能出狱,这么低的犯罪成本余来根本不会吸取教训,甚至有可能报复她们。

她还了解到检察院很快就要将案件移送法院了,而这三个难题她需要有经验的律师帮她解决,她不停地在网上找律师,终于看到了我的一个谈家暴问题的视频采访,认为我的观点跟她的想法特别吻合,之后又搜索了很多关于我的报道,认定我就是她要找的律师,随后辗转找到机构热线联系上我。

我还是挺感动的,她还没有见到我,就给了我如此的信任。我已暗下决心,一定不会辜负她的信任。同时也有一些不安和歉意——她找到我们还是这么难。确实是囿于经费,我们没有办法找到专业的运营团队来运营热线,虽然我们有自己的微信公众号,也有微博,但是宣传力度有限,所以公众尤其是受害人还是很难找到我们。

对于她的第一个难题,我当即表达了我支持的态度。她不谅解,没有任何错,她无需对此有任何压力。听到这里,兰芳露出了微笑,是如释重负,也是被理解的欣慰。但是,我跟兰芳也如实相告,由于小竹已经出具谅解书,而且她的伤势更重,因此,小竹的谅解书是会对余来最后的量刑产生实质性影响的,但是,我们会尽力为兰芳争取。

对于后两个难题，阅完卷之后判断会更精准，不过根据兰芳的讲述以及现有的资料，我还是有了基本的判断，我认为余来的行为更符合故意杀人罪的要件，而且不是犯罪中止，而是犯罪未遂。中止和未遂，具有质的差别，简而言之，中止是行为人主动停止犯罪，而未遂是已经实施了犯罪行为，只是因为行为人意志以外的原因而没有达到所期待的结果，因此他们对量刑的影响也是不一样的。我跟兰芳说，这只是我的初步判断，还是要经过阅卷才能最终确定。而且鉴于目前检察院对这个案件罪名还有犯罪形态的定性，想要推翻难度是非常大的。兰芳表示理解，经过几个月的奔波，她已经清楚案件的难度。

我们尽快办理了与兰芳的委托代理手续，并和助理齐齐尽快安排了阅卷。卷宗里呈现的案情与兰芳的陈述基本一致，也更坚定了我们的想法。我们跟检察官进行了口头沟通后，又提交了书面的法律意见，认为余来的行为符合故意杀人罪的要件，而且属于故意杀人未遂。此外，我们帮助兰芳提交了刑事附带民事诉讼的诉状。

几个月后，检察院将案件移交法院，看到公诉书后我们既欣慰又遗憾。欣慰的是余来涉嫌的罪名获得变更，由故意伤害罪改为故意杀人罪，说明我们前期的工作还是有成效的，这是对律师价值最大的肯定。遗憾的是公诉书里还是认定余来系犯罪中止。我和齐齐并没有气馁，因为我们相信，我们法律意见论述的理由是非常充分的。在开庭之前我们又专门就此案为犯罪未遂而非犯罪中止向法院提交了法律意见。同时，我们认为此案为一起严重的家庭暴力案件，鉴于检察院在公诉书中未予提及，所以在法律意见书中我们进行了重点阐述。

　　随着开庭日期的临近，兰芳受到姐姐小竹以及余来家人越来越大的压力，他们不断向兰芳施压，要兰芳出具谅解书，同时她们无法接受余来涉嫌故意杀人的罪名。小竹跟兰芳哭诉："你姐夫如果是故意杀人罪，远远就要承受杀人犯儿子的恶名，还会有姑娘愿意嫁给他吗？你是他小姨，你看着他长大的，他有什么错要遭受这样的命运！"

　　兰芳心里也非常难受，她很喜欢远远这个外甥，特别是她听到姐姐说因为这件事情外甥患上了抑郁症，更是心疼不已。为了外甥，她想到了放弃，为此，她给我打了电话。那段时间她已经给我打了无数个电话，毕竟，她之前的人生是顺遂、快乐的。2020年8月9日之后，一切都变了，姐妹情灭，胸口上有了长长的伤疤，食指再也伸不直，被余来家人各种轰炸，开始经历完全不了解的各种司法程序。"完全不是我的人生啊！"她不禁哀叹。

　　我能理解她，因此，她做任何决定，我们都会尊重，包括谅解余来。我跟她表达了这种态度，但也还是提醒她，这个决定"要是依从你自己的内心，是你真实的意愿，你不会因此而后悔"。

　　她犹豫和纠结了好些天，我表示时间还来得及，不急着马上决定。但是，姐姐和余来家人等不及，到最后，语气开始带着威胁意味。他们的行为反而让兰芳下定了决心，她不再纠结于所谓亲情，彻底遵从自己的内心。她终于理清楚，余来才是所有悲剧的源头，她没有必要、也没有义务为他人的错误买单。她谅不谅解,都不会消弭余来杀人的罪名。她坚定了自己的想法,不谅解,如果外甥和姐姐看不明白,要埋怨她,她也接受。而哥哥阿龙,继续站在了她这一边。

因为兰芳的勇敢,我们也会在法庭上为给她一个公道而战。

2020年深秋,终于等到开庭了。我们提前来到M城,为开庭做最后的准备。

那天法庭内外发生的一切,也让我对家暴受害人有了更深的感受。这是一次从未有过的体验。

我、齐齐、兰芳还有哥哥阿龙提前来到法院门口,刚到就有几个中年女性围了上来,兰芳悄悄跟我说这几位都是余来的姐姐。其中一位拉住兰芳,说想跟兰芳聊一聊,兰芳说:"都这个时候了,有什么好聊的,法院该怎么判就怎么判吧。"听罢,几个人一脸失望,其中一个人还想上前说点什么,我看了她一眼,她便退了回去。兰芳跟我说,她们完全没有诚意,一共就拿了4万块钱,连医疗费的一半都不够,如果真想救余来,至少医疗费全付了。

这时候一位打扮清雅的女士拦住了兰芳,兰芳给我介绍:"这是我姐姐小竹。"

我打量了一下小竹,虽然她文化程度不高,但是气质很清爽文静,年轻时候应该更漂亮。小竹化了一个淡妆,眉头紧锁,一脸愁绪,对兰芳说:"看在你外甥的份上,谅解你姐夫吧。"看来是连环阵,余来家人不行,就让姐姐上。

"他怎么对你的,你可以忘,但他对我的伤害,我忘不了，"兰芳把自己那根伸不直的手指举给小竹看，"这就是拜余来所赐。他要真为他儿子着想，就不要干这样伤天害理的事情。"

小竹眼里噙满了泪水："我知道，但是远远太可怜了。"

兰芳不再理会，加快了步伐。我看到她的眼里也含着泪水。

上午9：30，正式开庭。小竹作为被害人，和我们坐在了一起。

当余来被带进法庭时，我感觉到小竹很激动。兰芳曾经跟我说过，由于余来长期家暴，姐姐对他的感情已经很淡了，不想复合是姐姐的真实态度。兰芳不理解的是，这次受伤之后，姐姐却有了180度的转变，多次跑到检察官、法官那里说自己也有错，是自己的冷漠让余来绝望，余来才做出伤害行为的。

接下来的开庭则充满了戏剧性。

首先是公诉人宣读起诉书，当公诉人宣读到余来构成故意杀人罪的时候，小竹突然喊道："他不是故意杀人，是故意伤害！"她那张清秀的脸因为着急而涨得通红。

法官严肃地制止了她。小竹那一声喊也让我们吃了一惊，别说齐齐这个新手律师，我从业这么多年，被害人反对公诉人意见，比被告本人和辩护律师还着急的，我也是第一次遇到。

被法官制止后，小竹安静了下来，眼里仍旧噙着泪。庭审继续进行。

轮到余来陈述时，他先是对一些重要的犯罪细节避重就轻，当说到最后凶器水果刀是怎么处理的时候，令人惊讶的一幕出现了，他说是他自己把刀放下的。这是一个非常重要的细节，在之前多次讯问笔录中他都说最后是兰芳将刀夺下，兰芳的询问笔录也是基本一致的描述，他突然这么说，超出所有人的意料。于是他的辩护律师提醒他到底是什么情况，再想想清楚，法官也多次提醒他陈述内容与笔录不一致，到底以笔录为准还是以当庭的陈述为准？当庭陈述与笔录不符算翻供，不算认罪认罚。

反复了几次，余来终于意识到自己这点小聪明可能坏事，才确认是兰芳夺的刀。陈述的最后，他看着兰芳，叫了声妹妹，说了句对不起。兰芳没有回应。事后她跟我说，余来现在叫她妹妹，无非是想打亲情牌，她不会因此犯糊涂的。

之后让我们欣慰的一幕出现了，公诉人当庭确认，余来的行为属于故意杀人未遂，不是犯罪中止！这意味着我们的法律意见最终得到了公诉机关的认可。自此，我们所有的法律意见都得到了采纳。我和齐齐、兰芳交换眼神，三个人的手紧紧地握在一起。开庭之前担心公诉机关不认可我们的意见，我已经做好了艰苦作战的准备，不仅精心准备了代理意见，把对犯罪未遂的论述为重点，没想到庭审进行得还算顺利。

不过，这只是公诉人当庭的意见，法官怎么判依然具有不确定性，还是不能有丝毫懈怠，因此我在发表代理意见时，还是对余来的行为属于犯罪未遂而非犯罪中止进行了详细的阐述。我最后说到，纵观被告人故意杀人犯罪行为的实施过程，被告人以剥夺被害人生命为目的并实施了残忍的杀害行为，只是由于被害人的反抗、自救及他人救助等被告人主观意志以外的因素才未出现被害人死亡的结果，被告人余来的犯罪形态属于犯罪未遂，而非犯罪中止。

还有一个重要意见就是，我们认为此案是一起恶性家庭暴力犯罪案件。同很多其他涉家暴刑事案件一样，无论是侦查机关，还是公诉人，甚至是作出判决的法官，都很少会从家庭暴力的角度来审视案件，都只认为是家庭纠纷、感情矛盾，恶性案件并未被视为之前家庭暴力的延伸和发展。这个案件公诉机关也没有将其列为涉家暴案件，只是说感情矛盾，尽管提及余来在2020年6月存在对小竹的殴打行为，也未认定为家暴行为。因此，在代理意见中，我们再次强调本案是因家庭暴力引发的，不是普通的家庭纠纷或感情矛盾，而是被告人余来长期对被害人小竹家暴后引发的恶性家庭暴力犯罪案件。根据最高人民法院、最高人民检察院、公安部、司法部《关于依法办理家庭暴力犯罪案件的意见》的相关规定，应从重处罚。

在庭审最后，小竹的行为再次刷新了我们的认知。法官问被害人还有什么意见要表达，小竹连忙举手，她再次提出她不认可余来的行为构成故意杀人罪，再次表达是自己赌气不跟余来好好沟通从而导致余来一时冲动，造成严重后果，自己也有责任，也重申自己谅解余来，放弃刑事附带民事赔偿，并希望最大限度地减轻对余来的处罚。在法庭上，小竹从一个被害人，变成了伤害她的人的"辩护人"。

她到底经历了怎样的心路历程，才会有这样的行为？

正如我前面提到过的,长期遭受家庭暴力的受害人有特殊的心理状态,多重困境会造成她们意志的摇摆,使她们无法离开暴力环境,甚至是离开之后再回归,如第一个故事里的冬梅。但是,像小竹这样被严重伤害差点没命的受害人,为了给前夫脱罪而拼尽全力,到底是怎样的心态呢?怕儿子背上杀人犯儿子的骂名,可能是最主要的原因,事实上很多受害人不能离开就是为了孩子。母亲为了孩子可以牺牲一切,何况是一个谅解、一个罪名,她不在意自己的公道,也许这就是母性的本能。但是,小竹还要考虑妹妹兰芳的感受啊,她这么做对妹妹公平吗?这样的母爱到底是无私还是自私呢?

庭审进行了差不多 3 个小时。我们在法庭上也充分表达了意见,称得上不辱使命。当着法官、姐姐、余来、余来家人的面,兰芳在法庭上再次表达了自己不谅解的态度。我握着兰芳的手,她的手在微微颤抖,我能想象她讲出这一切要突破多大的心理障碍,需要多大的勇气。其实,这也是她对自己人生的突破。走出法庭,小竹和余来的几个姐姐又在等着我们,每个人都有自己内心的坚持。兰芳不予理会,径直离开法院,走进中午和煦的暖阳里。

一个月后,我们收到一审判决:余来犯故意杀人罪,判处有期徒刑 7 年半,并判处余来赔偿刑事附带民事诉讼原告兰芳各项经济损失近 8 万元。这个结果在意料之中,毕竟兰芳只是轻伤,而重伤的小竹提出了谅解。此外,尽管余来在法庭上有过反复,但最后还是如实供述了,故法院认定余来有自首情节,被认定为认罪认罚。法院综合所有情形作出了以上判决,体现了罚当其罪，但遗憾的是依然没有认定家暴行为。

兰芳平静地接受了判决，在她看来，所有人都已经尽力了。她跟我说希望这件事尽快结束，她已准备开始新的生活。我衷心希望这个勇敢坚强的女孩好运！

我不知道小竹看到这样的判决作何反应。虽然只有一面之缘，但我能感受到她其实也很善良，她在案件中的所作所为有她自己的逻辑，只是希望她首先要爱自己，为自己而活，像妹妹兰芳那样勇敢、清醒。祝她未来的日子安宁、幸福。

绝望之下的反抗

> 因为不可能断定什么是公正,所以我们必须判断什么应当是合法的。假如真理行为是不可能的,那么就有必要代之以权威的行为。
>
> ——拉德布鲁赫

故事四
有温度的尾声

2014年11月,深秋的黄昏,我在某市街头的一个小餐馆里坐下,点了一碗三鲜面。这是一座浙江沿海的小城,几天时间,我已经跑了六七个地方,见了十几个人,累得像散了架。华灯初上,街边简易房的烟火和远处高楼的灯光遥相呼应,城市的一隅已经渐渐安静下来,而我心里却难以平静。我正在为海花杀夫案四处奔走,这几天正在集中走访当事人的亲戚和工友。又是一出家暴导致的悲剧,人们的唏嘘与哀叹仍在耳边回响。

几周前,我接到一个陌生来电。"您是李律师吗?求求您救救我姐姐。"打电话的是个小伙子,声音很急。我让他别着急,慢慢讲。小伙子说姐姐把姐夫杀了。姐姐命很苦,姐夫长期吃喝嫖赌,还经常对她拳打脚踢。这几年姐夫在外面有了女人,要抛弃她们母子,姐姐绝望之下把他杀了。小伙子希望能找一位优秀的律师帮助姐姐,通过专家介绍和网上查找资料,他找到了我。

当事人海花，当时也就 30 岁出头，还很年轻，却已然经历了巨大的人生悲剧。我当即判断，这不是一起普通的故意杀人案，而是涉及家暴的以暴制暴案件。彼时，法院对此类案件的判决尺度并不一致，量刑从死刑到缓刑都有。大家希望对这类案件有一个基本的处理原则和标准，而海花的案例正是一个司法实践机会。同时，这起惨烈的杀夫案也引发了大众的关注，人们有同情、有唏嘘，也有困惑，法院将如何判决，从重或是从轻，也会促使大众重新认识家暴。出于对海花的同情，并考虑到案件的社会意义，我决定为她提供法律援助。

海花的弟弟找到我时，案件已经移交法院，随时有可能开庭。情况紧急，我需要迅速了解情况，确定办案思路。我立即着手和法官沟通，确定阅卷时间，同时，我也需要尽快会见海花。

案件发生在文章开头提到的浙江沿海城市，海花一家和很多亲友都在这里打工。2014 年 8 月 16 日，这一天是中秋节，一个家人团聚的日子。当天晚上，海花准备了一桌饭菜，而丈夫沙宝却在这个时候逼迫她离婚，下了"最后通牒"，扬言不再管她和孩子。海花陷入绝望，趁丈夫沉睡，用铁棍击打他的头，再用菜刀割断了他的颈动脉，丈夫当场死亡。之后，海花打 110 投案自首。

割断颈动脉，男方必死无疑。检察院以故意杀人罪提起公诉，我对定性没有意见，将工作重点放在量刑上。《中华人民共和国刑法》（以下简称《刑法》）第二百三十二条规定，故意杀人的情形有两档判决，第一档情节较轻的，处三年以上十年以下有期徒刑；第二档处死刑、无期徒刑或者十年以上有期徒刑。我的目标锁定在第一档。这就要求我们找出海花犯案情节较轻的情形和相关证据。事实上第一档的判例，大多有明显的正当防卫情形，而案发当晚海花并没有被家暴，同时涉及家暴的证据也不够明确，前景晦暗不明、荆棘丛生。我特地邀请了几位研究刑法和反家暴的专家一起讨论、梳理诉讼策略，做好背水一战的准备。

时间紧迫，我抽出几天时间集中走访了海花的兄弟、亲戚、领导和工友，于是有了文章开头的一幕。经历了一场又一场的谈话，海花这么多年的生命历程以及被家暴的经历，慢慢展现在我眼前。

海花的老家在西南偏远地区，兄弟姐妹共6个，家里十分困难，作为女孩的她初中就辍学，15岁就跟着同乡到浙江沿海城市一家鞋厂打工，17岁时她认识了同在鞋厂打工的沙宝，18岁与他同居并怀孕。刚刚成年的海花不谙世事，只是觉得沙宝给了她少有的疼爱，决意要嫁给他。海花父母并不太满意这桩婚事，觉得男方有不良嗜好，有些好吃懒做，怕海花受委屈，但海花认定了沙宝。

其实命运在一开始就显露了它的残酷。在海花怀孕两个月的时候，因为一双鞋底的摆放不如意，沙宝第一次对海花动了手。尽管海花很难过，但并没有太在意，在乡下老家，丈夫打妻子的多了，何况事后沙宝还带她去吃了好吃的。她以为日子会和之前一样岁月静好，却没有想到，那一次家暴，就像打开了潘多拉的魔盒，丈夫的拳打脚踢逐渐成了家常便饭，她所期待的幸福，变成了一个遥不可及的梦。后来父母知道了海花的境遇，除了责怪她当初不听话外，剩下的就是让她忍，老一辈人不就是打打闹闹过来的，况且一个有孩子的离婚女人，很难再嫁。

据亲戚回忆，沙宝有很多不良习性，吃喝嫖赌全占。对海花，他非打即骂，甚至有好几次，威胁要弄死她。海花的表哥和表嫂在当地开了一家小超市，据他们回忆，有一年冬天，海花的衣服被撕破了跑到店里来，沙宝手里拎着刀追过来要砍她，店里几个人好不容易才拦下来。海花的表哥说："这个沙宝对外人还可以，就是对媳妇儿很差，我们经常能看见海花身上青一块紫一块。我们也劝过沙宝，但是这毕竟是他们夫妻俩的事，我们也不好讲太多。"

海花的堂姐夫也回忆说："有一次，海花鼻子流着血跑到我们家，说沙宝要杀她，她避避风头。结果当天晚上沙宝就找过来，哐哐地砸门，好像喝了酒，嘴里还骂骂咧咧的，家里小孩子很害怕，海花怕连累我们又跑出去，跳到湖边芦苇荡躲了一夜。"

后来，沙宝有了第三者，海花又难过又生气，有时会跟他吵，换来的是更严重的暴力。沙宝和海花提离婚，她不同意，被打得很惨，海花的领导和工友回忆说海花经常被打得半夜惨叫。领导说："2013年下半年，有一次，我在二楼办公，有工人跑过来，说沙宝打海花呢。我赶紧跑过去，看到海花头都被打肿了。我也派过员工去找沙宝谈话，让他对老婆好一点。"一位工友说："有将近一个月的时间，我每天半夜都听到海花喊救命的声音，当时只觉得吵得人睡不好觉，不晓得这个事有这么严重。"其他人也提到，海花被沙宝家暴的事情，厂里很多人都知道，但是没人想过报警。

走访中，我也有比较疑惑的地方，海花有几个兄弟，几家人又都在同一个地方，为什么他们没有出手帮她呢？而这正是他们最后悔的地方。

海花的大哥说："小花挨打，刚开始不说，埋在心里。后来打得越来越重，她经常浑身是伤地回到娘家。我们就急了，可小花自己说算了，还要跟他过日子，忍一忍吧，惹恼了他，日子恐怕更难过。哎，我想啊，小花还想和他过日子，不好闹僵了，在农村这种事也不少，一辈一辈都是这么过来的。我现在后悔啊……"说着就红了眼睛。

了解完基本情况后，我去会见海花。2014年12月的一个下午，我走进了看守所的会见室。栅栏把房间隔成两段，我坐在椅子上等待，一边梳理着要询问海花的主要问题。这是我们第一次见面，我正想着怎么在有效的时间内与她建立起信任关系，同时尽量详细地了解案情时，海花被带进了接待室。她个子不高，有一张红扑扑的娃娃脸，看见我她脸上显出惊讶和疑惑，果然她还不知道弟弟为她请了律师。等她坐定了，我望着她的眼睛，亲切坚定地说："海花，我是李莹，是你弟弟请的律师，我一定会尽力帮你，我们一起努力，争取早日让你和孩子团聚。"

听了我的话，她的身体放松下来，稍作犹豫，她有点担心地问:"我弟弟他们是不是花了很多钱?"这个时候她依然为家人着想,我一下子对她心生怜悯。我没有正面回答她,只是说:"钱的事你不用担心。你在里面好好照顾自己,好好为开庭做准备,争取从轻判决。"看她神情松弛下来,我接着说:"我已经看过案卷,还见过很多你在当地的亲友,你的案情我已经基本了解。这些年我做了不少相关案件,我还邀请了几位专家一起讨论过案情,对你的案件我下了不少功夫,也希望你能信任我。"

海花认真地听着,心里似乎有把握了很多。我继续说道:"我知道你的日子过得不容易,发生了这样的事,谁也不想看到。咱们一起往前看,往前走。你的案件定性是故意杀人,证据确凿,你也自首了。但是被害人有过错,你还有老人孩子要照顾,这些都是可以从轻减轻判决的情节,咱们就是要一起把这些有利于你的情节找出来。现在咱们抓紧时间,我问你一些问题,你如实告知我。"

我问了她和沙宝的婚姻情况,她提到丈夫一直对她不好,吃喝嫖赌,不顾家,还找第三者。提到第三者,海花的情绪开始激动,语气也越来越急:"我老公说他要和外面的女人结婚,以后我们就是陌生人。我跟了他十几年,给他生了四个孩子,到最后他说我跟他没有关系,我不知道我以后的日子怎么过。"说到孩子,海花忍不住轻轻啜泣。我从兜里掏出纸巾,通过栅栏递给她。海花接过纸巾,抹了一把涕泪,又接着倾诉第三者出现后的愤恨与痛苦。

她完全没有提家暴,我有些意外。由于时间有限,我决定直切主题："海花，你在笔录中提到老公经常打骂你，你讲讲。"她脸上一怔，轻叹一声，似乎才想起来还有家暴的事情。她沉吟片刻，指着自己额头上的一个小鼓包说："你看这，他打的，快一年了，还肿着。当时他在棋牌室打牌，给第三者发微信，我过来找他回家，看见了就问他一句，他立马急了拿开水泼我，扯住头发把我的头往地上撞。"我接着问她："他从什么时候开始打你的？"她答："我怀老大的时候，他就打我。有一次，他打牌输了回家，找钱吃夜宵，我说没有，他急了就打我，手链都扯断了。"

每次沙宝打牌输了、酒喝多了，就是海花倒霉的时候，沙宝要么掀桌子、砸碗筷，要么把她揪过来一顿打……一桩桩一件件，她回忆了这么多年被打骂的经历。让我感到刺痛的是，她并不清楚丈夫对自己的打骂就是家暴。我提到报警，她说完全不敢报警，怕报了警打得更严重，她只能一再忍受、退让，她觉得这就是她的命。

会见结束了。走之前，我拿出打印好的孩子们的照片给她看。她欣喜地看着许久未见的孩子们，脸上浮现出慈爱和宠溺的神情，然后她抬起头眼里噙着泪问我："我会被判死刑吗？"我努力把双手向她伸过去，看着她的眼睛，语气很坚定："我们共同努力，相信法院会给你一个公正的判决。"她从栅栏那边迎过来，我们指尖相触。我暗暗下定决心，要尽一切努力来帮助她。

回酒店的路上，我一直在琢磨为什么海花好像忘了家暴的事情，是她真的忘了吗？如果她对家暴没有认识，是很难在法庭上有效表达的，而这个案子的本质就是长期家暴之下的以暴制暴，律师的辩护很重要，当事人在法庭上的陈述和表现也非常重要。我需要弄清楚这背后的原因。

回到北京后，我搜索和阅读了很多关于家暴的文献，包括心理学、社会学领域，也咨询了相关专家，最后推测，这其实是一种自我防御的表现，一个人因为某种遭遇留下了非常严重的创伤，会下意识地忽略这段记忆，这是自我保护的方式。她不提，恰恰因为这是她内心最隐秘最痛苦的地方，因为太痛，受害人往往避免触及，选择性遗忘。因此，这些年被家暴的经历她并不是忘了，而是因为伤害太大，她不愿主动提及。她的回避，是不愿意去面对创伤的表现，而只有面对才能真正放下。我下定决心，在诉讼过程中，不光会在法律上援助她，也尽力地去治愈她。必须帮助她在法庭上把真相说出来，力争获得更轻的判决。

但海花毕竟是一个文化程度不高的打工者，我不确定她能够把事实完整地呈现出来，我需要找更多的证据帮助她。

比较欣慰的是我们已拿到沙宝父母的谅解书。遭遇白发人送黑发人的悲剧，最初他们也难以释怀，是海花的弟弟一直在和两位老人沟通，我也多次和他商量如何做老人的工作。海花与沙宝的小儿子才几岁，两位老人现在年纪也大了，四个孩子的抚养很艰难。而海花本来也是一个贤惠勤劳的媳妇，对老人对孩子都尽心尽力。经过多次沟通，沙宝父母最终愿意原谅儿媳妇，并签署了谅解书。这是一个很重要的从轻减轻刑罚的砝码。

之后，我结合阅卷以及我在调查过程中了解的情况，精心挑选了多名证人，说服他们出庭作证，包括海花的亲戚朋友、领导工友，他们或直接或间接地了解海花长期被家暴的经历，甚至亲眼看到她被追杀。但是沟通证人的过程还是很艰难。与此前走访时的情形相反，因为涉及出庭，他们顾虑重重，不知道法庭上是什么样，也不知道该说什么。一些人抱着多一事不如少一事的态度，不愿意出庭。

这个情况让我很着急。那个时候是2015年1月了，天气已经转冷，我突然上呼吸道感染，先是发烧，之后喉咙嘶哑水肿，说不出话来。由于担心春节前开庭，我必须抓紧时间做通证人的思想工作，我只能带病出差，再次来到某市。我声音沙哑，一遍一遍地给证人做工作，最终他们同意出庭。现在想来，我当时生着病仍然如此坚持，他们也被感动了。海花的亲友、同事还联名撰写了请求信，希望法官能够对她轻判，有62人在请求信上签下了名字，并按下了鲜红的手印。

接着，经过与相关专家沟通，我们决定尝试申请专家辅助人出庭。在2012年修正的《中华人民共和国刑事诉讼法》中确立了专家辅助人制度，也就是请"有专门知识的人"出庭作证。在涉家暴案件中，专家辅助人可以以相对中立客观的角度阐述家暴的特征，分析家暴受害人的心理和处境，帮助法官理解家暴受害人的行为逻辑。我向法院提出邀请专家辅助人出庭的申请得到了批准，这是全国涉家暴刑事案件审理中最早引入专家辅助人的案件之一。海花案之后，全国多起以暴制暴案都尝试了专家辅助人出庭，为法官作出公正判决提供了重要参考。

此次案件的主办法官是一名年轻的女法官，从接案开始，我们一直有良好的沟通。我能看出她在这起案件上是下了功夫的，她也在积极学习家暴相关的理论和知识。在法律允许的前提下，她给了我们很多支持，法官和律师不是要彼此对立，而是要共同解决问题，她让我感受到我们是为实现公平正义的法律共同体。

诉讼过程包含大量的工作，而我的身体一直不太好，为此我邀请我的好友李桂梅律师共同担任辩护人。李桂梅律师长期关注妇女权益保护领域，有着丰富的经验，她又非常智慧，面对办案中的困难，经常会想出特别妙的主意，让事情柳暗花明。在涉及妇女权益的案例中，我们往往处于相对弱势的地位，必须采取更加周全的诉讼策略。李桂梅律师的加入无疑可以带来更多的辩护思路和视角。

我们两个人进一步厘清了辩护思路，力求把所有从轻减轻的情节全部找出来：被害人长期家暴，有严重过错；当事人投案自首、认罪态度好，且已获得被害人家属谅解；当事人属于偶犯、初犯，同时社会危害较小；当事人亲友、同事联名请求对其轻判；当事人有四个未成年子女，最小的儿子才几岁，同时双方的老人也需要人照顾……我们做了很多工作，但我仍觉得不足以起到一锤定音的作用。家暴因素如何作为情节较轻的有利依据？我查了很多涉及这方面的判例，能认定情节较轻的，一般都有正当防卫因素，而海花的情况，并非正当防卫，当晚沙宝并未对其家暴，而且她使用了两种凶器，某种程度上讲，比使用一种凶器更残忍。我翻遍了法律相关规定，在司法实践中，对于家暴受害人以暴制暴是否可以认定情节较轻并没有明确的指导意见。我们要如何说服法官？

也许是上天垂怜，开庭前几天，最高法、最高检、公安部、司法部发布了《关于依法办理家庭暴力犯罪案件的意见》，其中第二十条专门对何种情况可以认定为情节较轻进行了详细规定："对于因遭受严重家庭暴力，身体、精神受到重大损害而故意杀害施暴人；或者因不堪忍受长期家庭暴力而故意杀害施暴人，犯罪情节不是特别恶劣，手段不是特别残忍的，可以认定为刑法第二百三十二条规定的故意杀人'情节较轻'。"这对于什么是"情节较轻"提供了特别有力、有针对性的依据，海花符合其中情节较轻的情形。这个文件来得太及时了，海花有希望了！

春节后不久，法院即通知开庭，我和李桂梅律师提前赶到法院所在地。在开庭前一天，我们去看守所为海花做庭前辅导。海花见到李桂梅律师很高兴。我问她知不知道要开庭了，她答知道。

我问："你是怎么想的？"

她说："我希望法官能够从轻判决。"她说这话时，只是本能的求生意识，从她的状态来看，她并没有对案件有清晰的认知，也没有真正地理解家暴对这起案件意味着什么。

法庭需要当事人陈述案件事实，当事人对案情的深刻理解，是庭审现场良好表现的关键。这个表现不是呆板的鹦鹉学舌，而是要在尊重案件事实基础上切中要害、传情达意。我们要做的，是帮她加深对案情的理解。明天就要开庭，时间紧迫，我必须"逼"她一下了。

我坐直了身体又向她凑近一些，盯着她的眼睛非常严肃地说："海花，法官凭什么要轻判你？因为对方有第三者你就能把他杀了吗？"她愣了一下，脸色倏地变了。

我追问："如果没有家暴，你仔细想一想，只是因为第三者，你能杀他吗？"

她垂下眼帘，沉吟片刻，低声说："那我应该是不会杀他的。"

时机到了，是时候让她直面内心最深的痛苦了。我跟她讲："作为女孩子，你从小受到忽视，你也想被人心疼，想有一个温暖的家。你18岁就跟了他，给他生了4个孩子，一心想和他好好过日子。可他带给你的是什么？是没完没了的打骂和屈辱，生活根本看不到希望……"海花面色越来越凝重，开始低声抽泣。她终于明白，最深的痛苦是老公对自己的家暴，这才是她痛下杀手的真正原因。

接下来，我和李桂梅律师带着海花一起回顾了她这么多年的经历，我们不是教她怎样说，而是帮助她梳理家暴的整个脉络，包括沙宝打她的频率、严重程度、殴打的手段，最严重的有几次，具体的情形是怎么样的，力求有全貌、有重点。案发当天的情况则是重中之重，我和李桂梅律师带着她还原了当天的情形——沙宝的醉酒、几天前发生的家暴、沙宝的"最后通牒"、她当时是怎样的痛苦和绝望以及作案后的自首过程。

最后，李桂梅律师又跟海花讲述了整个庭审流程，包括法庭的程序设置、当事人和证人的出场顺序等等，让海花提前了解下，心里有个数。听说自己曾经的领导专程赶来出庭作证，海花的眼泪又流了出来，她没想到这么多人都会帮她。

这时，看守催促我们结束会见。海花有点紧张，我和李桂梅律师鼓励她："相信自己、相信法律，你可以的！"

2015年3月初，海花故意杀人案正式开庭。这次案件是公开审理，除了被告人海花和被害人沙宝各自的亲友，还有妇联及各界人士将近百人旁听庭审，这让我们感觉责任重大，很有压力。为了开庭，我们准备到半夜。而且由于临近三八妇女节，我当晚还接受了媒体采访，也是谈家暴问题。我几乎是一夜无眠。

终于，法警将海花带上法庭。海花的家人朋友都来旁听了，这让海花有些意外，也很感动，听到亲友们的呼唤，她的眼圈红了。我用鼓励的眼神望向她，她很快就平静下来。法庭上的海花，还是让我吃了一惊，她好像完全变了一个人。能感觉到她鼓足了劲为自己而战。昨天晚上我还在担心，怎么去激发她的斗志，现在看到她的状态，我松了一口气。法庭上的海花有一种天然的朴实感，给人感觉并非一个丧心病狂的女人。她还这么年轻，不知是怎样的苦难，让她走向现在的悲剧。我能感觉到大家很想了解这一切。

在被告人陈述环节，海花的讲述令人动容：17岁认识沙宝，18岁怀孕，怀孕才2个月，就开始被家暴……沙宝家暴的时候，手边有什么就抄什么起来打。有时候吃着饭，啤酒瓶就砸过来；墙角立着的钢管顺手就抄起来打在海花身上；还扯着海花的头发往墙上撞，往地上撞。她指指自己的额头、下巴、肩膀、手臂、大腿，这些地方都受过伤。海花看起来矮小瘦弱，这样的毒打不知道她是怎样忍下来的。她的每句话都好像努力地压抑着痛苦，庭审现场气氛很凝重，让人有点喘不上气来。

最后，海花如实陈述了她杀害沙宝以及投案自首的经过。伤口被重新撕开，海花忍不住泪流满面，泣不成声，绝望与悲伤扭曲了她的面孔。她讲述的时候，听众席上很多人开始低声啜泣，有人拿纸巾擦拭着眼泪。

海花的表现让我非常意外，她的叙述条理清晰，表达到位。我很欣慰，也为她感到惋惜，她非常聪明，悟性很高。在法庭上，那样惨烈的生命历程，她用她的语言表达出来，很震撼。绝望感，是我在与海花多次接触中感受最深的一点，我看到它如何摧毁一个人，最终导致悲剧发生。而此时，法律的援助，社会的同情，乃至法院的判决，都是她的救赎。

到证人出庭这个环节，我和李桂梅律师分别提问。对海花被家暴的经历，她的家人和亲戚说得最多的是"村里很多人家都是这样""没有想到过报警"。根深蒂固的观念像一张细密的网，过滤掉了他们的愤怒与勇气，对海花的遭遇只剩下一声叹息。海花的很多工友都知道海花被打，大家只觉得吵闹，影响了他们正常的休息。领导则是善意地提醒她注意跟老公沟通，没有人想到她需要帮助，也没有人想到要报警，他们认为家暴是私事，外人不好插手。直到凶案发生，沙宝的血流淌在狭窄的宿舍里，他们才看到海花曾经遭受的暴力和苦难，这也引发了他们的反思。

这是一个系统性的悲剧。在海花遭到家暴的整个过程中没有人去阻止，也没有人报警，而海花自己觉得这就是命。她所处的环境，一切都不能帮助她，她只能一个人去面对。其实有很多可以进行干预的机会，但悲剧最终还是发生了。

海花陈述之后，有一个出示证据的环节。工作人员把凶器拿出来向大家展示——一根螺纹铁棍、一把菜刀，当即在法庭上引起一阵骚动。行凶实物的震撼不可小觑，一个女人怎么这么狠，打成重伤也就罢了，为何一定要置对方于死地？这样的担心让我的心也沉了几分。

专家辅助人回答了大家的疑问。"对长期遭受家庭暴力的被告人而言，她足以相信，如果不杀死对方，对方就可能杀死她。"专家辅助人简明清晰地阐述了为什么家暴受害人一定要置对方于死地。受害妇女因不堪忍受长期的家庭暴力，为了避免遭受更加严重的侵害，她们会在施暴者已经暂时丧失反抗能力的情况下，采取极端的手段置施暴者于死地。同时，专家辅助人强调，受害妇女的加害行为一般只针对施暴者，在施暴者消失后，对其他人不会再有危害性。

法庭上，控辩审三方分别向专家辅助人发问，以求准确认识和把握海花的行为逻辑。海花的作案手段放在一般案件里可以说是非常残忍了，然而在家暴的背景下，她的行为是出于自我保护，为了自己有活命的机会。男方要求离婚而她坚决不同意，这就涉及进一步伤害，海花面临更严重的暴力威胁。海花很矮小，面对强大的施暴人，她只能选择在丈夫睡熟的时候动手。她必须确保他死了，不然对方一旦恢复过来她仍是死路一条。

应该说专家辅助人的专业分析，让事实更加清晰地呈现出来。如果说法庭的审判是针对事实的，是平面化的解读，那么专家辅助人的发言则为其增添了社会学与心理学的维度，帮助我们透过事实，建构立体化的认知。对在场的法律工作者而言，专家辅助人的阐述也是一次对家暴议题深入的探讨。

随着庭审的深入，我也感受到了旁听席上的反响。海花、凶器、她的经历，足够让大家震惊，也实实在在地教育了他们。家暴不是小事，如果不制止不干预，其终点就是悲剧和地狱。

在法庭上，我们特别将《关于依法办理家庭暴力犯罪案件的意见》的相关规定作为认定海花犯罪情节较轻的重要依据，最终我们的辩护意见被法官采纳，并体现在判决书中，海花案也成为全国首个适用《关于依法办理家庭暴力犯罪案件的意见》的案件。

经过一天的开庭，终于到了尾声，在最后陈述时，海花真诚地认罪悔罪，并希望能够获得法院的轻判，让她有机会照顾老人和孩子，她的语气真挚，让人动容。法官表示休庭后当庭宣判。

我们预感会是一个比较理想的结果。焦急等待中，迎来了最后的宣判，海花犯故意杀人罪，但情节较轻，判处有期徒刑5年。海花自己都吃了一惊，不敢相信判得这么轻！她激动得跪倒在地，失声痛哭。我和李桂梅律师也特别高兴，所有的辛苦和努力都值得。现场旁听的人们也好像松了一口气，流露出欣慰之情。

这起案件判决之后，引发了媒体的广泛报道。海花的案例，在社会层面上可以说被双重看见。海花杀夫，这极端惨烈的悲剧被看到，背后海花所遭受了十几年的家庭暴力也终于被呈现出来，被忽视的苦难被呈现在人们眼前。同时，对海花杀夫案的审判也被看见，我们该如何应对家庭暴力背景下的以暴制暴？法官的判决让公众看到，法律既惩罚了私刑杀人者，又彰显了对家庭暴力的制裁；法律不仅实现了正义，又显示了它的温情。更重要的是，案件的判决让更多的法律工作者和普罗大众了解到家暴危害的严重性，它绝不是个体的私事，而是整个社会的毒瘤，它侵害公民的人身安全，摧毁家庭，扰乱社会秩序，需要人们的积极干预和帮助。

当天我就乘火车返回北京。我身上还有别的任务，只能匆忙告别。

在火车上，我的心情久久不能平复。我们的努力拯救了一个人、一个家庭，加深了大众对家暴的认识，也拓展了在反家暴领域的法律实践，我们的专业服务是非常有价值、有意义的。我再次确认我的选择——投身妇女儿童权益保护是对的，这次经历也坚定了我继续向前的信念。

之后我和海花没有太多联系，但我心里一直挂念着她。中国裁判文书网显示，海花已根据相关政策获得减刑，服刑3年多后出狱。现在她和四个孩子在一起，过着没有恐惧的生活。

故事五
两封遗书

在传统的观念里,无论夫妻之间吵架还是打架,统统归为家务事,而所谓家务事,就都不是大事,以及是外人不该插手的事。但是,当死亡和谋杀也被当做家务事的时候,当受害人的呼救被外界无视的时候,"家务事"这三个字就成为悲剧的代名词。

我就见过这样的悲剧。

2021年5月我在H省Y市检察院查阅卷宗时,看到了杜鹃遇害前留下的两封遗书。这是两张从笔记本上撕下的单页,笔迹工整,但字字锥心。

第一封遗书第一句是"人生祸福难料",在这封遗书写下的第二天,她去法院提请离婚。

第二封遗书的第一句是"此次回家吉凶难料",写完后次日,她倒在丈夫的斧头之下。

从遗书的内容看,受害人已经清晰地感受到了死亡威胁;从她以遗书的形式表达这种危险感来看,她似乎对获救不抱有希望。

生活不是闪进闪退，它是时间分分秒秒的累积。在日复一日的生活琐碎里，受害人究竟遭遇了什么要写这样两封遗书，又是什么推动着她明知是死也要去做？最后又是什么让面对死亡的她感到无助？

当我跟完这起案件，萦绕在我心头的还有一个问题：如何让这样的悲剧不再发生？

·白头翁媪·

我是从媒体和网络上知道的这起案件：妻子杜鹃提出离婚，并要求分割夫妻共同的房产，在法官带着房屋价值评估人员离开后，潜伏等候的丈夫将妻子砍杀在家门口。因为凶手王大春手段残忍、案情骇人听闻，作案对象还是自己的妻子，挑战了人们的认知底线，也引起了我和机构同事们的关注。特别是看到媒体披露的两封遗书的部分内容时，我不禁唏嘘，职业敏感性让我把注意力从凶手的作案手段，转移到受害人身上。

凶案只是家庭纠纷的极端表现吗？受害人杜鹃是否有可能遭受了长期的家庭暴力？如果我的直觉是准确的，那这起案件就不是一起简单的家庭纠纷杀人案，这样的案件需要有家暴经验的律师才能更好地处理。

于是我们决定向杜鹃的家人提供法律援助，并通过记者朋友，辗转联系上了杜鹃的姐姐小萍。小萍向我表达了诉求：希望能判凶手死刑立即执行。小萍在电话里哽咽，她妹妹身上的砍伤不计其数，死不瞑目。

了解到案件已经移交检察院，我和助理齐齐便迅速安排到当地阅卷。杜鹃父母在女儿离世后一直悲痛不已，身体也不好，我们本打算阅完卷再去乡下看看两位老人，但因为种种原因无法成行。即使如此，小萍说父母也一定要进城来见我们。

这是一起恶性杀人案件，嫌疑人有可能判处无期徒刑和死刑，根据法律的相关规定，案件应当在中级人民法院审理，即在案发地的上级市，我们约了小萍一家在这里见面。一大早我们先赶到检察院阅卷，在检察院诉讼中心帮我们制作案卷光盘的时候，我们见到了主办检察官，由于当时尚未阅卷，我们没有就案情讨论太多，主要向检察官转达了杜鹃家人严惩凶手的愿望。

等阅完卷，已是中午时分，小萍说他们一家已经在检察院附近的一个小饭馆等我们了。白发人送黑发人，尤其是以这样惨烈的方式，杜鹃家人的悲痛和愤怒可想而知。纵然我有一定的心理准备，但初见面还是被杜鹃父母的痛不欲生深深地震撼了。陪同杜鹃父母过来的，除了姐姐小萍，还有两位哥哥。看到我们，两位老人拉着我的手哭出了声。他们再次跟我表达了诉求——"以命抵命"，王大春必须为如此残忍的行为付出生命的代价。非死刑无以告慰冤魂，非死刑无以安抚生者，非死刑无以彰显正义，这是我看到这家人时内心最真切的感受。我暗下决心，一定要尽我们最大的努力争取死刑。

由于我们当晚要赶回北京，我希望将案件所涉及的事项都讨论到，既有刑事部分，也有刑事附带民事部分。在讨论刑事附带民事诉讼的赔偿问题时，我遭到了二老的反对。他们以为赔偿就是要钱，就是凶手可以拿钱买命，担心不能判凶手死刑，尽管他们非常困难，但绝不拿女儿的命换钱。我耐心给他们解释："要求民事赔偿是你们的权利，是不会影响定罪量刑的。"听了我的解释，他们还是不太放心，不断表示他们一分钱都不要，就是要让凶手判死刑。提到女儿，两位老人再次老泪纵横，事情已经过去了半年多，他们的悲痛丝毫未减，想到两位老人在风烛残年之时要承受这样的人间至痛，我也是心痛不已。

除此之外，还有一个非常关键的问题，就是杜鹃还留下了两个年幼的女儿。凶案发生后，两个孩子处于王大春家人的看管之下，他们多次以孩子逼迫杜鹃的家人出具谅解书，而且以为只要霸住孩子，就有可能让王大春免死，甚至不让小萍一家去看孩子，怕孩子被抢走。小萍说，杜鹃是在娘家人的帮助下把孩子们抚养长大的，孩子们和姥姥姥爷感情很深。现在杜鹃已经离世，孩子就是两位老人唯一的安慰，看到她们就像看到女儿，他们很想亲自把女儿的孩子抚养长大，所以他们向王大春家人提出由他们来抚养孩子。但是王大春家人把孩子当成了救命稻草，声称除非杜鹃家人出具谅解书，否则不可能。孩子是孩子，惩罚是惩罚，王大春没有看在孩子份上放过杜鹃，杜鹃家人也不会因为孩子对王大春提出谅解，因此，两家人因为孩子监护问题多次发生争执。考虑到孩子尚未成年，我建议他们先找当地妇联或人民调解机构处理，实在不行再提起监护权诉讼。

这顿饭吃了好几个小时。我们能够代理此案件让两位老人感觉放心了很多，席间甚至聊了会家常，我们才了解，为了女儿的事情，两个儿子一直没有再外出打工，已经大半年没有收入了，大女儿小萍一直在奔波，自己的孩子也顾不上。我很感动，也很感慨，这就是普通人家里最宝贵的挚爱亲情和守望相助吧，杜鹃何其幸运有这样的家人，又何其不幸遇到那样的丈夫。

我们道别时，杜鹃爸爸再次握着我的手，不断地拜托我们，一定要给他女儿讨回公道。

·暴力循环·

在谈到杜鹃的经历时，姐姐小萍给我看了一张杜鹃生前的照片，是她结婚前外出旅游时拍下的，照片里她眉目清秀，一脸灿烂的笑容。

虽然是家中的老幺，但家人对杜鹃性格的描述是隐忍、懂事。中专毕业后，杜鹃就去了大城市打工，生活勤俭，挣了钱留下必要的花费，剩下的就都寄给父母。2014年春节回家时，经人介绍认识了王大春。交往初期王大春体贴周到，让杜鹃心里挺暖的。而父母却觉得王大春看起来游手好闲，不像个过日子的人。这一次，杜鹃没听父母的话，相识两个月就匆匆结婚。

据小萍回忆，刚开始家人都不知道杜鹃被家暴，她看起来也在很努力地规划着未来的日子。直到2016年的一天，杜鹃哭着跑回娘家，手臂、嘴角和脖子都是大片红肿。在家人的追问之下，杜鹃说自己被王大春打了，而且这样的暴行已经不是一天两天。

早在婚后不久，王大春对杜鹃就偶有辱骂、推搡，但持续时间很短，杜鹃认为丈夫只是脾气不好。变化发生在2015年年末，王大春第一次动手打人。当时大女儿刚刚几个月大，有一天杜鹃照顾孩子腾不出手，让王大春帮忙冲一下奶粉。王大春正在玩手机没搭理，杜鹃催促了两声，王大春直接暴怒，抄起手边的遥控器向杜鹃砸过去，又三两步冲过去，拽着杜鹃的衣领扇了她两个巴掌，脸上显露出她从没见过的狠戾。过了几天，王大春给她赔不是，杜鹃以为一切结束了，便原谅了他。

但是从那次之后，杜鹃发现王大春身上有一个可怕的周期，她自己似乎成了这个周期的"祭品"。王大春时常沉着脸，抱着手机窝在沙发里不管家里的事。如果杜鹃说他两句，王大春就把杜鹃暴打一顿。似乎这种殴打让王大春得到某种宣泄，打完后他又会和常人一样，高兴的时候还会陪陪孩子。但是，对杜鹃来说，她不知道会不会有下一次殴打，又会在何时发生。为了继续生活，她每次都盼望着没有下一次，而王大春暴力过后的表现，似乎又给了她一点希望。而2016年的这一次王大春实在是下手太重，甚至还抄起椅子砸在她身上，忍无可忍的杜鹃跑回了娘家，向家人哭诉了自己的遭遇。两个哥哥急了，去找王大春讨说法。王大春草草地道了歉搪塞过去，杜鹃心疼孩子，最后还是和王大春回了家。

杜鹃和家人并没有意识到，王大春的行为是典型的周期性家暴行为。家暴一般分为三个阶段，即矛盾爆发期、蜜月期和矛盾聚集期。王大春打人是在矛盾爆发期，他因为无关紧要的原因暴打杜鹃一顿，等情绪宣泄了，他又回过头来道歉认错，做做表面功夫哄着妻子重归于好，这就是蜜月期。然而好景不长，两人又逐渐进入矛盾聚集期，王大春开始看妻子不顺眼，家里总有轻微的摩擦和暴力，直到矛盾再次爆发。更为可怕的是，在这种循环里家庭暴力的严重程度会逐渐升级。王大春并非一上来就把人往死里打，刚开始是打一巴掌、推搡一下，渐渐地变成拳打脚踢，到后来动辄殴打致命部位。身处其中的杜鹃切身感受到了紧迫和危险，但是在外人看来，这只是一次又一次的家务纠纷，最终都会和好。

我们常说家暴只有零次和无数次。当家暴受害者找到我时，我一般会问第一次家暴的情况："你当时怎么做的？要求对方道歉了吗？"遗憾的是，我发现几乎没有人在家暴第一次时进行有效处理。当家暴在第一次发生时没有被有效制止，受害人将要面对的是以后无尽的暴力循环。杜鹃的悲剧虽然是一种极端的情况，但谁又敢说，这不是一种必然？

·无路可逃·

2020年初，由于疫情的原因，杜鹃一家四口不得已长期共处一室。在封闭状态下，外部环境所带来的恐慌和家庭内部的日常摩擦，让家庭氛围越来越紧张，暴力再次降临。

2020年2月22日晚上，王大春在家里又一次对杜鹃大打出手。他一上来就拳脚相加，按住她的头不停地往墙上撞，还对她进行羞辱。杜鹃被打得遍体鳞伤，头发也被大把地扯掉。她连拨3次110，派出所没能够出警。

证人常某是杜鹃的邻居，在她的询问笔录里显示，她听到楼上异常吵闹，碰撞声、惨叫声、孩子的哭声此起彼伏，让人担心不已。第二天她收到杜鹃的微信："以后楼上动静大，上来帮忙看下，怕被老公打死了都没人知道。"

这次暴打，给杜鹃带来了身体上和人格上的双重创伤，也让她切实地感受到死亡的威胁。同时王大春毫不顾忌孩子们的感受，家暴给整个家庭蒙上阴影。思前想后，杜鹃决定离婚。但王大春不同意离婚，并威胁说："你要离婚就净身出户，要不然我就杀了你，还要让你们一家子不得安宁！"

杜鹃相信他做得到，但是在无止境的暴力中，不离婚就没有活路，只有离婚成功，也许还有一线生机。于是她偷偷写了第一封遗书，对身后事做了交代，第二天便向法院提出了离婚申请。

2020年7月法院第一次开庭。王大春坚决不同意离婚，称两人感情尚未破裂。当天双方家属来了好多人，婆家人劝杜鹃再给他一次机会，王大春也趁势向杜鹃下跪求饶，发誓绝不会再动手打她。杜鹃哭着对法官说："如果这次不判离，下次我连报警的机会都没有了。"等待再次开庭的过程中，为了躲避王大春反复无常的暴力与死亡威胁，杜鹃外出打工，孩子则留给自己的父母照顾。

2021年初，离婚诉讼进入关键阶段，需要进行房产价值评估，杜鹃只能返回老家。期间她尽量深居简出，避免与王大春接触。小萍说，有一天她陪妹妹回房间拿东西，在卧室发现了一把斧头，两人赶紧把斧头藏了起来。也许这把斧头让杜鹃感到了死亡的威胁，她再一次写下遗书，与第一封遗书不同的是，她的最后一句话是"不要宽恕他！"

我阅卷看到此时，不由得泪眼婆娑。她还这么年轻，有最爱的女儿们，有爱她的家人们，却如此冷静地与这个世界告别，这其中会有多少的不舍与无奈，又该是多么的绝望。

第二天，杜鹃陪同离婚诉讼的主审法官和房产评估人员对夫妻婚后贷款的房屋进行价值评估，到了房间门口发现门锁已经被王大春换掉了，她叫了开锁的师傅过来把锁撬开。评估结束后，法官和评估人员先行离开，杜鹃和开锁师傅后一步离开，正在这时，王大春突然出现在两人面前，从包里抽出一把斧头，直接向杜鹃砍去，杜鹃倒在了血泊中。在王大春砍杀杜鹃时，开锁师傅乘坐电梯下楼求救，一名保安坐电梯先行来到现场，看到了最惨烈的一幕，他在询问笔录里说，还没出电梯，他就听到了像剁排骨一样的声音，电梯门打开，一个男人用斧头在疯狂砍一个女人。

3天之后，杜鹃最终因伤势过重不治身亡。经法医鉴定，杜鹃头顶被斧头砍了几十刀，颅骨粉碎性破裂，牙齿全部被砍掉，一只手臂被砍断。

· 庭审交锋 ·

经过了半年多的等待，2021年11月初，法院开庭审理此案，我和齐齐第三次来到Y市，参加开庭。杜鹃全家人都来了，迎上他们殷切的目光，我和齐齐深感责任重大。总体而言法院对死刑的判决极为谨慎，我们不敢有丝毫松懈。

拿到案卷之后，我们进行了仔细的研阅，做了详细的笔记。在案件移送到中级人民法院之后，我们专程去了一次Y市，一是提交刑事附带民事诉状，二是同主审法官表达了我们的基本意见，我们认为此案是一起极端恶性的家暴案件，而不是普通的家庭纠纷，应该根据最高人民法院、最高人民检察院、公安部、司法部出台的《关于依法办理家庭暴力犯罪案件的意见》的精神，从重处罚，希望判处被告人死刑，并提交了法律意见。在开庭前一晚，我和齐齐对开庭可能出现的焦点问题、争议性问题又捋了一遍，我把代理意见再次进行了完善，一直准备到凌晨一点多才入睡。

庭审在上午9点多开始。被告人王大春被带上法庭，他个子不高，微微发福，看上去是个普通的中年人。王大春应该了解自己罪行深重，甚至有可能判死刑，我预料他不会轻易认罪，会在一些关键事实上做有利于自己的供述，以求能从轻减轻刑罚。

果不其然。在公诉人宣读完公诉书之后，对是否属于预谋杀人这个焦点问题，王大春予以否认。

他辩称是被害人杜鹃先拿双节棍打他，他并无谋杀对方的故意。但在讯问笔录中，有王大春多次表示要弄死被害人的供述。对为什么他的包里带着斧头的问题，王大春则称杜鹃买了一个双节棍带在身边，威胁到他的安全。根据杜鹃姐姐小萍的证词，由于遭到王大春的死亡威胁，是她劝杜鹃买了一根带着防身。公诉人出具的事发当天现场监控录像显示，是王大春冲上去不由分说直接对杜鹃进行砍杀，这根双节棍并没有出现。

对凶案当天出现的时间点，王大春否认自己是提前埋伏在附近。但根据证人开锁师傅描述，楼梯间内共有三部电梯，其中两部几乎是同时开门，而另一部电梯显示远离 29 层。当时开锁师傅正准备陪着被害人下楼，并伸手挡住其中一部电梯门，等候被害人进去。也就是说，王大春并没有从两部同时打开的电梯中的任何一部走出来。他突然出现，只剩下一种可能，那就是他一直埋伏在 29 层寻找时机。

王大春的犯意流露、作案动机、作案时间以及作案工具这一系列的证据均表明其杀害被害人是蓄谋已久。

我们提醒法庭注意，遭到生命威胁的杜鹃两次写下遗书，从被害人角度证明被告人杀人之心由来已久，绝非偶然。

庭审的第二个焦点问题是量刑，被告人是否存在从轻减轻情节。

王大春的辩护人提出被告人尚有两个年幼的孩子需要照顾，希望法庭在量刑上予以考虑。我们则向法庭陈述，照顾未成年人并不属于法定或酌定的从轻处罚情节。如果因为有家属需要抚养照顾而减轻刑罚，那无论犯了多严重的罪行都可以因此免死，会起到非常恶劣的示范效果。同时，即使被告人免于死刑，被告人仍会长时间服刑，客观上仍无法达到抚养孩子的目的。

辩护人又抛出一个观点，认为本案是家庭纠纷引起的犯罪，根据《关于贯彻宽严相济刑事政策的若干意见》的相关规定，应酌情从宽处罚。

本案涉及两个不同的可能适用的判决依据。其一是我之前提到的《关于依法办理家庭暴力犯罪案件的意见》，该《意见》规定，"对于实施家庭暴力构成犯罪的……根据司法实践，对于实施家庭暴力手段残忍或者造成严重后果……可以酌情从重处罚"。也就是说，如果王大春的行为被定性为家庭暴力，本案应适用该意见而酌情从重处罚。杜鹃家人期待的死刑判决，是可以获得支持的。

还有另一个可以适用的意见，即2010年最高人民法院出台的《关于贯彻宽严相济刑事政策的若干意见》。该《意见》规定，"对于因恋爱、婚姻、家庭、邻里纠纷等民间矛盾激化引发的犯罪……应酌情从宽处罚"。如果王大春的行为被定性为家庭纠纷引发的犯罪，依照此意见就可能酌情从宽处罚。

由此可见，即使王大春的行为被认定为故意杀人，最终的判决是从重还是从轻，还要取决于法院对案件事实的认定。这才是图穷匕见的时刻——家庭纠纷还是家庭暴力，可能极大影响判决的走向。这是本案的一个关键点，也正是我们工作的重点。

我在阅卷时发现，被告人长期家暴的事实，在对被害人家人的询问笔录中被多次提及，被告人自己也承认对被害人有过殴打行为，其最后的砍杀行为就是长期家暴的延续和最极端的体现，但公诉书中并没有提及家暴。我们认为家暴的认定对本案的定性以及量刑都具有关键性意义，因此把代理意见的重点之一放在阐述本案属于一起极端恶性的家庭暴力案件之上。而且，为了让法庭能从家暴的层面来看待和审理此案，在开庭之前我们还提交了两次法律意见。确实，涉家暴的故意杀人或故意伤害案件，绝大多数被法官视为一般性的伤害案件，甚至以家庭纠纷或者夫妻矛盾来认定，家暴问题被忽视甚至是无视了，所以我们希望在本案的审理过程中法官能对这个问题予以正视。

法庭上，辩护人称被告人不同意离婚与被害人产生离婚纠纷，后因财产分割问题矛盾加剧，王大春泄愤伤妻，案件性质应属于家庭纠纷。我对这种说法给予了针锋相对的回击。"财产分割的矛盾只是表面问题，王大春砍杀被害人乃是长期家暴的延续。被告人自己供述对被害人实施4次家暴，但实际家暴次数远不止于此。家暴开始于被害人婚后的第二年，距案发有六七年之久。暴力行为从开始的辱骂、推搡，不断升级。暴力的频次也从开始的偶而为之，发展到2020年的家常便饭，被害人经常被打得鼻青脸肿、遍体鳞伤。此外，2020年2月、8月，被害人本人分别有两次报警记录，也证明了被告人多次暴力侵害被害人的行为。被害人两次留下遗书，表明被告人家暴的反复性和严重程度甚至摧毁了她对生的希望。"

法官给了我们作为诉讼代理人充分发表意见的机会。我们强调，这绝不是一件普通的故意杀人案，如果认定其为家庭纠纷，就会掩盖家庭暴力的严重性，在社会效果的层面，不利于预防和制止家庭暴力工作的推动。我们希望既让被告人罚当其罪，又能通过本案以案释法，达到反家暴公众教育的目的。我在法庭上宣读代理词时，听到杜鹃的爸爸妈妈强忍着悲痛在低声哭泣。我们道出了被害人家属的心声。最后，我再次表达了杜鹃的遗愿：严惩王大春。

　　随着法槌落下，持续了一天的庭审结束，法庭将择期宣判。让杜鹃家人欣慰的是，公诉人表达了从严从重的量刑建议，我们也已尽力。

　　与杜鹃家人告别的时候，看着两位老人被风吹乱的白发，我心里无比的痛，相信会有一个能够告慰他们的判决。

·他为何痛下杀手？！·

　　庭审虽然结束了，这起案件依然在我脑海里挥之不去。我常常想起成为凶器的那把斧子。当冰冷锋利的刀刃一次次地砍在共同生活了十几年的妻子身上时，王大春是否有过手软和不忍？当妻子的鲜血喷洒而出溅落在王大春脸上时，他是否还能感知到温度？

　　在法庭上，王大春多次申明他不想离婚。当初杜鹃提出离婚，他一直坚决反对，甚至在离婚诉讼法庭上对杜鹃下跪求情。然而当这一切未能奏效时，他毫不犹豫地诉诸恐吓与暴力,并以残忍的方式杀害了妻子。他的爱与挽留,在铁与血的交锋中显得虚伪而脆弱,暴露出来的是他极端的控制欲和权力欲:无论妻子还是房子,都是他的私有财产,生杀予夺,惟其所欲。

我在法庭上看到的王大春,并非满脸横肉的凶残之相。他以暴力宣泄情绪是为何没有被有效阻止?通过案卷我看到,面对王大春对杜鹃一次次的家暴,他的父母兄弟听之任之,甚至不乏煽风点火;当杜鹃向外力求助时,得到的只有亲友的息事宁人。周遭的沉默和旁观,几次报警无果,整个社会支持系统是失灵的,没有人对王大春给予有效的惩罚和教训。因此,在王大春的视角下,他的行为是被容忍的,社会氛围对这种"家务事"的宽容,其实就是对施暴人的变相纵容,造成其控制欲极度膨胀,最终无力阻止最大程度的暴怒与凶残。

·她为什么逃不掉?!·

随着王大春的家暴行为越来越严重,杜鹃已经处于死亡威胁的阴影下,她冷静地安排了自己的后事,呈现在遗书上的是她接受命运的无力感。

杜鹃并非没有求过救。她曾向邻居发出请求,让她听到动静上来看看;她曾告诉小区保安,自己被打得头晕头痛,不得不就医;她向派出所多次报警,希望能得到有效的保护;她向法院提出离婚请求,为自己搏得一线生机……而这一切求救的结果，就像拳头打在了棉花上。可以这样说，杜鹃感受到的危险，在"家务事"的社会认知下，被弱化甚至无视了。

让我遗憾的是，杜鹃也没有得到过妇女机构的帮助，也许是没有意识到有这样的组织可以帮助自己。妇联和民间妇女儿童维权组织是可以联动相关部门以及社工、律师、心理咨询师等专业力量为受害人提供全方位帮助的。像杜鹃这样的被害人在困境中需要获得的支持和救济，不是来自某一个人，而是来自整个社会支持系统。

·死刑判决·

几个月之后，我们接到主审法官的电话，这起备受关注的杀妻案将公开宣判。宣判那天我们无法到场，而杜鹃的父母、兄弟姐妹还有其他亲友都到了，对他们来说，这是个大日子。我和齐齐在北京的办公室里同步等待消息。

来电话了，是杜鹃姐姐小萍激动的声音："李律师，判了！死刑！"接着电话里传来哭声，一年多的煎熬、坚守和等待终于有了结果，我不说话，就这么陪着她。过了一会儿，小萍渐渐止住了哭泣："我们等这一天等得太久了，从妹妹出事到现在已经一年多了，她死的时候眼睛都没有闭上，今天她终于等到了！"

又是一场艰难的胜利。我和齐齐拥抱在了一起，发现彼此眼里都泛起了泪光。

几天后,我们收到了法院寄来的一审判决书。判决书认定被告人王大春有严重的家暴史,该案是具有家暴性质的故意杀人案。这一认定来之不易。我们主张对王大春判处死刑,不仅仅是以命抵命的简单复仇,更是作为一名长期从事妇女儿童维权工作的律师的使命使然。这份死刑判决,把家庭暴力从家庭纠纷的误区中剥离出来,以司法实践的形式,认定了家暴不是家务事,为社会认知正本清源,从司法实践上重申了这样的理念:任何人都不能以任何借口伤害家人,更不能肆意剥夺他人的生命,否则,等待他的,必将是法律的严惩。

在整个案件的办理过程中,我们积极主动地行使代理工作,努力在法律框架之下把被害人诉讼代理人的作用和价值发挥到最大化。在刑事案件的司法审判实践中,一些法官甚至是律师会有固定思维,即认为被害人的诉讼代理人权利有限,主要角色就是刑事附带民事诉讼的代理人,无法在刑事部分有太多作为。而我觉得,既然法律规定了诉讼代理人能参与刑事部分的代理,必然有其意义和价值,诉讼代理人应该对案件的定罪和量刑表达法律意见,最大程度地维护被害人的利益,推动案件获得公平公正的处理。因此,我和我的团队一直努力用自己的专业性打破被害人的代理律师只代理刑事附带民事部分的惯性思维。

鉴于本案涉家暴的特殊性,我们积极与检察官、法官沟通,提交法律意见,不管是在审查起诉阶段,还是法庭审理阶段,我们都获得了一定的发挥空间。针对案情定性、影响量刑的情节等,我们都发表了意见,而且最终在判决中也得到了体现。我们经手的其他案件中，有一例公诉机关认定被告人涉嫌故意伤害罪，通过我们的努力，法院最后以故意杀人罪定罪；还有一例涉嫌强奸的案件，公诉人建议被告人的刑期为 3—4 年，我们提出了应判处 5 年以上有期徒刑的量刑建议，最后法院的判决为 7 年。这都说明，作为被害人的诉讼代理人，在刑事部分，只要意见切中要害，有理有据，是可以被采纳的。

另外，我们在刑事附带民事的法律意见中提出了精神损害赔偿的请求，这是一次知难而进。当下的司法理念一般认为在刑事案件中被告人已经付出自由乃至生命的代价，已经实现了对其的惩罚。而我认为，被告人被施以刑罚，是其犯罪行为应受的惩罚，但被害人并未实际获得救济，相比民事案件都可能获得精神损害赔偿，刑事案件的伤害更重，却不能支持精神损害抚慰金，是令人遗憾的。因此在本案的刑事附带民事诉讼中我们提出了精神损害赔偿的请求，虽然最终该请求没有得到支持，但我依然认为有意义，因为只有持续不断地发声，不断在个案中积极呼吁，才能等来司法实践的回应。

王大春提出了上诉，二审法院维持原判，这意味着，一旦最高人民法院通过死刑核准，行凶者将以生命的代价去偿付他的暴行。往者不可谏，来者犹可追，希望杜鹃的悲剧不再上演。

生活在命运坐标的下轴

> 我们永远不能证明我们是醒着的,说我们是清醒的。
>
> ——吴经熊

故事六
渐冻的生命，全新的自己

2018年6月的一天，源众志愿律师刘辉律师联系我，说有一个案子很典型，符合源众法律援助案件的要求，问能否给当事人提供法律援助。

刘辉律师在网络上有近百万粉丝，一名网友的私信引起了她的注意，这位叫玫瑰的网友称自己于2017年罹患运动神经元病，俗称渐冻症，目前已瘫痪在床。现在她已经失去工作，靠在网上卖货维持生活，而她丈夫一改之前的恩爱，对她不闻不问，甚至提出了离婚。因为她不同意，法院判决不准离婚。丈夫为了逃避责任，跑回西北老家不再露面。目前她的父母在照顾她和她年幼的女儿。经过这样一段生命的低谷，她想开了，虽然自己重病需要他人的照顾和支持，但丈夫已然不肯承担，她不愿意没有尊严地依附别人。因此，她决定离婚，自己勇敢面对未来。想清楚之后，她开始在网上找合适的律师，刘辉律师亲切的形象赢得了她的信任，她私信刘辉律师，希望刘律师帮她打离婚官司。看了玫瑰的来信，刘辉律师很感动，一个渐冻症病人，不自怨自艾，不乞怜于他人，值得尊敬，值得帮助。她想到源众可以为贫弱女性提供法律援助，玫瑰完全符合条件，所以给我打了这个电话。

我听了之后也很感动，当即同意给玫瑰提供法律援助，并安排助理小雅负责这起案件的沟通。小雅第一时间和刘辉律师去看望了玫瑰，以便了解更详细的情况以及玫瑰的需求。

玫瑰和丈夫吴一德是经人介绍认识结婚，目前他们居住的房子是吴一德婚前购买的，而且在他们结婚之前就已经还完了贷款，换言之，这个房子是吴一德的婚前财产，与玫瑰无关。2015年3月玫瑰生下女儿乐乐。吴一德及其母亲十分重男轻女，在产房外得知是女孩，两人即失望离开，是玫瑰的父母专程从老家过来照顾女儿和外孙女，而且一直照顾至今。在月子期间，吴一德就因一些小事跟玫瑰吵架，辱骂她和她父母。其母亲也经常找碴跟玫瑰的母亲吵架，动不动就说"这是我儿子的房子，你们没资格住"。玫瑰父母感到特别憋屈，但是为了女儿和外孙女，他们只能忍耐，想着等外孙女大一些就回老家，不再让女儿为难。但是命运还是给善良的玫瑰开了一个大大的玩笑。2017年4月起，玫瑰开始莫名其妙地摔跤，感觉全身无力，到医院检查，结论是她患上了渐冻症。玫瑰的病情发展很快，两个多月后，双脚已经完全无法行走，单位也跟她解除了劳动关系，当时女儿刚刚两岁。倔强的玫瑰一边跟单位打劳动纠纷官司，一边在网上卖货，勉强维持生计。

作为丈夫的吴一德，不但没有给玫瑰任何支持，还给她踏上重重的一脚。他对玫瑰母女不闻不问，狭小的两居室住了玫瑰、孩子、玫瑰父母、吴一德及其母亲一共七口人。吴一德不再跟玫瑰和孩子一起吃饭，他和自己的母亲单独做饭，经常是端着饭进了房间不再出来。孩子上幼儿园他从来没有接送过，也从来没有开过家长会。2018年，吴一德本人得了心肌梗塞，住院治疗20多天。这场病也成了吴一德不管玫瑰和孩子的借口，一问他要孩子生活费、学费，他就称自己生病没有钱。目前玫瑰看病，扣除医保花了近20万元，吴一德没有付过一分钱。除了一辆开了几年的旧汽车，两个人基本没有共同财产。玫瑰的想法是离婚后孩子由她抚养。玫瑰说，孩子就是她的精神支柱，如果拿不到孩子的抚养权，她活不下去。

这起案件怎么打？玫瑰的要求看似比较简单，其实难度挺大，难就难在司法实践中不太可能把孩子判给玫瑰这样生活无法自理且没有经济来源的一方，即使把孩子判给玫瑰，如何解决母女俩的居住问题以及提供生活来源？不解决好以上问题，是无法说服法官将孩子抚养权判给玫瑰的。为此，刘辉律师和源众团队开会进行了讨论，确定的策略是围绕最有利于未成年子女的原则以及照顾子女和女方权益这两大原则做文章，这是2001年修正的《婚姻法》以及相关司法解释在处理离婚和子女抚养问题上确定的最重要的两个原则。具体而言，主要是解决三个重要的问题：一，孩子由玫瑰抚养的可行性和优势，吴一德不适合抚养孩子的具体理由；二，吴一德对玫瑰母女不闻不问是否属于家暴行为，是否构成遗弃罪；三，如何适用《婚姻法》中规定的适当帮助条款以减轻玫瑰的生活困难。这三个问题在司法实践中都很有难度。

为了把这起案件办好，特别是解决好孩子的抚养权问题，我们又就此案召开了小型研讨会，邀请多名婚姻家事领域的专家、学者、律师献计献策。研讨会上，我和刘辉律师共同介绍了案情和诉讼的基本思路，会上讨论非常热烈，我们的诉讼策略也获得了大家的认同。

第一，在孩子抚养权问题上，我们强调对幼儿期的孩子来讲，母亲的陪伴和爱比经济条件更重要。吴一德一直对孩子不闻不问，很少陪伴孩子，在孩子成长过程中是缺位的。虽然玫瑰没有固定生活来源，但她的父母都有稳定的退休金，吴一德也需支付抚养费，这些可以保障孩子正常的生活。孩子从出生起就由外祖父母抚育照顾，已形成了稳定的生活环境，而且两位老人才六十出头，身体健康，也非常愿意照顾孩子。此外，孩子随玫瑰生活对玫瑰来讲也是一种精神寄托。孩子由玫瑰抚养是具有可行性和优势的。

第二，对于吴一德的行为的考量。首先，吴一德对玫瑰和孩子不闻不问是否属于家暴？我们国家的《反家庭暴力法》虽然没有明确，但对患重病的成年人、未成年人来讲，他们生活无法自理，是离不开他人照顾的，不予照料等不作为行为对这类群体而言是一种消极意义的暴力。联合国《儿童权利公约》中明确将忽视和照料不周视为对儿童的暴力。因此，我提出了"非典型性家暴"的概念，殴打、经常性恐吓、谩骂等是我们熟悉的、常见的家庭暴力行为，对没有自理能力的人不予照料、不闻不问也应属于家庭暴力的范畴。其次，吴一德的行为是否构成遗弃罪？是否可以追究其刑事责任？在这样一个特殊家庭里，如果不是玫瑰父母的帮助，吴一德的行为极可能造成玫瑰和孩子的受冻受饿甚至有生命危险的严重后果，因此，我们认为是可以考虑追究遗弃罪的。根据我国《刑法》规定，遗弃罪属于刑事自诉案件，我们还需要进一步完善相关证据。

第三，如何适用《婚姻法》规定的经济帮助？鉴于吴一德和玫瑰基本没有共同财产，而玫瑰现住的房子是吴一德的个人财产，一旦离婚，玫瑰和孩子将面临居无定所的困境，刘辉律师提出一个思路，让法院判决给予玫瑰现住房子的居住权，这样玫瑰和孩子就有了稳定的住处。这个想法具有一定的创新性，引发了大家热烈的讨论。给经济困难一方以房屋的居住权，在司法实践中极为少见，但我是赞同的，根据《婚姻法》以及《最高人民法院关于适用〈中华人民共和国婚姻法〉若干问题的解释（一）》的相关规定，一方离婚后没有住处的，属于《婚姻法》第四十二条所称的"一方生活困难"，因此，离婚时一方以个人财产中的住房对生活困难者进行帮助的形式，可以是房屋的居住权或者房屋的所有权。在讨论中，一位参会法官提示，她看到过类似判例，可以提供给本案主审法官。

这起案件，因为涉及弱势群体的权益保护，在司法实践中颇具挑战性，也得到了媒体的关注。

案件的诉讼程序很快启动。刘辉律师负责离婚诉讼的代理，我和刘巍律师负责刑事部分的代理，即提起对吴一德涉嫌遗弃罪的刑事自诉。

有了大家的关心和帮助，玫瑰的精神状态好了很多，她用仅能活动的右手手指，坚持在网上卖货。中秋节时我们收到了玫瑰寄来的一箱红酒，玫瑰说我们这么帮她，她无以为报，就给我们寄来几瓶她卖的红酒品尝。我留下了红酒，坚持让小雅把酒钱打给了玫瑰，这也让我意识到，我们可以通过购买或是帮助她推销红酒，给她一点支持。朋友聚会时我拿出玫瑰的酒，跟大家说这酒背后的故事，大家感动之余，也会下单买一些。玫瑰的自强自尊让人不得不对她产生敬意，只是她实在是命途多舛。

一天，我接到了刘辉律师的电话：玫瑰病情急速恶化，目前在医院抢救。原来是吴一德带自己的母亲回老家，临行前他逼迫物业的工作人员不能给玫瑰供水和电，同时把水卡电卡都带走，玫瑰和父母孩子陷入了没水没电的困境。虽然已经入秋，但气温还是挺高的，由于没电，玫瑰无法使用空调，她的身体本来就很虚弱，调控能力很差，加上又气又急，病情突然恶化。经过几天的抢救，玫瑰终于活了下来，但是也留下了非常严重的后果——玫瑰再也无法自主呼吸，这意味着她将无法离开呼吸机。刘辉律师和我说，像玫瑰这种情况，需要两台小型家用呼吸机轮换，而且需要至少4块蓄电池，以备没电时使用，不能有任何闪失，如果呼吸机供给不上，她很快就会死亡。但是，这个苦难的家已经一贫如洗，根本没有能力购买呼吸机。

我们立即给玫瑰申请了3万元紧急救助金，又配合玫瑰的朋友发起众筹，很快凑齐了购买呼吸机所需资金，玫瑰也出院回家了，我和刘辉律师去看望她。

玫瑰住在北京东南部一个比较偏远的小区，过道上堆满了纸箱饮料瓶之类的东西，刘辉律师说是玫瑰妈妈捡的，每过一段时间就卖到废品站以补贴家用。

玫瑰的妈妈打开门，我们看到躺在客厅床上的玫瑰，脖子上开了一个小洞，作为呼吸机的入口，呼吸机运行的呼呼声在这个不大的屋子里默默地响着。这一场大病，不仅让玫瑰离不开呼吸机，而且造成她完全瘫痪，手指也动不了了，这意味着不能再卖货了，更是雪上加霜。我们给玫瑰和孩子带来一些营养品，还给孩子买了小零食，小姑娘特别开心，拿着一袋自己看动画片去了。

玫瑰基本无法说话，记得仅仅一个多月以前，她还能自如地说话，还能动动手指卖东西，眼里还有对生活不屈的光。而现在，她只能一动不动地躺着，床上垫着护垫，由于戴着呼吸机，我们无法看到她脸上的表情，只能从她的眼神里看出她见到我们的喜悦。病魔无情，人更是无情，看着床上的玫瑰，我的心隐隐地痛。

好在，玫瑰有爱她的父母。给玫瑰换洗完毕后，玫瑰母亲又捡起手边的针线，给外孙女手工缝制小裤子。"没办法，还要坚持呀，得让玫瑰能多陪孩子几年，孩子没妈妈太可怜了。"玫瑰母亲心直口快，由于白天连黑夜地照顾玫瑰，她显得很疲惫，"你们看看我的牙，都快掉光了，要照顾她，也没空去补牙。"确实，老人家好像就剩了几颗门牙。

她一边说，一边麻利地穿针走线。听到我们夸她的针线活好，老人难得开心地笑了，她把我们拉进小卧室，拿出一个蛇皮袋，里面都是花花绿绿的孩子衣服。"都是我一针一针手缝的。"老人骄傲地说。因为买不起衣服，老人都是在小摊上花十块二十块买了布头，一针一线给外孙女做小衣服，有的还精心地绣上小花，一件衣服成本就是五块十块。"你们在走道上看到那些纸箱饮料瓶了吧，我接送孩子还有买菜路上捡的，一个月卖一次，每次都能卖个二三十块，一个月的盐、酱油钱就够了。"老人说得很平淡，我却流泪了。其实，这些年见过各种苦难，我已经不容易落泪了，但此时此刻，看着没有被苦难打倒的这一家人，我没有忍住，刘辉律师的眼里也是泪光盈盈。

鉴于玫瑰一家的困境，我和刘辉律师商量着要为玫瑰申请司法救助，一回到所里，刘辉律师马上起草了申请书。没过多久，司法救助的申请就获批准，近30万元的救助对这个困顿的家庭来讲，真是解了燃眉之急。

遗憾的是刑事自诉被驳回了。因为刑事自诉案件的证据要求很高，而且必须有严重的后果，玫瑰的病情虽然恶化，但很难证明与吴一德的行为有直接的因果关系，况且病情之前就存在，还很严重，也并不是吴一德造成的。法官提到，虽然吴一德没有给抚养费，但他提供了住房，而且他本人也患有疾病，心脏搭了支架，说他有遗弃行为是成立的，但是尚未达到构成犯罪的程度。像虐待罪、遗弃罪这样发生在家庭成员之间的刑事自诉案件，入罪的标准很难量化，弹性也比较大，我和刘巍律师一方面觉得吴一德的行为是应当承担刑事责任的，另一方面也能理解法官，我们是以一种尝试和推动的心态来进行司法实践的探索。

既然刑事自诉被驳回，我们就集中所有力量打离婚诉讼。刘辉律师做了大量工作，甚至说服了物业、玫瑰孩子的幼儿园老师出具了证人证言。证人们都说是律师们免费为玫瑰提供法律援助，还这么用心，她们被感动了，所以也愿意为母女俩做一些力所能及的事情。此外，刘辉律师多次跟法官沟通，法院也非常重视这起案件，为了让案件办得更好，主审法官还专程看望了玫瑰，了解情况。刘辉律师最终还找到了一起房屋居住权的判例，发给了法官。

终于等来了一审判决，我们所有的诉讼请求都得到了回应和支持！法院判决准许双方离婚；孩子判给了玫瑰，吴一德每月支付抚养费、玫瑰部分医疗费等；认定了吴一德有遗弃行为。最令人高兴的是，判决玫瑰和孩子可以居住在现在的房子里直至她年满18周岁！我们关于居住权的主张得到了完全的支持。这样，孩子可以有一个稳定的生活学习环境，玫瑰可以放心看病、休养、陪伴孩子，避免了居无定所之困。这个判决是在法律框架下司法实践的一个创新和突破，充分体现了对弱势妇女儿童的保护和照顾。大家看到这个判决特别开心，一切努力和付出都值得。

当然，不出所料，吴一德提出了上诉，除了离婚，他对一审所有判决事项均不服。我们自然是继续迎战，二审由我和刘辉律师作为代理律师，再次为玫瑰提供法律援助。

2020年8月二审开庭。在开庭之前，我和刘辉律师再次去看望玫瑰。在病痛的折磨之下，玫瑰的身体状况显而易见地恶化，她也流露出二审会不会改判的担心。据玫瑰的母亲说，一审判决后,吴一德和他母亲便时不时过来骚扰、谩骂,骂得特别难听,玫瑰心情有些焦虑,吃不好睡不好,越发瘦弱了。我和刘律师握着玫瑰的手,让她放心,她和孩子不会没有地方住的。玫瑰眼角有一行泪落下,我明白,那是百感交集的泪。

开庭安排在下午。法院的管控很严,所有开庭的人员都需要在法院外排队,由庭审法官提前报名,现场一个一个点名进院。正是盛夏,天气很热,大家都有点头昏脑涨。玫瑰的父亲由志愿者带着,从五十多公里外赶过来旁听开庭。老人满头大汗站着排队,我担心老人家中暑,带他到一棵大树底下等待。老人不善言辞,但是对大家帮助玫瑰心怀感激,不停地跟我们说辛苦了。

庭审顺利开始,我们见到了坐在上诉人席上的吴一德及其母亲。之前刘辉律师就同我说过,吴一德母亲是他的委托代理人,一审开庭时都是吴一德母亲在发言,可强势了。我听了以后确实有点吃惊,一位78岁老人做40岁儿子的代理人。这是我执业以来,首次看到年近八旬的代理人,也是首次看到一个40岁、完全民事行为能力人被自己的老母亲代理。

正如刘辉律师所说,庭上都是吴一德母亲在发言,吴一德几乎不说话。

其实,二审法官是想进行调解的。虽然一审法院判了居住权,但是并未明确如何居住,还是有可能引发争议,而且,考虑到吴一德还要再婚等因素,法官也在思考是不是可以让玫瑰搬离到附近租房住,由吴一德支付部分房租,这样双方都比较方便,而且当地房租并不贵,吴一德完全能承担得起。开庭之前，法官也专门跟我们沟通过，玫瑰的父母也同意调解，甚至也同意搬离租房，只要给玫瑰一个安身之处，能陪伴孩子就行。

但是，法官的任何提议，吴一德的母亲都表示反对。老太太不断地指责玫瑰以及玫瑰的母亲，完全是一种情绪的宣泄。吴一德不制止母亲，也不说话。我猜测法官应该是考虑到老太太年纪大，怕她情绪激动，就让她充分发言，而老太太也是利用了这一点，在长篇大论后提出要求，她要念一封给法庭的信，念了将近10分钟，全是对玫瑰和她父母的各种指责。看到法庭上吴一德及其母亲的表现，我感慨万分，这是一个巨婴和一个有强烈控制欲的母亲，在他和玫瑰的关系中，他的母亲过度介入。我记起来玫瑰也曾跟我提过，他们关系的恶化，跟他母亲的强势介入也是有关系的，他们的婚姻基础原本不错，她生病之初吴一德的表现也还可以，正是受母亲影响，吴一德开始有了变化。

这跟我办理的多个80、90后离婚案件都很类似。由于多是独生子女，他们中很多人在成长过程中被父母过度保护、过度控制、过度干预，甚至结婚后父母还会继续深度介入子女的婚姻生活。我遇到好几起案件，当事人都是由父母陪同过来，在我了解案情的过程中父母总是忍不住插话，甚至由父母主谈，他们高高大大的儿女就默默坐在旁边。小夫妻产生了矛盾，双方父母恨不得打一架，很多矛盾其实到不了离婚的程度，但是父母要求离婚，最后还是离了。

如何做父母，如何做子女，父母和子女相处的边界在哪里，如何避免巨婴的出现？如何处理好亲子关系，是一个永恒的话题，也永远需要学习。在我看来，最关键的一点，是如何培养和尊重子女人格的独立性。子女是一个独立的个体，不是父母的财产，也不是父母的附属品。很遗憾，很多父母看不到这一点，或者是看到了，但还是忍不住干预。在本案的法庭上，面对喋喋不休的母亲和一言不发的儿子，两方完全没有办法有效地沟通，调解只能是失败了。之后按法定程序开完了庭，吴一德方没有提供任何新的证据。

庭审结束后，玫瑰父亲看到吴一德母亲在法庭上的表现，有点担心法官会改判，又担心吴一德和他母亲继续骚扰玫瑰。我和刘辉律师安慰他，维持原判的概率极大，让他和玫瑰放心，如果被骚扰，可以报警。

几天后，玫瑰母亲跟我们联系，说吴一德母子还是时常过来闹，他们也报过警，警察了解到房子确实是吴一德的，表示没法处理。

为此，我们跟二审法官也多次联系，请法官做一做这对母子的工作，虽然一审判决将居住权判到孩子18周岁，但大家都知道，以玫瑰现在的身体状况，玫瑰随时都有可能离开，希望吴一德念及夫妻之情，让玫瑰在最后时日可以踏踏实实地住在房子里，陪伴孩子，安心一些，快乐一些。二审法官的反馈是，她已将好话说尽，这对母子还是油盐不进。

由于这起案件的特殊性，二审法官非常重视，提出要看看玫瑰和房子。我很感动，一审和二审法官为了审理好案件，都去了现场,在我这么多年的办案经历中是不多见的,而且玫瑰住得很远,二审法官需要往返近百公里。

在一个风和日丽的日子,我们陪着二审法官来到了玫瑰家。看得出来玫瑰和父母都很激动。法官很仔细地看了房屋的格局,提出了一些有效安排居住权的设想,我也觉得很合理。法官向玫瑰和玫瑰的父母表示,她会尽力做对方的工作,让他们安心在房间住着。但还是很遗憾,尽管法官多次沟通,吴一德和他母亲还是不同意,就是认为玫瑰没有资格住他们的房子。

2020年秋天,我们收到了维持原判的二审判决书。这是法律能做到的对玫瑰最大的支持和保护了。事后我们了解到,二审法院还发动全院法官给玫瑰捐款。我听了之后也感觉很暖心。确实,在玫瑰生病后,包括提出离婚的过程中,她得到了很多人的帮助,除了我们给她提供的法律援助和紧急救助,还有很多人给她和孩子捐钱捐物,有人定期免费帮她按摩,有人提供治疗偏方,有人轮流过来帮助母亲照顾她,唯独她亲密的配偶,对她如此冷酷。

二审判决后,玫瑰母亲跟我们联系,由于吴一德母子的不断骚扰,玫瑰休息不好,可能心里也难过,状态很不好。我和刘辉律师放心不下,又去看望了玫瑰。这次见面,玫瑰已经瘦到皮包骨了,我们看不到她的表情,她也无法与我们进行对视和眼神交流,不知道她是否还能感受到我们的到来,我多么希望玫瑰能再次好起来,哪怕能发出一点声音也好,而不是这样深深的、让人不安的沉默。那天,我们还碰到了轮流来照顾她的志愿者，他们好像有排班，当天来的居然还是一位男士，他说玫瑰的病这么重，大家都挺忙，有些安排不过来，他虽然不能直接照顾玫瑰，但还是可以帮玫瑰母亲打扫卫生、做做饭。玫瑰的世界如此悲凉，但又遇到如此多的善意，是幸，还是不幸？

从玫瑰那里回来，我感受到了从心底涌出的深深的难过，这可能是我和她最后的相见了。我打开玫瑰案件的案卷，翻看着，里面有玫瑰和吴一德刚结婚时的合影，有他们抱着孩子的合影，还有一张是我、刘辉律师一左一右坐在戴着呼吸机的玫瑰的旁边，每个人都笑意盈盈。其实，我一直想问吴一德，他为什么就不能善待一下不久于人世的前妻，哪怕是做做样子？而吴一德，又会怎么回答呢？

没过几天，玫瑰母亲跟刘辉律师联系，说在吴一德母子的骚扰下，玫瑰的情况继续恶化，已经被送进医院了。

玫瑰没有能够走进虎年，于2022年春节前去世。由于吴一德是孩子法定的监护人，而且孩子已经上小学，为了外孙女的学习、成长，玫瑰的父母没有坚持要抚养外孙女，把外孙女留给了吴一德，老两口黯然回到老家。后来，刘辉律师跟玫瑰母亲联系，老人说过些天会来北京把玫瑰的骨灰接回老家，顺便看看日思夜想的外孙女，她和老伴想见见孩子还是很难。

这起案件让我深深地感受到法律的有限性和无力感。法律可以给弱势群体特殊的保护，但是，法律没法改变人心的冷暖。

此案荣获市级 2020 年度妇女儿童保护优秀案例。两审判决体现了最有利于未成年人的原则，是对妇女儿童权益保护的具体化。特别是孩子抚养权判归玫瑰以及居住权的判定，称得上是司法实践在法律框架之下的创新和突破，这也是玫瑰对这个社会最后的贡献。

有时仰望明月，我会想到玫瑰。她是一个强者，因为她依从了自己的内心，在生命的最后，她保持了自己独立的人格和尊严。我们帮她实现了她的想法——离婚，她让我看到，离婚并不意味着人生的失败，而是跟不堪的生活了断，成为全新的自己，哪怕很短暂，也有意义。

作为当事人的吴一德作何感想，我们不得而知。他没有善待玫瑰，愿他未来能善待她的孩子吧。

故事七
家暴40年，老人的不同抉择

　　家暴能持续多长时间？如果没有有效干预的话可能是一辈子。结婚生子，成家立业，这是摆在我们大多数人面前的一条人生之路，里面注定有辛劳和困苦，自然也会收获快乐和幸福。但如果一位女性陷入充满家暴的婚姻中，别人过的寻常日子，对她来说却是日复一日的噩梦。她可能是被当时的社会观念所左右，也可能是无法撂下身上的担子——照顾儿女甚至孙辈，这些牵绊让她一直没能离开婚姻。她老了家暴就会停止吗？我的经验是暴力不会自动消失，只会变成习惯。岁月流逝，随着受暴女性身体衰退，疾病随之而来，在外谋生的能力也会逐步丧失，让她更加弱势，作为老年受害者是否还有心气去抗争？她还有机会摆脱暴力关系吗？

　　我办理过两起案件，当事人都是经历了40年家暴的年近古稀的老人，看着她们的满头华发，我心有不忍。她们的苦难深沉厚重，然而她们的抗争并没有息止。尽管最终她们各自有不同的选择，但她们的努力和意志都值得尊重。

·第一个故事：我死也不做他们家的鬼·

木兰大姐有着爱情长诗里女主角般的名字，我第一次见到她，就感觉她年轻的时候一定很美丽。

2014年春天，我接到了一封信，信封有点褶皱，抽出信，信纸好像是用小学生作业本写的。信不长，我却读了很久。这是木兰大姐的求助信，那时候她已经患上很严重的类风湿性关节炎，手指已经严重变形，这封300来字的信她写了很多天。

作为一位关注妇女儿童权益的援助律师，我时常会作为嘉宾在广播电台做普法节目，包括面向农村的反家暴宣传。有一天木兰大姐从广播里听到我的节目，于是就有了这封信。我把信拿在手上，薄薄的纸页却显得异常沉重。

在信中木兰大姐讲述了自己不堪忍受丈夫殴打离家出走，甚至一度流浪乞讨的经历，她曾经两次起诉离婚，最终放弃财产分割才得偿所愿，现在她年近古稀，疾病缠身，生活没有保障。几十年被家暴的经历，给木兰大姐留下了难以治愈的伤痛，她腿脚不好走不了路，手指变形拿筷子都困难，眼睛看东西也已经模糊不清，生活无法自理，却无钱医治。为了离婚，她68岁净身出户，没有任何保障。偶然听到我做的反家暴节目，她开始重新思考这个问题。木兰大姐说她看到国家有很多好政策，特别关心老年人，有医保养老这些保障，但自从离婚，她什么也没拿到。她希望我们能够帮助她争取自己那份福利。

读了信，我既感动又敬佩，这是一位遭受家暴的老人不屈的自我救赎，而她面临的现实困境也让我揪心，我立刻联系了她。在反复的沟通中，我逐渐了解到更多的情况。

二十世纪七十年代，木兰大姐听从父母之命走进了婚姻。谁知丈夫在家里就像个霸王，一切都要围着他转，衣来伸手，饭来张口，稍不顺心就对她非打即骂，喝了酒下手更狠，木兰大姐身上现在还留着当时落下的疤。她一直有离婚的念头，可那时候孩子还小，没法离，在农村一个女人根本不可能争取到孩子的抚养权。等孩子大了结婚生子，自己又帮着抚养孙子。等到孙子也大了，她觉得终于可以为自己活一次了。

2006年，年过六十的木兰大姐第一次提起诉讼离婚。但男方不同意，法院没判离。她坚决不想再跟这个打了她一辈子的男人过下去，说："我死也不做他家的鬼。"既然法院不支持，木兰大姐就以自己的方式表达对婚姻的态度，她毅然离家出走了。一位六十多岁的老人家，身患疾病，也没文化，该怎么活下去？可以想见她的艰难。她过上了流浪的日子，靠捡破烂卖废品维生，有时候也会在城市的地下通道里乞讨度日。即便是这样，她也没有再回那个如同地狱般的"家"。流浪了几年后，2013年，她再次起诉离婚，官司拖了一年多。对方表示可以离婚，但她要净身出户。木兰大姐感叹："娘家陪嫁的三间房没我的份，就连我多年辛苦盖的房也没我的份。如果不同意，下次开庭还不知道是哪天。走投无路，只有同意。"

即使如此，木兰大姐还是很欣慰，自己终于从名存实亡的婚姻中解脱出来，她在电话里对我说："我死也可以闭上眼喽。"说这话时，她声音洪亮，还带着几分打趣。

刚接触她的案子时，我已经做好了面对那些血与泪的准备。但是随着进一步了解，我越发看到木兰大姐身上的韧劲与开朗。讲起以前流浪乞讨、风餐露宿的日子，她是那么的平和与豁达，没有哀怨，也没有流泪。她常说自己幸运，总能遇到很多好心人。我手里还有一封木兰大姐写给孙女的平安信，她虽然文化程度不高，却依然试图在文字中寻求一份韵律和美：

> 辛辛苦苦三十多年
> 家中没我房半间
> 有病去过多少医院
> 没人给过一分钱
> 无奈外地去要饭
> 经过两次死亡线
> 总遇好人来出现
> 我很好，平安，平平安
> 你放心，不必惦念，不必惦念

离婚之后，由于是净身出户，木兰大姐没有住处，她也不愿意麻烦子女，就继续过着流浪的生活。但在这样的困苦中竟出现了一抹亮色，帮助她的众多好人中有一位老大爷收留了她，最后两个人搭伙过起了日子，木兰大姐在风烛残年之时，找到了她的爱情。我在想，他们为什么能走到一起？木兰大姐什么都没有，没有钱，没有房，身体还不好，饮食起居都要人照顾。大爷一辈子也经历了很多波折，是个沉默寡言但又细心温暖的人。应该是木兰大姐的乐观、善良和那股蓬勃的生命力感染了大爷，两个苦难的人走到了一起。从他们发自内心的笑容中我能感受到他们很幸福，但是木兰大姐没有任何收入，两人就靠大爷那点不高的养老金，还要看病买药，生活确实是艰难。

了解到木兰大姐的情况，我暗自思忖，像她这样为了摆脱家暴而牺牲财产权利的情况很多，特别是老年人已失去工作能力，财产上的牺牲对她们是极大的打击。我决定为她提供法律援助，源众志愿律师团队的两名律师为她代理。经过讨论，我们希望从三个方面争取权益：第一，可以向法院起诉请求分割婚姻存续期间内夫妻共同财产；第二，可以向其子女请求赡养费；第三，向相关部门申请最低养老保障。

很快，我安排了同事去探访木兰大姐，顺便与两位老人沟通诉讼方案。同事回来跟我说特别感动，木兰大姐和大爷特别热情，给我的同事们包饺子吃，这是他们能拿出来的最好的东西了。他们住在低矮破旧的平房里，屋子里还堆着他们捡的瓶瓶罐罐、纸张废品，但都堆放得整整齐齐，也打扫得很干净。木兰大姐因为行动不便只能坐在炕上，但是人收拾得十分利落。对于我们提出的三条路，木兰大姐希望先从申请最低养老保障入手，我们尊重了大姐的选择。

很快，两位志愿律师便前往大姐的老家，先去社保局办事大厅了解情况。据当地工作人员核实，木兰大姐有子女两人，子女都有收入甚至有房产，所以她并不符合低保条件，建议她向子女索要赡养费。当时我也远程参与了援助工作,在电话里和木兰大姐说了以上情况,并建议走另外两条路,如跟子女协商让他们支付赡养费,如果他们不给可以依法起诉。还可以考虑让前夫提供经济帮助。

提到子女,一向开朗的木兰大姐声音突然低沉了下来,有些哽咽。木兰大姐的儿女,并不理解母亲的选择,他们觉得母亲快七十岁了还离婚并且离家出走,成了村里人的谈资,甚至被取笑,让他们脸上无光。自从她离家后,子女就对她不闻不问,近些年来她和孩子几乎断绝音信。听到要问孩子要钱,木兰大姐表示拒绝,她不想再乞怜于她的孩子。木兰大姐说:"我跑出来,已经让孩子们在村里抬不起头,他们心里的苦我也能明白,我不想让他们再背上不孝的骂名。"

而谈到要求前夫提供经济帮助,木兰大姐在电话里沉默了一会儿,最终还是拒绝了。她说:"我当时愿意净身出户,就是想着这辈子不会再去求他,饿死也不会找他。"

这时候我听到旁边的大爷说话了。他跟我们讲,他还有养老金,两个人还能力所能及地做一些手工活,平时捡废品也能卖一些钱。大爷对木兰大姐说:"我们不告孩子,也不去找他,我可以养你。"我听了特别感动,当时木兰大姐已经生活不能自理,大爷这句"我养你",不是轻飘飘的一句好听话,而是实打实地把责任扛在肩上。

至此,源众对木兰大姐的援助只能告一段落。从结果看,我们没有在实质上帮到她,但木兰大姐依然特别感谢我们。我们做了很多沟通的工作,这种人与人之间的联结、理解和支持，对大家来说都弥足珍贵。值得一提的是，我们与木兰大姐之间的故事还没有结束。

2015年初，《反家庭暴力法》的制定进入了快车道，社会各界力量都在推动法律出台。当时正好是两会召开前夕，对《反家庭暴力法》出台的呼声很高，源众也希望呼吁两会代表、媒体能够更多地关注这个议题，于是联合了几家妇女组织，举办了一次两会代表和媒体的见面会。除了理论上的研讨，我们还打算邀请几位家暴受害人现身说法，希望她们的故事能传递打动人心的力量。

我第一时间想到了木兰大姐。木兰大姐非常健谈，而且她受暴时间长，遭受暴力深，她的故事非常有典型性，如果她能来现场讲述她的故事，一定会特别感人。我与木兰大姐联系，希望她能来，她马上就答应了。由于她已经没办法走路，我们开车去接她，大爷也陪着一起过来。

木兰大姐坐着轮椅出现在会场。那是我第一次见到她本人，她头发几乎全白了，脸上也布满皱纹，但浑身上下都透着一股精气神，尤其是那双眼睛，好像会说话。我俯下身握住她的手，至今还记得那份粗糙和温热，两个人都感到特别的熟悉和亲切。木兰大姐的故事感染了在场的每一个人，她就是一个中国底层女性的缩影，勤劳善良，在困境中依然负重前行，坚决抗争并摆脱了暴力关系。

不久，我又收到了木兰大姐的来信，能看出来她的信依然写得很费力，却舒展明朗了许多。她说那天见到我们心中特别高兴，回来后总放不下，她一生没有有兄弟姐妹，我们不是亲人胜似亲人。信中那质朴亲切的语言让我心里涌起一股暖流，接着又见那句熟悉又快意的话："我太幸运啦，遇见这么多好心人！"拿着信，我脸上不禁泛起笑容，她的快乐也感染了我，她经历了这么多苦，却不怨不艾，笑对生活。她就是有这样的力量，扬起命运落在身上的灰尘，勇敢往前走。

·第二个故事：离婚官司 2 年后，她选择了撤诉·

同样是被家暴四十年，凌霄大姐在奋力抗争之后，做出了另一种选择。

2016 年秋天，我接到一位女士的电话，她说想为自己的姑妈咨询。姑妈长期遭受丈夫家暴，一直没能够离开，她为姑妈感到委屈，想帮姑妈离婚，摆脱暴力关系。细聊之后，得知这位女士其实是当事人的侄儿媳，一个晚辈能这么关心老人，而且还能够理解她的困境，不为庸常的观念所左右，我直接表达了自己的肯定和感动。但我还是回复，要尊重她姑妈的意见，希望她姑妈能够遵从自己的本意生活，不能强求，有什么问题可以随时来找我们。

只过了十几天，我就接到了那位姑妈——凌霄大姐打来的电话，她被丈夫从家里打了出来。这次丈夫下手很重，她怕自己没命，问我们能不能帮她找个地方躲一躲。当时已经是周五晚上六点多，申请庇护的话需要通过妇联转介，此时妇联已经下班，周末又不办公，只能等到周一了。那周末这两天怎么办？凌霄大姐出门走得急，什么都没带，只带了身份证。正好我们在腾讯公益平台的紧急救助金已经启动，里面包含了庇护的费用，于是我的同事立刻加急为她申请了暂住酒店的费用。怕她一个人待着想不开，还安排同事陪伴她。在这个过程中，我们为她进行了家暴危险性评估，评估结果是高危。

几天后，在妇联的帮助下，凌霄大姐很顺利地住进了庇护所，我专门去见了她。尽管她已经到了安全的场所，但我感觉她并没有放松下来，看起来神情憔悴，比实际年龄更显苍老。我们坐下来聊，她渐渐打开了话匣子。

凌霄大姐是北京知青，年轻时在东北某地插队。二十多岁经人介绍认识了当地的农民千林，短暂地交往了几个月两人就结婚了。两人缺乏了解，婚后一直磕磕绊绊很不和谐，凌霄大姐常因各种琐事遭到千林的打骂。千林还非常霸道，大男子主义严重，在家一手遮天，钱都要交他掌控，一切大小事情也全得由他作主。 80年代初，凌霄大姐的胳膊被千林打成骨折，千林也因此被当地公安机关收审半年。当时大姐决定追究丈夫的刑事责任并且要提出离婚，但是她婆婆拦住了她。在当时的社会氛围下，离婚是一件让人羞耻的事情，女人带着孩子也难再嫁。婆婆苦苦劝阻，说凌霄还这么年轻，离婚以后日子怎么过，很多夫妻都是打打闹闹过来的，等年纪大了就好了。所谓法不入家门，女人被丈夫打了就要让丈夫蹲监狱，显得太狠心了，而且孩子会顶着罪犯儿子的帽子生活下去。婆婆的话阻却了凌霄大姐的决心，她思前想后，最终选择了谅解。

丈夫千林并没有履行自己不再对妻子施暴的承诺。 1995年的一天，凌霄大姐因为同事孩子结婚，随了20元份子钱，被千林打得头破血流。屈辱之下她只身逃回北京，并就此停留，打工糊口。父母问起来，她只说企业效益不好，并没有告知父母千林家暴的事情。随后千林追到北京，在他的百般恳求下，两个人重归于好。即便有亲人在侧，凌霄大姐的境遇也没有改变，短暂的安宁之后，仍然是千林无尽的殴打和管控。有一次，凌霄大姐给儿子买条手帕，回到家千林对她一顿打骂，说买东西居然没请示他。

千林对她张口骂、抬手打再次成为两人生活的日常。他动不动就翻查她的包，翻看她的手机，限制她和同事、同学交往，甚至跟踪她上下班。那时候凌霄大姐上了中央广播电视大学（现已更名为国家开放大学），工作很出色，由工人转成了干部，收入高了很多，但是家里所有的钱还是控制在千林手里。凌霄大姐老想着婆婆的话，"老了就好了"这句话支撑她挺了过来。但现实是残酷的，上了年纪后千林的性格变得更加乖张暴戾，对钱把控得更紧，下手更狠。

在向我们求助前，凌霄大姐因身体不适，到医院看病花了80多块钱，当时千林不在北京，又不是大项花费，她便没有告诉他，千林知道此事后大发雷霆，对她又打又骂，不依不饶。凌霄大姐哭着跟我说："李律师，我当时感冒发烧，病了一个多星期，花80块钱算多吗？"

这一次家暴让凌霄大姐后怕，她觉得自己再这么忍让，总有一天会没命，她想好了，一定要离婚。她当时给我的感觉是她已经彻底下了决心和男方离婚。

庇护所的庇护服务是有时限的，到期后我们帮凌霄大姐找了房子租住下来，以躲避男方的骚扰。鉴于她当时居无定所，机构为她提供了法律援助，由我和田咚律师做她的代理律师。

当时《反家庭暴力法》刚实施不久，根据法律的相关规定，我们决定先帮她申请人身安全保护令，一方面保护她的安全，另一方面也为离婚诉讼做准备。同时，我们指导她收集证据，联系庇护所出具了相关证明。为了让法庭了解凌霄大姐遭受家暴的情况，我们又指导凌霄大姐撰写被家暴的经过，我告诉她最重要的是把家暴的过程写清楚，把自己的情感展现出来。凌霄大姐在给法院的控诉书里这样写道："这种忍气吞声、逆来顺受的日子伴随我四十年，每想起来都很心酸：人生有几个四十年？来世一遭，我太委屈了！我的孩子早已长大成人，也已婆妻有了自己的家庭，我不想再麻木下去了，我要过几年自己的日子！"看到凌霄大姐的心声，我和田咚律师也很感动，我们决心一定要帮助她摆脱这段婚姻。

因为前期工作做得充分，证据扎实，我们比较顺利地拿到了人身安全保护令，之后，离婚起诉立案也比较顺利。田咚律师主要负责和法院沟通，待主审法官确定下来后，很快就进行了第一次庭前谈话。时隔几个月第一次见到男方，凌霄大姐仍然紧张不安。她交叉着双手，身体忍不住一阵一阵地打战，坐在旁边的田律师凑近她，搂住她的肩膀轻声安抚："没关系，有我们。"我方提交了家暴的证据，坚决要求离婚。面对一件件证据，千林面无表情，他坚称自己并没有家暴女方，只是有时态度不够好。最后，他表示愿意道歉，但不想离婚。凌霄大姐所有的委屈和痛苦都被千林一句"没有家暴"轻飘飘地拨开，这让她非常愤怒。她向我们表示，丈夫完全没有悔意，她一定要离婚。

第一次庭前谈话结束后我们就做好了正式开庭的准备。由于《反家庭暴力法》刚实施，源众要在全国各地举办多期培训，出差是常事，在忙碌中，不知不觉几个月就过去了。我感到奇怪，之前凌霄大姐一直很着急跟我们沟通，希望能够尽快开庭，这段时间却没了动静。田律师同法官联系催促开庭，没想到法官说联系不上当事人。我心里有些着急，担心大姐出事情，连着打了好几次电话才联系上她。原来千林突然生病住院了，凌霄大姐为了照顾他，已经从出租屋搬走。我听后，心里一沉，凌霄大姐是真那么坚决离婚吗？

我便直接问她："那离婚这件事情您是怎么看的？"她叹了一口气，说："我还是想离的，被他打怕了。"我心里暗忖，这话里有话，如果千林说以后不打了，会不会又像40年前那样不了了之？但大姐已经不是40年前的大姐了，她还经得起波折吗？我便对她说："他现在是身体不好向你示弱，一旦身体好了，他会不会再施暴？家暴这个事情，从我们的经验来看，很难自动停止，你还是要好好想一想。"

与此同时，田律师也在和法官沟通，法官表示，现在男方住院了，两个人年纪都不小，有没有可能和好？这样还能彼此照顾。从法官的角度，他们可能更关注家庭的稳定，却对家庭暴力不够重视。鉴于这些突然的变化，我们再次对这起案件进行了讨论，并形成了法律意见，提交给法官，希望法官重视家暴的影响，要从受害人的人身安全出发，不能只强调劝和。我们表示："四十余年的婚姻生活，原告都在暴力折磨和经济管控中度过，由青年步入老年。从家暴的规律和特点看，被告很难有根本改变，原告最大的愿望就是摆脱暴力的婚姻。"

这次联系之后不久，千林又陆续多次住院，凌霄大姐一直都在照顾他。这种情况完全可以请护工，大姐为什么一定要亲自去照顾呢？我想，男方生病客观造成了暴力停止，且处于弱势中，凌霄大姐大概是重新感受到了被对方需要的感觉吧。期间，我们多次询问开庭时间，法官则反馈凌霄大姐一直不接电话。看来凌霄大姐已经在明显地回避了，她对离婚的态度有了更大的不确定性。家暴受害人摇摆不定的特点再次显现，我们只能感慨暴力深渊的可怕。但无论是职业伦理还是家暴干预的原则，都强调要尊重当事人的真实意愿，我们已经做好事情变化的心理准备。不过在一次短信沟通中，凌霄大姐依然表示她会离婚，只是语气已经没有之前那么坚定了。

2018年秋天，离大姐提起离婚诉讼已经快两年了，法院终于联系到两位当事人，确定了正式开庭日期。此时凌霄大姐在男方出院后又租房子住了。开庭前，千林给她打电话，问能不能不离婚，还往凌霄大姐的银行卡里转了20万。凌霄大姐跟我说这件事的时候，语气里有一种掩饰不住的开心，这是千林40年来从未有过的示好。我对凌霄大姐说："这20万现在转过来，是故意在讨好你，因为这些钱本来就是你应得的，这是夫妻共同财产。你想想，如果现在离婚了，千林还要从你父母名下的房子搬离，他这个年纪，没有房还没有人照顾，他哪里舍得离婚，他的算盘打得很清楚。"大姐沉默了一会儿，说道：

"李律师，我明白了，我再想一想。"我鼓励她开庭时坚定地表达自己的想法。

开庭那天，田咚律师有其他工作，我一个人作为代理律师参加庭审。这一次，法庭上没有剑拔弩张的氛围，千林表现得特别谦恭，呈现出一种近乎讨好的态度。我冷眼旁观着对方的表演。此前几个月凌霄大姐对他病中的照顾，已经消解了双方的对峙感，千林改变了策略，再三表示不愿意离婚，跟大姐几十年夫妻，还是很有感情，两人已是风烛残年，希望一起陪伴着安度晚年，法官听后似乎也抱以同情。但一提到家暴，千林依然不承认，推脱只是两个人沟通有问题，自己脾气不太好，有时候没忍住推搡一下，绝对没有家暴。男方的表现既不诚恳，也没有担当，没有真诚地悔过，这让凌霄大姐很生气，因此在法庭上她没有松口，坚称要离婚。

休庭后，我故意拉着凌霄大姐留在庭审现场查阅资料，想避开对方，让对方先行离开。过了半个多小时，我们才走出法院，发现千林还在等着。看见我们，他走过来，脸上堆着笑，对我也是特别客气。他对凌霄大姐说："要不咱们一起吃个饭吧。"我望向凌霄大姐，她偏过头小声说："我不去。"语气有些不坚定。我拉着她赶紧离开了。受到这个语气的鼓励，千林在后面一直跟着，不断说就一起吃个饭吧，他不会怎么着的。我站住，转过身对他说："千林先生，我希望你尊重凌霄女士的意见，她不想和你吃饭，希望你别再跟着她。如果你有什么想法，直接跟我联系。"我又担心他因为没有如意而迁怒凌霄大姐，便一直陪大姐走到公交站，把她送上车，才回所里。

休庭后一个星期左右，我接到了凌霄大姐的电话，当时就有她会改变主意的预感，果不其然，她说："特别抱歉，你们帮我了这么久，我还是想撤诉了。千林现在身体也不太好，他毕竟是孩子的爸爸，我不忍心不管他。"她顿了一下，补充道："他说以后家里的钱都由我来管，已经把家里的银行卡都交给我了。"

不得不承认，千林应该是抓到核心了，管钱这件事对凌霄大姐来说很重要，因为四十年来她在家中从没有享受过主导和掌控的感觉。她长期处在一个被压制、被管控，伏低做小的角色里，也许家庭地位的改变比离婚后的自由更有吸引力。我们常常误解，认为暴力越沉重，反抗就会越激烈，但是家暴案例中，往往受害者结婚时间越长，家暴时间越长，越难离开。受害者经常在离婚时摇摆，她的无力感，还有各种牵扯、幻想，会阻碍她离开，这些都是受暴妇女综合征的表现。

失望和遗憾是有的，我多么希望受害者能打破离不开的魔咒。但我还是很快整理好自己的情绪，谨记着对家暴受害人服务的原则——接纳、共情、不评判，尊重她们的真实意愿。我回复凌霄大姐，"没关系，我们援助的目的就是希望你过得好。无论你最后选择离婚还是不离婚，我们都会尊重你的决定，希望你能够真正地安享晚年，祝福你。"听到我这么说，她放下心来，语气轻快了一些："谢谢你李律师，那我就准备撤诉了。"

几天后凌霄大姐发来短信，说已经办理好撤诉了。过了一段时间，我仍有些担心她，便打电话给凌霄大姐的侄儿媳，侄儿媳说："我也不是特别清楚她那边的情况，也不想管了。"看来她也很失望与无奈。我安慰她："不必失望，我们既要帮助她，也要尊重她的意愿，不能说姑妈一定是错的，不管她如何选择，都有她的道理。"

· 无尽之路终有头 ·

两位大姐的故事让人感慨，老年受暴女性往往为人们所忽视，她们也难以为自己发声，身体衰退、工作能力丧失让她们更难以逃离家暴，她们的困境值得关注。

因此，对老年家暴受害者来讲，保障经济利益显得尤为重要。木兰大姐净身出户，以近乎自毁的姿态换取了自由，正是因为走投无路，才会同意无理的财产分割要求。我们经手的很多案件中，受害者为了摆脱暴力，宁愿放弃自己的合法权益，财产让步，孩子抚养权也让步。

究其原因，我认为与基层法官对家暴认定较为审慎的司法理念有关。根据《中华人民共和国民法典》（以下简称《民法典》）婚姻家庭编以及《反家庭暴力法》，如果构成家庭暴力是可以直接判离的，但是在基层司法实践中对家暴的认定标准很高。如果是第一次离婚，不认定家暴，对方又坚决不同意离婚的话，法官基本不会判离。而家暴受害者常常急于摆脱暴力关系，往往只能通过调解达到离婚的目的，而调解就意味着由对方开价，受害者只能妥协。

这个问题并非不能解决。如果在司法实践中能够考虑到家暴隐蔽性强、举证难等特点，制定专门的证据制度，适当减轻受害人的举证责任，提高认定家暴的比例，真正的家暴受害者就可以不用妥协。施暴者是离婚的过错方，受害人应当在财产分割上有所倾斜，获得相应的补偿。虽然凌霄大姐的案件最终不了了之，但如果坚持到底，我相信凭现有的证据，我们极有可能获得家暴的认定，从而达成合理的财产分割。由此看来，家暴的认定是很有实体意义的，这也是我们在工作中一直在努力推动的原因。

　　此外，我还想谈谈子女问题。当家暴的时间足够长，这个家庭的子女已经成年，他们对家暴的态度往往成为影响受害者抉择的重要力量。在凌霄大姐的案例中，侄儿媳帮助她获得了源众的帮助，想必她从晚辈和我们这里都获得了很大的支持。不管结果如何，在这一次抗争中她都获得了一定力量，虽然没有离婚，但双方的家庭地位已经发生改变，她为自己争取了权利。反观木兰大姐，她摆脱了暴力关系，而子女的不理解始终是她心里的痛。因此，反家暴的观念需要深入到社会的方方面面。

故事八
那个眼里闪着星星的女孩

2018年春节期间,一段男子将女孩捆绑倒挂在摩托车后座拖行的视频引发了全网愤怒。视频显示,在乡间的砂石路上,一男子将女孩双腿捆绑并倒挂,还用力抽打女孩瘦弱的身体,之后,他转身骑上摩托车,将女孩拖行了百余米,视频里传出女孩凄惨的哭叫声。举国欢庆的春节期间竟发生了如此人间惨剧,愤怒的网友开始自发搜索事发地,很快就查出了大致的情况。

事情发生在西南某省偏远的大山里,施暴者与被害女童为亲生父女关系,拍摄视频者则是被害女童小花的亲戚。父亲阿伟对孩子施暴的时候亲戚就在现场,在阻拦无效的情况下,亲戚不得已用手机拍下虐打过程,想发给其他亲戚求助,结果视频流传到网上,最终引发全网的愤怒和声讨。事发后当地警方立即成立专案组立案调查,当天下午就将在集市上闲逛的阿伟抓获,小花也被送至当地卫生院进行治疗。所幸经过医院全面检查,女孩只是背部软组织挫伤,并无大碍。

此案推进很快,不久之后当地检察院以阿伟涉嫌虐待罪对其批捕。

此次事件也引发了我们的关注。根据我们的经验，家暴未成年人事件进入公众视野的时候，往往意味着行为已经非常恶劣。受暴女孩的背后，可能是一个长期在家暴阴影笼罩之下的家庭，我们得介入进去，帮助这个女孩甚至是这个家庭。辗转联系，我们找到了小花所在希望小学的校长，进而了解了这个家庭的大致情况，小花是七个孩子中的老二，家住大瑶山深处，家里除了种地，没有其他收入，父母文化程度低，母亲不懂普通话，通过校长的翻译，我们和小花母亲才得以顺利沟通，她同意我们作为诉讼代理人，接受我们的法律援助。鉴于案件已经到了检察院，我们决定尽快介入，同时，我们也非常牵挂小花的情况，遭遇如此恐怖的拖行，小女孩还好吗？

·奔赴大瑶山·

2018年5月，我和同事们一行四人，前往小花的家乡，距北京2000公里之外的大瑶山。出了机场后司机师傅接上我们往大瑶山深处奔去，车在蜿蜒曲折的山间公路上穿行，高大葱郁的绿树覆盖在独特的喀斯特地貌之上，眼前尽是大自然的鬼斧神工。呼啸的风声疾驰而过，低矮的房屋和村落不断被抛诸身后。直到晚上，我们才赶到小花就读的学校。

接待我们的是小花的校长和老师们，他们特意采了当地的野菜炖野山鸡火锅，为我们接风洗尘。我们随后就在当地的招待所住下，第二天一早，校长带着我们前往小花的家。

在乡间村道上走了接近2个小时，我们才赶到小花家。他们一家9口人居住在低矮瓦房里，厨房是一间简陋的木屋，我们进门之后，只见一个瘦小的身影正坐在灶前添柴，锅里冒着热气。漆黑的锅灶在小小身影的对照之下显得格外巨大。校长小声说这是小花的弟弟。看到这么多陌生人进来，小男孩怯怯地站了起来，他穿着又脏又破的衣服，站起来不比灶台高多少，肚子鼓鼓的，似乎营养不良。

我径直走过去，打开锅盖一看，除了刚盖过锅底的玉米渣，什么都没有，这应该是一家人中午的饭食了。我小时候在广西长大，父母曾告诉我，以前村里老百姓很穷，拿玉米做饭也做菜，棒渣熬粥是饭，玉米粒拿盐炒了就是菜，而现在小花家里还是这样，我一阵心酸。再往里走，小花的母亲阿桂带着小花和其他几个孩子在门口怯怯地等着我们，我快步上前，抱上其中一个孩子，拉上小花，走进了黑漆漆的屋里。

一下子来了六七个成年人，狭小的堂屋显得拥挤，我的同事们拿出糖果，还有小书包等学习用品，孩子们的小眼睛里露出了渴望和欣喜。同事们给每个孩子都发了糖果、糕点，看着孩子们香甜地吃着，我忍不住把小花拉过来，拥入怀里。小花长得非常清秀，不爱说话，可能因为营养不足，个子比较小，已经十岁的她只有城里六七岁孩子的身形。虽然我们是第一次见面，但是小花却紧紧地倚靠着我，对我们有一种天然的亲近感，这让我对她更为疼惜。我问她学习成绩怎么样，她有点羞涩，说不是太好。

小花眼睛大大的，但仔细看，又不太正常。她其中一只眼睛有点发红，一问才知道，这是跟弟弟玩闹时一不小心被树枝扎到了，几个月了，也没有钱去看医生，她说现在看东西有点模糊。再一细看，右胳膊也不对劲，撩开她的袖子，我的眼泪忍不住掉下来，胳膊内侧赫然出现大片烧伤痕迹，时间太久，皮肤已经黏连在一起，手臂也无法伸直。原来，两岁的时候，小花掉火里被烧伤了，之后也没有做任何治疗。作为家中最大的女孩，底下还有 5 个年幼的弟妹，父母忙于生计，疏于照顾，她从未获得他们的呵护和关爱。我紧紧地抱着她，久久没有松开。

小花的母亲阿桂是一个沉默寡言的女人，不仅承担着生育和抚养 7 个孩子的重担，还要遭受丈夫的暴力对待。我们见到她时最小的孩子还背在她背上，手上牵着的老六尚且蹒跚学步。阿桂年纪并不大，但生活的重压已经让她失去这个年纪该有的活力，变得目光呆滞。我们相处的几个小时里，她很少笑，不停地关照着年幼孩子。小花已经是妈妈的小帮手，她熟练地给弟妹喂饭，擦鼻涕眼泪。阿桂通过校长跟我们说，丈夫阿伟被抓之后，她一个人照顾孩子，还有责任田需要打理，婆家娘家也都帮不上忙，特别是田里的活还很重，孩子们又都太小，只能靠她一个人。由于太劳累休息不好，她还经常出现昏厥现象，不得不将老三老四送到她姐姐和丈夫的弟弟家暂时照顾。

谈到丈夫阿伟，阿桂显得有点激动，从她的语气里我们听出了愤怒，校长翻译了阿桂的话："希望你们能够帮忙，把他抓起来，关久一点。"让法律惩罚丈夫，让他自尝苦果，是阿桂当时真实的诉求。她说，喝了酒之后的丈夫，打老婆孩子几乎是常事，孩子们都害怕，不希望他回来。我握着阿桂的手，跟她说我们一定把她的心愿转达给检察官、法官，请她放心。

离开小花家的时候已近傍晚，蜿蜒的山路上，不时遇到一些喝得醉醺醺的男人摇摇晃晃地走路。司机师傅是当地人，看着我们惊诧的表情，说山里穷，没有文化活动，男人们就在一起喝酒，有时候喝醉了就打老婆孩子。

那天晚上，我辗转难眠，大瑶山的美丽与当地老百姓物质和精神的双重匮乏，形成了鲜明对比。而小花母亲疲惫的眼神，7个像手机信号格一样排列的瘦小身影，稀薄的玉米粥，低矮破旧的房子，都让我心疼不已。如果说之前我的主要目标是为小花讨公道，让她父亲接受法律严惩的话，那么这一趟去小花家给我带来的震撼让我有了新的认识。我觉得这个案件不仅仅是将她父亲送进监狱，这个贫困多子的家庭其实不能缺少壮劳力的支撑，阿伟如果服刑太久，母亲阿桂一个人是无法既照顾孩子又照料庄稼的，而庄稼是这一家人的口粮和收入来源。小花的权益固然要保护，其他6个年幼孩子的照顾事宜乃至生存权也要考虑到，需要找到一个平衡点，我决定明天要跟主办检察官好好沟通一下。

·调整目标，帮幼又帮贫·

第二天，按照拟定的计划，我们四人兵分两路行动。

我和助理小雅去了D县检察院阅卷，并与检察官会面。另外两位同事慧茹和菲菲去小花所在的希望小学，为近600名不同年级的孩子们进行儿童安全科普教育宣传，这是我们来到 D 县前跟校长沟通好的。来一趟不容易，我总想着能为山里的孩子做一点事情，儿童安全教育应该是他们最需要的，我的想法与校长一拍即合。慧茹和菲菲为此进行了精心备课，我们还给孩子们准备了很多学习用品。

经过一个多小时的盘山路，我们到了 D 县检察院。检察院的大厅里挂了很多牌匾，看来 D 县检察院是一个获得了诸多荣誉的先进检察院。主办这个案件的检察官是未成年人犯罪检察科的负责人，可见对这个案件非常重视。在我们来之前，检察院已经派人去了小花家，带去了米面油等生活物资。检察官向我们介绍案件的情况，鉴于这个案件是涉及未成年被害人的刑事案件，当地检察机关根据法律规定提前介入了调查。调查发现，父亲阿伟酗酒，一旦遇到争执，解决矛盾的方式就是使用暴力。因为父亲的坏脾气，小花不喜欢在家里待着，时常到亲戚家居住，多次叫她回家都不愿意，案发当天也是小花不愿意跟阿伟回家，阿伟就开始对女儿施暴。据检察院调查，从 2010 年到 2018 年，阿伟多次对女儿、妻子以及大儿子有殴打、捆绑或拖行的虐待行为。

我们对检察院的工作表示感谢。鉴于之前去小花家看到的情况，我跟检察官谈了我的想法：考虑到这个家面临的现实困境，不止要帮助小花，还要帮助这个家庭，更好地实现小花以及其他孩子的利益最大化。我提出，作为家庭顶梁柱的施暴者阿伟，一旦长期服刑，这个家庭可能会陷入更大的困境之中，如果能在阿伟认罪悔罪的情况下，对阿伟判处短刑，既达到惩罚犯罪的目的，又能让他承担家庭责任。检察官表示会考虑我们的意见。

我们从检察院回来之后，看到住的地方摆满了漂亮的野花，这是孩子们送给慧茹和菲菲的。她们讲课大受欢迎，孩子们用花表达对两个大姐姐的喜爱。

菲菲是幼儿心理教育专业出身，用漫画课件和互动游戏的方式告诉孩子们，什么是身体的隐私部位，如何分辨正常的接触和性侵害，以及遇到危险时，如何保护自己。为低年级的小朋友上完课后，她被热情簇拥着，每个小朋友都想跟漂亮姐姐合影。慧茹则负责为中高年级的孩子们讲课，她的讲授生动有趣，也得到了明星般的追捧。孩子们用粗糙的纸片歪歪斜斜地地给慧茹写信："今天讲的内容都是第一次听，以前老师没有讲过，通过这次课程知道了如何保护自己，遇到坏人该怎么办。"一封封感谢信，尽是不舍。我们也带了很多小礼物，专门定制了小铅笔、圆珠笔、笔记本等学习用品，小朋友们都很开心。

"农村学生多是留守儿童，都是老人看着，不要说如何正确预防性侵了，孩子们连最基本的正常生理发育知识都难以得到。"校长感慨说，"这些课程正是我们学生急需的。"通过此行，我更觉得儿童安全问题的宣传教育工作是一件需要全社会共同关注的工作。为此，源众进行了战略调整，将儿童权益保护工作纳入到了源众的工作内容中，妇女和儿童成为源众帮助的两个最重要的对象。此后，我们在机构对口的扶贫点内蒙古阿尔山也开展了类似的对小学各年级的讲课。

· 多机构联动，援助贫困家庭 ·

两天很快就过去了，在小花和其他孩子们的不舍中，我们互相道别。回京之后，我们一直担心小花的眼睛，同事多方咨询北京和省城的眼科专家，最后确定先在省城医院为小花进行眼睛检查和先期治疗。由于我们相隔太远无法直接陪同小花看病，同事联系省城的一家社工机构，请他们帮助小花在省城看病治疗。我们还为小花申请了对受暴力妇女儿童的紧急救助金。社工机构的伙伴将小花来省城就医的一切流程安排得十分妥帖、迅速，并通过微信将整个就医过程进行了同步。我们看到第一次来大城市的小花的兴奋，看到她在酒店的弹簧床上蹦蹦跳跳，我和同事们都露出了欣慰的笑容。与其说是来看病，不如说是打开了新世界的大门，小花经历了人生中的好多个第一次，第一次走出大瑶山，第一次坐大巴，第一次来到省城，第一次睡上柔软的弹簧床，第一次有这么多人围着她、照顾她，给她扎漂亮的小辫子……我还特别交代社工机构的伙伴，要带小花去吃一次麦当劳。就医也比预想的顺利，医生说，小花的眼伤不是特别严重，可以彻底痊愈。这让我们放心了很多。

5月底，检察官给我打电话，说为了办好这个案件，他们将组织一次多部门联席会议，检察院、法院、妇联、民政局、教育局等多家单位将参加、讨论如何加强对未成年人的保护，希望为小花和她妈妈提供帮助的法律机构和心理咨询机构也能参与讨论。我认为这个想法很好，是一次儿童保护具体化的实践探索，最终由我的同事慧茹和志愿律师桂梅代表机构参加会议。会上大家认为，不仅要对女童进行家庭救助，同时也要对施暴人进行心理评估与矫治，种种迹象表明，阿伟可能存在严重的人格心理障碍，正是他的心理扭曲和以暴力沟通的方式给这个家庭带来了沉重的悲剧。桂梅律师也代表源众发言，建议结合这个案件的具体情况，综合性地实现儿童利益最大化，让每个孩子的需求都能被考虑到。同时，我们也建议对阿伟进行相应的法律制裁，让他能真正认识到自己行为的违法性，并加强阿伟回归后的跟踪回访矫治工作，避免其再犯。

6月份之后，跟我们保持联系的校长告知我们小花妈妈阿桂出状况了。阿桂的身体一直不太好，已经晕倒了好几次。最后一次很严重，阿桂不得不住院治疗，让这个家庭雪上加霜。从校长发来的照片中我们看到，躺在病床上的阿桂仿佛已经被生活打垮，气若游丝，露出远超同龄人的疲态和苍老。这让我们很不放心。校长还说，自从生病后，阿桂的态度有了变化，她不再要求严惩阿伟，反而多次跟校长说能不能让丈夫快点回来。生活的压力使得她在给自己和孩子讨公道与让丈夫回来帮助照顾家庭之间，不得不选择了后者。我能理解这个年轻女人的困境，这也是很多家暴受害人无法离开施暴人的原因，经济的窘困让她们不得不做出妥协，放弃自己的权利。

而此时，针对这个事件的网络讨论热度仍很高，不断有严惩施暴者的声音。我有些担心这种压力下当地公诉机关和法院会受到影响。令人欣慰的是，多次沟通之后，我们和检察部门取得共识，那就是站在儿童利益最大化的角度，尽全力帮助这个家庭。检察官说："小花的爸爸在看守所也是天天哭。他没有想到自己打孩子的行为竟然是犯罪，原来打人会这么严重，同时他也很牵挂家里的老婆孩子，几个月的看守所生活也给他特别深刻的教育，他很后悔。"

让我稍感放心的是，在阿伟被羁押的日子里，社会各界给了这个家庭很多帮助。除了捐赠米面、粮油，D县检察院还组织爱心人士，把小花家里原本的破旧木廊桥换成了水泥的台阶，避免了孩子们从缝隙中掉落摔伤的危险。

在我看来，近些年，我们国家对困境儿童的关注逐步增强，不仅仅是在制度上，还体现在每一个具体的办案细节中。D县检察院的行动正是这种变化的缩影。该检察院的一位领导在媒体采访中特别谈到，将以此案为契机，着力加强妇女儿童保护专业化、制度化、规范化建设，彰显检察机关的司法温度和人文关怀，依法维护好妇女儿童权益。同时，希望通过这个案件可以触动各部门，反思自身，减少此类案件甚至是杜绝此类案件的发生。

·施暴者得到惩罚·

案件推进得很快。联席会议不久，案件就移送法院审理，2018年8月30日，D县人民法院依法公开审理此案。开庭当天，妇联、学校等相关机构旁听了整个庭审过程。我作为被害人的代理律师，参加了案件审理。为保护未成年人的隐私，被害人小花没有出庭，小花的妈妈阿桂参加了庭审。几个月不见，阿桂更是憔悴，她坐在我旁边，显得忧心忡忡。检察官是当地人，能听懂当地少数民族的语言，他帮我翻译了阿桂的话："会不会给我的老公判很久？"她很担心，不断问我和检察官能不能让丈夫早点回家。她的状态确实让我非常心疼。

在法庭上，我首次见到虐童事件中的父亲阿伟。他个子不高，微胖，见到阿桂，他显得有些激动。

公诉机关在公诉意见中认为，被告人构成虐待罪，情节严重，但被告人认罪悔罪，被害人没有很严重的受伤情形，而且考虑到他有多名年幼的子女需要抚养、照顾，所以建议对被告人从轻处罚。

阿伟对自己的行为供认不讳，并多次表示后悔，谈到自己对孩子、对家庭造成的伤害，他表示以后要改正酗酒等恶习，不再实施家庭暴力。他说："以后我肯定会改，我这辈子都不打我孩子，不打我老婆了，我会一心一意爱她，爱小孩，把他们养成人。"

作为被害人代理律师，我在法庭上表示，被告人对妻子和孩子长期进行家庭暴力，情节非常恶劣，社会影响极坏，已经构成虐待罪，应依法承担刑事责任，但考虑被告人有7个年幼的子女需要抚养照顾，从儿童利益最大化的角度出发，被害人表示可以谅解被告人。但我也特别强调，谅解并不代表被害人原谅被告人的家暴和虐待行为，家暴行为是永远无法原谅的。谅解是因为愿意相信阿伟能悔罪改过，不再对家人实施家暴，同时也会改掉酗酒等恶习，真正承担起一个父亲的责任。

当听到家人希望他改过自新,重新做人后,阿伟几次流泪。希望他一辈子都不要忘记这个教训,学会成为一个合格的丈夫和父亲。

庭审最后一个环节是由公诉人给阿伟进行法治教育,他们特别剪辑了一个短片当庭播放,除了介绍案件外,还展示社会各界对这个家庭的关爱。短片中提到,南方房屋的一楼都是不住人的,多是用来养些牲畜,小花家需要靠梯子上二楼,原本的木梯摇摇欲坠,还长着青苔,短片中给换成了新的水泥楼梯。阿伟看到这里,又开始不断抹眼泪。

庭审结束后,法院当庭宣判。法院认为,被告人自 2010 年以来,长期以殴打、捆绑、吊打、倒拖等方式对家庭成员进行虐待,使家庭成员在肉体上受到伤害,精神上受到摧残,情节恶劣,其行为符合虐待罪的构成要件。公诉机关指控被告人的犯罪事实和罪名成立,依法判处被告人有期徒刑 7 个月。阿伟已经在看守所待了 6 个月,这意味着 1 个月后,阿伟就能回家。

随着法槌落下,这起轰动全国的虐童案件有了最终结果,鉴于此案的影响力,我也非常希望能借此起到公众教育的作用。正如我在庭上所呼吁的,反对家庭暴力是全社会共同的责任,全社会都应关注《反家庭暴力法》的执行,特别应当关注儿童等弱势群体。我国《反家庭暴力法》《未成年人保护法》,联合国《儿童权利公约》等都明确禁止对儿童实施家庭暴力,对孩子的教育,国家倡导正向管教,而非暴力管教。

开庭后,我写了这么一段话:"8 月 30 日,这位父亲最终因涉嫌虐待罪受审，我和小雅作为被害人诉讼代理人参加开庭。检方最终的指控，不仅包括被告人对其女儿小花的虐待行为，还包括了其对妻子、长子的家暴行为，法院认定被告人的行为构成虐待罪，判处其有期徒刑 7 个月。我认为，这个判决应该是考虑了被告人有 7 个年幼的子女需要抚养照顾，从儿童利益最大化的角度出发，在被告人认罪悔罪的前提下做出的。对此，我们理解并予以认可。今年 4 月，我和源众的同事们为此案曾探访了小花的家，这是一个处在困境中的家庭，作为涉嫌刑事犯罪的被告人，阿伟理应接受法律的惩处，但他同时又是家里唯一的壮劳动力，这个极度贫困而多子的家庭需要他承担父亲的责任。因此，这样的判决在某种程度上回应了法与情的平衡，也体现了对其他未成年子女利益的关注。"

我想，如何才能减少乃至避免家暴、性侵等儿童侵害行为的发生，也是留给我们的紧迫课题。

· 后续 ·

这个案件的后续，我是在相关媒体上看到的。9 月 30 日，是阿伟刑满释放、重新回归家庭的日子。阿伟先是到乡政府接受训诫，并在承诺不再施暴的保证书上签了字。回家见到妻子，阿伟双膝下跪，再次跟阿桂道歉。校长也跟我说，当地相关的社工机构会定期对阿伟进行跟踪查访，直到阿伟彻底改掉恶习。一个偏远的县城能有这样比较完善的社工跟进措施，让我有些意外，也很欣慰。

我和同事们又开始了新的征程,在各种案件之间忙碌不停。某个瞬间,我还是会想起美丽的大瑶山,我怀里的小花,还有那些可爱的孩子们。于我而言,援助小花是一段难以忘怀的记忆,那里连绵不绝的山脉,天真无邪的孩子,在山里绽放的野花,一切都是那么美好纯粹,和我们钢铁水泥里的都市生活是两种样子。遗憾的是,当我们提出可以继续为小花进行后续治疗的时候,她的父母一直不再回应,小花的治疗也不得不因此停止。对此,我的年轻同事不太理解,觉得小花太委屈了。其实这就是生活真正的样子。一个多子、贫困的家庭,一对每天为孩子们填饱肚子而奔波的父母,他们没有多少精力去为一个女孩想太多。

有时候我会想,我们在小花眼中是什么模样呢?我们这群人出现在她的生命里,为她带来漂亮的书包、好吃的糖果,甚至带她坐了那么久的车,去了更远的城市,给她穿上漂亮的衣服,扎好看的小辫子,她的痛苦有人在意了,她的内心会受到影响吗?当她小心翼翼地剥开糖纸,把糖果塞进嘴里,在她被忽视的童年里,会是一份独特的甜蜜吗?

记得临回北京之前我对小花说:"你一定要好好学习,考上大学,走出大山。"我看到了小花发自内心的微笑,她清澈见底的眼睛似乎在憧憬,眼中好像有星星,闪闪发光。

2022年11月7日,联合国大会通过决议,指定每年的11月18日为"防止儿童性剥削、性虐待和性暴力及促进受害者疗愈世界日",儿童权利和儿童保护已成为一个全球性的问题，遭受暴力和侮辱性的惩罚仍是很多儿童的痛苦经历。小花只是无数被暴力对待的孩子中幸运被看见的那一个，而我们正在建立的越来越坚实的对未成年人保护的网络，就是让越来越多的"小花"被看见、被保护。

雏菊之殇

被牵线的玩偶

时间执行着公正不倚的法律。
——马尼利乌斯

故事一
揭开助学达人的画皮

· 见到女孩们 ·

2015年9月,我和同事们奔赴千里之外的X省L县。那是一个位于西南边境的国家级贫困县,抵达机场后,还有两个小时车程。弯弯曲曲的山路上,一阵阵疼痛随着颠簸不断向我袭来。我只好捂着肚子闭目养神,那时我刚做完开腹手术二十几天,伤口长达十几厘米,术后还未恢复好,我就匆忙踏上了行程。

我之所以带病赶路,是因为一个月之前,这里被曝光了一桩惊天大案。一个叫川木的人,利用他个人建立的所谓的助学网络平台,以资助贫困女生的名义,涉嫌性侵多名受助女生。看完报道,我在愤怒之余更是担心报道中提及的那些被害女孩们,不谙世事的她们,在舆论的惊涛骇浪之下,该如何面对?特别是这个案件必然是刑事案件,川木将面临法律对他的制裁,而这些女孩作为被害人,必然要卷入其中,谁能够帮助她们呢?在医院的病房里我实在是躺不住了,安排同事们想办法找到了最先揭开川木面具的网友林枫，在他的帮助下联系了受害女孩，了解到女孩们的状况堪忧，我们以最快的速度订了机票，此行除了我和同事小婕，还有源众的志愿律师刘辉律师。

行车途中，虚弱不堪的我偶然睁开眼，眼前尽是连绵大山，仿佛没有尽头。

如果不来到这里，根本无法理解助学金对贫困家庭意味着什么。我听说，从 L 县城到其中一位被害女生长大的村庄，要开上半小时车，再步行一小时山路才能到达。最后一段路，连摩托车都无法骑行。这重重的群山，在城市人眼里是难得一见的风景，但对于山区的孩子来说，却是一道难以走出的屏障。读书，是他们改变命运、走出大山的唯一机会。但在重男轻女的山区家庭，女童的失学情况严重，她们常被改大年龄，提前出去打工。穷困、闭塞的山区成为滋长罪恶的土壤。在暗访中，川木亲口承认，自己会挑选最贫穷又最渴望上学的女童下手。这令我更加痛恨川木的行径，他为了私欲，不惜将众多女童推下命运的深渊。

但是，为何一桩牵涉人员众多、影响极为广泛的案件可以隐匿多年？即便被电视台曝光，嫌疑人当晚就被抓捕归案，但大部分被害女生仍选择保持沉默，仅有三人敢站出来指证，是什么扼住了她们的喉咙？

我们后来才了解到，事件曝光后，整个 L 县沸沸扬扬。3个勇敢站出来举报的女孩，立即被川木电话威胁。举报人之一小菊跑到县城的后山上，在山顶独自坐到了天亮，那是她被性侵之后最恐慌的一个夜晚。虽已事隔多年，川木的威胁电话让小菊又回到12岁那年被性侵的噩梦中，她既恐惧，又愤怒。她希望能把川木送进监狱，又害怕川木很快就被放出来。暗沉沉的黑夜里，她不知道噩梦何时能够结束。

另外两个举报女孩，阿采和小星也都躲进了亲戚家，直到接到电话，川木被警方控制，才暂时松了口气。阿采跟小菊是同班同学，她记得当自己六年级准备毕业考时，原本成绩优秀的小菊突然就不上学了，她当时就有一种不祥的预感。看到报道后，她才知道小菊在毕业前去外地堕胎，从此再也没有上过学，一直辗转各地打工。阿采不禁大哭，原来小菊这些年也承受了同样的痛。

小星看到报道后，更加气愤，尤其是看到12岁的小菊遭遇侵害后，连上学都无法继续，人生从此变更轨道，她当即决定配合警方调查和举证。记者采访时，她直言："我想不到他会伤害这么多小孩，我不想看到发生在自己身上的惨痛经历，再度上演。"

这一场噩梦，是从她们递交申请助学金表格后开始的。

当时家住L县大山里的小菊年仅12岁，正在读五年级下半学期，她的成绩非常优秀，却在毕业考前遭遇学费难题。母亲去世，父亲常年在外打工，只留下她和弟弟、妹妹与年迈奶奶相依为命。品学兼优的她和同学阿采一起，在全班几十个同学里被挑选出来，由老师推荐填写了申请助学金的表格，全校几百人，得到申请"机会"的学生不过十几人。小菊和阿采觉得自己很幸运，也很感谢帮助她们的人，但没想到正是这个人将她们推入了命运的深渊。

一年后的另一个县城，19岁的小星正在读高二。她在农村长大，家里没有男孩，因此遭到乡亲嫌弃，从小到大，小星都把自己当成男孩，砍柴、挑水，用幼小的肩膀担起家庭责任。家里条件不好，她却常是班里的第一名，凭借努力考上B市的高中。即将面临高考的她，在老师眼里也是读大学的好苗子。在同学亲戚的推荐下，她在助学表的右上角贴上了自己的照片。

　　填完表格之后，她们就变成了川木的猎物。核对助学金信息或者领取助学金，成为他将女孩们邀约到县城见面的理由。在这些孩子眼里，川木就是大善人，她们不曾怀有任何警惕心理。毕竟，助学金是老师介绍的，申请表上盖着学校的公章，还有班主任的签字，谁又会表示怀疑？

　　一到县城，川木就用各种理由让她们留宿在酒店。进了房间，门一关，一切就由不得她们了。在川木的暴行面前，她们被吓得脑海几乎一片空白，没办法表现出强烈的反抗，或者呼救。川木还用手提电脑录下性侵视频，借以要挟受害女孩，声称如果她们敢声张，就把视频发布到网上，让她们抬不起头来。他还常常向被害女孩炫耀自己能一手遮天，L县就是他的天下。

　　在川木的威胁之下，几乎没有女孩敢把事情告诉家人。这也因为她们一向懂事，是村里人眼里的好孩子，她们害怕自己会让整个家族蒙羞，遭到亲人乃至整个村子的唾弃。

　　这种不敢声张的心理，正好成为川木对女孩们进行精神控制的工具。据小菊回忆，12岁的她在川木的要挟下，半年内被性侵多次以至于怀孕，不得不躲到异乡堕胎，然后独自在外打工数年。一向优秀的她，也因此没拿到小学毕业证，学业从此中断。

小星则表示，从县城回去以后，她被确诊为阴道炎，这在她看来是脏病。她买了一把水果刀，计划约川木出来见面，跟他同归于尽。好在班主任及时发现，避免了一起血案发生。三个月后，背着沉重心理负担的小星，考上了大专。

而阿采则是被川木介绍给一个出租车司机。遭受性侵后，阿采曾把事情归咎于自己当时不懂事，认为发生在自己身上的事只是个例，而川木是个大善人，说出来也不会有人相信。

更让小菊害怕的是，川木居然还打起了自己妹妹的主意，想把妹妹介绍给外地大老板。小菊断然拒绝，并赶紧从外地赶回家里，告诫妹妹保护好自己。小菊也曾听说有人试图揭发川木，但没有后文。川木总给她灌输有钱能使鬼推磨的观念，她知道光靠自己一个人无法与势力极大的川木对抗。

在人言可畏的小县城，女孩们只能忍辱负重，任由川木摆布，不敢报警，也无法反抗。

如果不是因为北方汉子林枫的到来，正义可能至今无法得到伸张。林枫原本也是给山区捐款的爱心人士，但当他发现川木的疑点之后，自费多次前往L县，私下调查数月拿到证据，才让川木被绳之以法。

川木之所以会被林枫掌握证据，是因为他心态膨胀。为自己录下犯罪视频后，还会发给"有需求"的客户。他没想到的是，正是这些视频，成为日后定罪的铁证。林枫觉察异样后，就假扮"客户"请他介绍几个女孩，由此得到视频证据。

林枫告诉我，他也有一个女儿，川木的恶行让他怒火中烧，所以决定独自展开这个揭开黑幕的行动。掌握充分的证据之后，他立即向媒体举报，这才有了川木被抓捕归案的后续。林枫的鼓励，让3个女孩有勇气摆脱长久以来的精神控制，只是以这种极其剧烈的方式挣脱魔爪，对于她们来说是天大的事。

在去L县的车上，林枫就坐在我身边。我本以为这位罪恶的终结者应该是锋芒毕露的，但他看起来却一派儒雅。深入接触后，我发现他处事冷静、非常聪明，可以说是有胆有谋。林枫还告诉我，他感到非常遗憾，他其实一共找到了10个受害者，但真正站出来的仅有这3个女孩。这也并不难以理解，站出来指证川木，意味着打破平静的生活，不仅重揭伤疤，还要面对随之而来的流言蜚语。这样的代价，并不是每一个人都愿意承受。

其实我们与林枫此行，也是有些波折的。当时同事跟林枫联系上后，他并没有立即答应让我们来帮助女孩们，而是非常谨慎。在舆论被引爆后，不止一家律师机构找过他。但他知道，被害女生无法信任他人，她们把讨回公道的希望都寄托在他身上，他不允许自己失误。他搜集了我们的资料，了解到我们机构在妇女权益保护领域颇具影响力，而我本人也有十几年从业经验，才答应我们介入。

在我们抵达L县之前，出现了新的状况，3位受害女生因隐私暴露而陷入困境。

那时对涉及未成年人案件的办理还没有像现在这样完善，当地警察在办案中对未成年人的隐私保护关注不够、准备不足。警察开着警车、穿着警服来到小菊工作的公司，在众目睽睽下，将小菊带走询问，她的遭遇一下子在公司和熟人之间传开，小菊再也没有回到自己的工位，也没办法再回家，家里的长辈认为她让家族蒙羞，不许她回家。

到警局之后，小菊被一位男性警察单独询问长达几个小时，她不得不揭开伤疤，一一回忆细节，同时还要忍受来自警察的质疑。

小星也没能逃脱案件曝光后的二次伤害。一封印有"L县检察院公诉缄"的邮件，寄到了小星单位，被公司前台签收后，同事间很快传递起奇怪的眼神。那段时间，电视台播放川木犯罪的新闻闹得整个县城沸沸扬扬，大家都很敏感，小星埋怨道："为什么就不能用不带检方名称的信封呢？"

当地政府还公开回应，强调应该对女学生加强励志教育，抵制不良诱惑。言下之意，就是受害女孩是因为追求享受，才遭到侵害。这是对受害女孩的污名化，女孩们对此感到非常委屈。

一只只看不见的大手，将受害者们刚刚萌发的勇气和希望，再度摁进泥泞之中，女孩们纷纷打起了退堂鼓。

我再也按捺不住，案件走到了最关键的转折处，受害者的态度将会决定案件的走向。同事们都劝我在家休养，刚做完手术，我身体确实吃不消。我当时伤口痛得连腰都直不起来，但还是毅然奔赴L县。我心里只有一个念头，一定要见到这几个女孩，这件事迫在眉睫。

马不停蹄抵达 L 县后，为了不影响女孩们的生活，我们必须对外隐瞒身份，悄悄约她们见面并签署委托代理协议。

此时距性侵事发已过六七年，小星已经大专毕业，在 L 县工作。她正准备结婚，对于过往她并未对男友吐露半句。她告诉我们，男友现在对她很好，她担心男友知道后，无法接受自己。我们找了一个她觉得合适的地点见面，这次见面非常匆忙，她签完委托协议就迅速离开，她告诉我们，一切都交给我们了。

那时阿采也已经考上 B 市的高中，正在高考冲刺阶段。由于她不能随便出入学校，所以我们专程去了她学校附近，为了不打扰她的学习，我们很快就聊完离开了。

女孩们的表现远比我想象的坚强，但令我印象最深的是小菊。

我们和小菊约在一个相对僻静的酒店，她抵达时已经是晚上了。出现在我面前的是一个很清秀的女孩，个子不高，一见到我们，就露出了甜甜的笑容。她一下子抱住了我，好像我们已经认识了很久。

短暂的交流后，她向我们袒露了内心的柔弱，在我的怀里，她薄弱的肩膀在微微发抖，嘴里喃喃地说："阿姨，你们终于来了，终于有人能帮我讨回公道了。"而我也感受到了小菊的矛盾。站出来指证川木这个选择，艰难又充满不确定性，她一方面觉得自己应该这样做，尽快让川木受到审判，另一方面也为随之而来的风险感到焦虑。她害怕警方找不到足够的证据，也害怕川木出狱以后会报复。她同时还要处理因案件曝光带来的各种麻烦，失去工作、无家可归。一个 18 岁的女孩，在这样的困境中，依然没有退缩，我很敬佩她的勇气。

聊天时，小菊情绪起伏很大。为了案件的顺利进行，我们不得不去追问一些过往细节，有些问题出口时，我自己都觉得很难受，又何况她本人呢？这等于是在揭她的伤疤。在讲述过程中，她屡屡掉泪，我们不停地给她递纸巾，她崩溃抽泣时，我只能抱住她。

离开的时候，她把眼泪擦干，又露出甜甜的笑容。那个笑容反而让我内心酸涩难言，即便命运如此打击她，都不能抹去她的笑容。我感受到小菊对我毫无保留的信任感，这让我心中涌上一股莫名的热血。

与 3 个女孩都签署了委托代理协议后，我们同 B 市、L 县的两级办案人员进行了当面沟通。对于保护当事人隐私，避免二次伤害等重要问题，我提了几点建议：在侦察过程中，注意穿便服，不要开警车；审讯时，最好能有女警在场，有条件的话还要让监护人或者被害人信任的人在场；询问时，尽量避免先入为主，不要对被害人的行为进行指责或者评价。由于我们是关注妇女儿童权益的公益机构，看得出来他们很重视我们的意见。到了询问阿采的时候，已经有女警在场了，阿采的情绪也好了很多。

在内外夹击的状态下，我们的到来给了女孩们一颗定心丸，让她们重新燃起坚持的勇气。之后，结合案件的具体情况以及为了办案便利，我们重新为 3 个女孩安排了源众的志愿律师,我由于身体情况不好,最后还是退出了案件的具体代理工作,转为背后支持。具体代理案件的律师有两位,一位是在省城执业的吴晖律师,他出差比较方便,也有关于未成年人案件办理的丰富经验,另一位就是田咚律师。几年前,我在一个三百多人的女律师群里征集源众志愿律师,整个群里,她表现得最为热心,最后成为群里唯一一个真正参与的志愿律师。只要是源众需要,她便及时出现,共同的情怀,让我们成为朋友、战友。因此,有这两位律师参与案件代理,我是非常放心的。

·小菊来到北京·

我回到北京以后,一直放心不下小菊的状态。没过几天,林枫打来电话,他告诉我小菊不太方便住在朋友家了,她没有钱,又丢了工作,想让我帮帮忙,看看能不能让她来北京过渡一下。

我一听也特别着急,担心小菊因为走投无路而出现意外。当时,我们机构也没有针对这种情况的专项救助款。我赶紧想办法在源众的志愿律师群里发起筹款,凑了六七千块钱,解决了路费和基本生活费。那么她来北京后怎么安置呢?我绞尽脑汁,想起有朋友刚开了美容院,在美容院学习美容应该是一个不错的选择。我不能暴露小菊的身份,就跟朋友商量说自己有个亲戚想过来学美容,朋友痛快地答应了。

一切安排妥当之后,小菊飞来了北京。她就带了一个双肩背包，小小的身体显得更加单薄。由于美容院过一段时间才开业，小菊暂时不能住过去，但住酒店我又有些担心她的安全，还好机构有个女同事刚好是独居，就让小菊暂住一阵。同事有一条小狗，小菊也很喜欢小动物，在同事家住得很安心，跟小狗成了好朋友。

几天之后就是中秋节了，我琢磨着让小菊来家里过节，就跟先生商量，今年中秋家里要来一个小朋友。先生一直都是我最大的支持者，他没有问太多，毫不犹豫地表示欢迎。

中秋节当天，我把小菊接了过来，一起做饭、赏月、吃月饼。刚好我家有一只雪纳瑞，小菊总抱着亲亲，显露出18岁少女该有的活泼。晚饭后我和小菊一起出门遛狗，月亮升起来了，月光柔和地洒向人间，静谧而美好。小菊突然停住脚步，看着我说："李阿姨，我觉得你特别像我妈妈，我可不可以叫你妈妈？"月光下小菊的眼睛像星星一样闪亮，我莫名的欣慰和感动，抱住她，用头抵着她茸茸的小脑瓜说："我们都是你的亲人，你踏踏实实的什么都不用担心。"她紧紧地抱住了我。

美容院开业当天，我和先生开车把小菊送了过去，看着她小小的身影消失在美容院的大门之后，我不由生出了一种母亲对孩子的不舍之感，心里在默默地祝福她。天气开始越来越冷，我用律师们众筹的款项，给小菊买了羽绒服和被褥，借着送东西的时候看看她。我担心她不适应，经常问她的情况，听美容院朋友说，小菊特别勤快，又机灵乖巧，大家都很喜欢她，一个多月之后，她就开始上岗了。上岗那天，小菊开心地给我打了电话，重新绽放的笑容，似乎驱散了之前的阴霾。

开春之后，她同我道别，说是要回老家。她只是向我道谢，也没太多说想走的原因，我自然是尊重她的选择，相信她有主宰自己生活的能力。后来我在媒体上看到，那年春节，她家人虽然没有说原谅她，但还是接纳了她回家，她很珍惜这份好不容易回来的亲情。

·审判·

生活开始步入正轨，而庭审，将是一场真正的战斗，但我知道，我们都不会退缩。

2016年3月，川木涉嫌强奸罪、诈骗罪一案，在L县人民法院开庭一审。小菊和小星曾相约一起参加庭审，但到庭审开始时，女孩们并没有出现在法庭上。代理律师通知了小菊开庭日期，当时小菊已经在省城找到了工作，开庭那天正是小菊的休息日，她却突然提出自己喉咙发炎，无法参加庭审。而阿采也说自己两个月之后高考，无法出庭。

我能理解她们的心情。案件曝光后，她们受到的重重伤害，不止来自家人、社会，也来自某些媒体。一个记者从小菊的社交平台上私自拿走了一张她和妹妹的合影，发文配图注明"被川木性侵过的女童"，后来这张照片在网上开始广泛传播。小菊极为愤怒，虽然照片打了马赛克，但是熟人一看便能辨认出来。她试图找记者质问，但电话、短信一律没有回复。没有遭到性侵的妹妹却被打上被性侵女童的标签，她很担心此事会影响到妹妹的学业和未来，又担心因为此事，失去好不容易找回的亲情。接二连三发生的二次伤害，一点点地消耗了女孩子们的勇气。

在开庭前，吴晖律师曾向法院提交建议提高法院审理级别的管辖异议申请书。在我们看来，川木有可能被判处无期徒刑或死刑，而基层人民法院有量刑限制，只有中级以上的人民法院，才有权限审理判处无期或者死刑的案件。建议书中提到，川木对小菊多次实施强奸，且造成被害人怀孕，甚至放弃学业。这种长期的、多次的对同一被害人实施强奸，影响被害人终生。同时，他对小星的强奸行为导致被害人染上疾病，甚至产生强烈的报复心理，这对于被害人的身心伤害也同样巨大。按照法律规定，强奸幼女多人，多次实施强奸，被害人属于弱势群体，且造成后果严重的，这些都属于加重处罚的情节。而且此案涉及被害人众多，时间久远、难以取证，更多被害人因害怕隐私泄露而失声，属于重大、疑难、复杂案件，应提级到中级人民法院审理。

几位被害女孩一直关注着案件是否能提级审理，但最终法院没有同意，主要原因还是相关证据不足。比如小菊被侵害怀孕流产，因为流产是瞒着家人进行的，不可能留下医疗证明，只有小菊的陈述，没有其他的证据予以佐证，就很难被认定。还有一个重要的原因是大部分受害者选择了沉默，到了庭审日，愿意站出来指控川木的，仍旧只有这3位女孩。在我们看来，受害者沉默的部分原因，也有3位女孩在案件曝光后遭遇的种种困境。如果能够避免二次伤害，对女孩们有更好保护的话，局面也许会改变。

庭审一直持续到傍晚。庭审中，川木当场翻供，否认自己原来在侦查机关所作的供述。他非但不承认起诉书指控的犯罪事实，对被害人也没有丝毫歉意。第一次开庭，法院没有当庭作出判决。当年10月，法院再次进行审理，并当庭宣布了一审判决结果，以强奸罪判处被告人川木有期徒刑15年，以诈骗罪判处其有期徒刑1年零6个月，数罪并罚决定执行有期徒刑16年。

对于这个结果，我们有些遗憾，但并不意外。提级审理的建议没有得到支持，有期徒刑15年已经是强奸罪在基层法院中的顶格量刑。虽然这个结果离我们的期待有所距离，但每个人都已经尽力。

让人气愤的是，在法庭上，川木当众表示不服，认为量刑过重，并提出上诉。小菊听说之后，再也无法忍受。她比谁都想要回归正常生活，但仍然决定要跟川木战斗到底。判决后第5天，小菊在吴晖律师的帮助下，签署了向检察院提请抗诉的申请书。按照法律规定，判决后留给被害人提请抗诉的时间只有5天，小菊在最后的时刻做出决定，这是她为自己、为其他被害人的再次一搏。虽然抗诉申请最后没有被支持，但女孩们已经展现了她们最大的勇气和努力。

二审开庭的结果是维持原判，至此本案才尘埃落定。从决定揭发川木的那一天起，女孩们就已经踏上了一段艰难的旅程，她们坚持到了最后。

· 新生活开始 ·

虽然对川木的惩罚还有遗憾，但留在女孩们生活中的阴霾正在逐渐散去。

第二次开庭时，吴晖和田咚律师专程去了阿采所在的学校，在光荣榜上看到了阿采的名字，她已经被大学录取。榜单上她的名字闪闪发亮。

案件结束之后，我会时不时地看看小菊的社交平台，看她过得好不好，欣慰的是她已经开始正常生活。大概是她来北京一周年的日子，我偶然看见小菊在社交平台上发了一张她微笑着的照片，照片下面用文字感谢了曾经帮助过她的每一个人。这让我感到非常欣慰。我还得知，从北京回去后，她一边上班，一边积极参与公益活动：走访贫困家庭，为贫困孩子募捐，这些行动一点点让她从过去的阴霾中走出来。

小菊的变化带给我很重要的启示。在本案结束后，我提出了源众工作方向的战略性转移。我们不能只关注法律援助，还要在以法律援助为核心的基础上，形成全方位、多元化的援助模式，要将心理救助、社工陪伴、紧急救助金等多种形式纳入源众的工作中。为此，源众跟第三方机构合作，在腾讯公益平台上发起了"给她无暴力的未来——受暴力妇女儿童紧急救助金"的众筹，为遭受家暴、性骚扰、性侵的受害人提供包括生活救助、医疗救助、庇护、法律援助在内的紧急救助，帮助她们走出困境。六年来源众帮助了300余名陷入生活困境的姐妹。

直到现在，我还会偶尔翻看小菊的朋友圈，那些内容让我心安。就像每一个普通女孩一样，她跟同事们一起逛街、吃烧烤，对自己的工作充满热情，走在故乡的大街上，阳光下，她不再有任何恐惧。

故事二
回不去的生活

·见到樱子·

这些年,我一直无法忘记那个叫樱子的女孩的眼神。

她来自一座中俄边境小城,和父亲一起依约来到了我们的办公室。

樱子长得非常清秀,那双好看的眸子却是空洞、失神的,没有一丝光芒。她几乎不与人对视,眼神总是停留在别处。她不哭,不笑,也不怎么说话。我们给她拿吃的,努力想逗她开心,她也没有太大反应,显得过于安静,好像生命中的活力都被抽走了,只留下干枯的躯壳。

不久之前,樱子被确诊为创伤后应激障碍,有自闭、失语等症状,不得不辍学进行治疗。

樱子的父亲告诉我,出事后,她就变成这样了。跟她说话,问十句答一句,还长时间坐在床上不动。带她来北京看病,只要到了人多的地方,她就手心冒汗。父女俩在北京辗转多家医院,医生都说要住院治疗。

我们会和樱子见面，始于一封她写下的遗书。遗书中写道："一个陌生男子揭开了我的浴巾……" 蓝色的墨痕，稚嫩的笔迹，字里行间都是小女孩绝望的哭喊。

让她绝望的根源，是她被以高年级辍学女生王红为首的校园暴力团伙胁迫为陌生男子提供性服务，短短2个月内樱子被3名陌生男子性侵6次。樱子在遗书中说："我不得不去，不去她们就打我。"事发时樱子尚未满14周岁。据相关医院的精神疾病司法鉴定书，樱子的应激障碍正与被强迫提供性服务有关。

第一个性侵她的男性，外号"三叔"，是一位50多岁的中年男子。后经公安机关侦查发现，他长期联系在校女生，要求未成年女孩为他提供性服务，性侵的地点是他自家经营的一家酒店。除了樱子以外，还有多名未成年女孩遭到他的性侵。

在樱子遭受他人性侵时，还有一名受害女孩被胁迫在酒店房间的卫生间里监视、收钱。第一次性侵结束后，樱子被带到网吧，在那里她遭到多名高年级女孩的群殴，因为樱子表现不好，不肯脱衣服。樱子在遗书中这样描述此次殴打的后果："我的脸上、大腿都有伤痕……"

长期被霸凌和性侵让她感到绝望，由于无力挣脱这个暴力团伙，樱子最终想到自杀，万幸被发现并获救。案发后，这封遗书在网络上广为传播，迅速引起舆论震荡。

我是通过媒体报道知道这起案件的。我立刻意识到这是一起对未成年人伤害极其严重的性侵案，恶劣程度在我们机构代理的案件中也实属罕见。经同事辗转联系，才有了我和樱子父女俩的此次见面。

·小城的悲剧·

我在与樱子父亲交流时,怕她听到我们的对话更难受,就让年轻女同事带樱子出去走走。知道能出去玩时,她稍微开心了一些,露出了难得的笑容。但那丝笑容只从脸上一闪而过。

樱子父亲告诉我,出事前樱子是一个活泼、可爱的孩子。

我在报道中看到樱子父亲回忆陪女儿学跳舞的经历:"拉丁舞的音乐一响,小樱子穿着蓬蓬裙和白舞鞋,跟着老师转圈。家里的书架上摆满了她的影集、奖状、课外书。樱子喜欢读《城南旧事》,她还在读书笔记里写她最喜欢英子的爸爸,因为他教会英子学会独立。"

学校报案那天,樱子的父亲还在俄罗斯打工,得到消息后,他和樱子妈妈一起匆忙从国外赶回来。见到女儿时,女儿只是呆呆地盘腿坐着。要是以前,她会第一时间扑过去挽住父亲,看看父亲有没有给自己带礼物。看着女儿的样子,悲愤和心痛击溃了这个四十多岁的男人。他打开女儿的遗书,那熟悉的、歪歪斜斜的笔迹诉说着:"爸爸,我很想你,不知道你什么时候回来。"遗书里的每一句话,都如同刀子一下扎进父亲心里。

"才十几岁的孩子,那几个男的怎么下得了手!"樱子的父亲难以抑制内心的悲愤。

据参与胁迫的被告女生供述,给"三叔"送去的女孩一般都是十三四岁,"三叔"要求,送过来的女孩年纪越小越好,最好是上初中的,还要成绩好的,不喜欢年纪大的和化妆的。实施完性侵行为后,他还会要求女孩好好学习,其心态之扭曲,令人发指。随着公安机关调查的深入,更令人瞠目结舌的案件细节浮出水面。

胁迫女孩们提供性服务的暴力团伙共5人,是平均年龄不到19周岁的女孩。其中主犯王红是一名高中辍学女生,只有17周岁。第一个被性侵的女孩周畅是王红的朋友,当时王红骗她说自己病了,需要钱看病,要她去和"三叔"发生关系,并说就这一次,以后不会再找她。稀里糊涂的周畅被迫就范,但性侵结束之后,王红等人在学校堵住她:"如果你不听话,就把你卖掉,或者扔到山里也没人知道。"后来王红等人就让周畅帮忙物色其他同年龄的女孩,周畅的同学李莉也变成了受害者。一开始李莉也反抗,被王红打了一顿后,她不得不听从,随即遭到"三叔"的侵犯。当樱子遭受性侵时,李莉就被王红威胁着负责看守、收钱。樱子被殴打时,王红一伙人还借此敲打李莉:"你要不听话,就跟樱子一样。"

王红要求这些受害者,不许说自己的真实年龄,要说自己学习好,以此讨"三叔"喜欢。为了逼迫女孩们就范,王红无所不用其极,在强迫女孩提供性服务后,她又把她们发展成下线。

就这样,女孩们被王红等人控制,有的从受害者转变成施害者,自己被侵害后,又去强迫更弱小的女孩提供性服务。就连这5个主犯中,也有女孩曾遭到性侵。随着对案情更深入的了解,我感到越来越震惊。女孩不愿意去要被打,表现得不好也要被打,被侵害后还要被迫去监视其他受害者。一旦有女孩被王红等人盯上,便很难摆脱,稍不服从,就会被拳打脚踢。如果发现受害女孩遭性侵前有抗拒的表现,她们就会用"回头打死你"等话语进行威胁。

每次强迫女孩跟他人发生性关系后,所获的钱都被王红等人收入腰包,这些钱待她们挥霍一空之后,受害女孩又会经历新的噩梦。除了"三叔"以外,她们还通过社交软件物色有需求的男子,向他们推荐女孩。

樱子那空洞的眼神一直留在我心底,让我揪心般的疼。后来,据她父亲所说,樱子的病情非但没有好转,反而变得更加严重。我们见面时,她还能少说几句话,最后却发展成几乎不说话了,语言能力退化得厉害,智力也有了明显的下降。樱子虽然活下来了,但那个穿着白色舞裙转圈的女孩,却永远留在了回忆里。

·见到家长们·

樱子和父亲离开后,愤怒的情绪仍在办公室弥漫。我们一定要帮受害女孩们打赢这场官司,每个人都攥紧了拳头。

我们迅速和其他受害者的家长取得联系,主动提出为受害女孩们提供免费的法律援助。一开始家长们并不信任我们,他们觉得怎么可能免费帮助打官司。为了取得家长们的信任,田咚律师和徐律师亲自赶赴事发地,跟家长们一一沟通,说明我们是一家长期帮助妇女儿童维权的公益机构。家长们被我们的诚意打动，才相信世界上真的有这样的一群人，坚持无偿帮助受害者。最终他们打消疑虑，同意与我们签署委托代理协议。

取得家长们的信任和同意后，我们组成了由 4 名资深律师参与的律师团，这些律师都是办理了多起儿童性侵案、经验非常丰富的律师，每个成员的能力都很强。律师团中除了我和田咚律师，年纪最大的是塔拉律师，当时她已经六十多岁了，来自内蒙古，常年在公益援助的前线，为儿童保护在全国各地奔波。还有一位来自河南的韩林律师，执业二十多年，办理过很多起有影响力的儿童性侵案件。

律师团组建好之后，在当年的深秋我们一起去了受害女孩们的家乡，去跟家长们见面沟通情况。小城的草黄了，满街飘舞着落叶。这是我第一次来这座两国边境的小城，城市氛围格外宁静，道路两边俄式建筑群错落有致。

受害女孩的家长们陆续出现在我面前。

他们之中的大部分人常年在外打工，不在孩子身边，孩子交由自己父母或亲戚照顾。这给了不法分子可趁之机。受害女孩多是缺乏父母照顾的留守儿童，或者跟家长关系不太好。

性侵发生后，女孩们不敢声张也无处可说，这有可能是樱子宁愿自杀，也不求助学校或者老师的原因之一。正如一位受害女孩所说："不敢说，怕告诉老师后被王红她们打，告诉爸妈，又怕挨骂。"也有女孩觉得："这是一件不光彩的事，说出去自己名声就毁了。"

当家庭的防线失守，学校本应成为保护孩子们的有力屏障。可案中不少受害者被高频次性侵，甚至在校园暴力团伙威胁下，从受害者转变为加害者，学校居然没有察觉，这是整个案件最让我感到痛惜的部分。

我们更为震惊和难过的是，本案结合了性侵和校园暴力。我后来还在相关报道里看到，在当地学校附近，常有辍学的未成年人出没，向学生进行小金额的勒索或施加暴力，但是学校往往只是简单批评教育了事，这导致被害学生害怕遭到报复而不敢声张。我们还在当地做了调查，尽管当事学校声称有防性侵教育，但是并没有达到考核指标，当地相关部门虽然也有详细的规定，但执行的力度不够，并没有教会孩子们明辨是非，自我保护。我们一致认为，尽管"三叔"等人是罪魁祸首，但是惨案的发生，跟学校、教育管理部门的失职密不可分，理应追究相应的责任。

当我们路过一座十几层的酒店时，家长指了一下，说："孩子们就是在那儿出事的。"这个酒店是"三叔"的犯罪据点，多少女孩们的灵魂在这里被吞噬。家长们还说，小城的很多房地产都是"三叔"及其家族企业开发的。犯下性侵重罪的主犯，在当地极有权势，这令我们深感沉重。作为所谓的"明星企业家"，不惜利用手中权力侵害数量众多的未成年人，社会危害极大，后果极其恶劣，我们一定要争取对其从严从重处罚。

我们还了解到，性侵事件在酒店发生时，有的女孩是穿着校服进去的，甚至在酒店开房间时，用的还是未成年人的身份证。酒店本应及时察觉这些不合理的迹象，加以阻拦和询问，更不应该允许未成年人开房间。但是酒店并没有这么做，作为保护未成年人的最后一道防线，也没有守住。据相关报道，此酒店在案件审理期间仍在正常营业。

罪恶本有机会被扼杀，但是一道道保护未成年人防线的崩溃，让孩子们稚嫩的身心暴露在犯罪分子面前，毫无反抗之力，酿成惨案。

鉴于此，我们律师团一致决定，将当事人所在学校、当地教育局、涉案酒店等单位全部列入刑事附带民事诉讼的被告，追究相关机构的连带责任。

这个决定做得并不容易。在国内未成年人性侵案件中，指控相关机构是一个非常大胆的尝试。我们并没有信心能得到法院支持，但即便仅仅让负有责任的相关机构站在被告席上去反思自己的失职，也是有意义的。同时，我们也希望能通过这种形式，警示整个社会防性侵教育的重要性。

鉴于此案的复杂性，我们多次召开专家研讨会，确定详细的诉讼策略，就像在战前制定作战计划一样，我们虽满怀愤怒，但也要有勇有谋地与罪恶对抗。我们需要解决的第一个问题，就是提级审理。我们介入时，了解到案件移送的是基层人民检察院，这意味着此案之后将在基层人民法院审理和判决。基层人民法院只能审理判处有期徒刑的案件，有可能判处无期徒刑甚至死刑的案件，应该由中级以上的人民法院审理。此案是如此严重的未成年人性侵案件，被告人有可能被判处无期徒刑以上的刑罚，应该提级至市级人民检察院进行审查起诉，由中级人民法院进行审理和判决。因此，我们以最快的速度提交了提级审理的申请，令人欣慰的是，申请很快就被批准，本案移送至 H 市的中级人民法院审理。当家长得知案件提级成功，"三叔"有可能被判处无期徒刑或死刑时，心中多少有了些宽慰，对正义能够伸张又多了些信心。

为了深入了解案情，我们去 H 市中级人民法院进行阅卷。拿到卷宗时，我们发现了一些问题。首先是整个案件发生的过程模糊不清，没有前因、背景，其中提到的被害者只有主动站出来的 5 名，但是整个犯罪团伙看起来有组织、成规模，并非短时间内形成的，是不是还有更多没发声的受害者，这个团伙到底是从什么时候开始形成的，公诉书里都没有提及。其次是我们对王红犯罪团伙涉及的罪名也不完全认可，公诉机关仅以涉嫌组织卖淫罪起诉，但王红犯罪团伙以殴打、胁迫等暴力形式强迫被害女生提供性服务，应该加上强迫卖淫的罪名。为此，我们提交了法律意见书，表达了我们在案件事实认定、犯罪定性、罪名等方面的意见。

在我们和办案机关的努力推动下，最终在庭审前起诉书中的 8 项犯罪事实追加到了 14 项。但我仍然有种预感，这个案件暴露出来的受害者可能只是冰山一角。

·被告们·

在案发一年多之后，终于一审开庭了。为了这一刻，孩子们、家长们都已经等了太久。开庭时已经是牧草青青的夏天了。

之前每次我们来到小城，家长们会全部出现，一个也不缺，仿佛希望用这种方式弥补自己作为父母对孩子的亏欠。这几家人以前都不认识，案发后他们有了更多的联系，每次案子有了进展，大家都会相互告知，当巨大的伤害袭来时，他们彼此支撑。他们每次见到我们，都会问，什么时候开庭？这一年，还有一个被害女孩的家庭降生了新宝宝，大家都想尽快从噩梦中解脱出来，让生活回到正轨。不过樱子的父亲最后没有与我们签署委托协议，我们陪伴其余4个被害女孩的家长坚持到了最后。

开庭那天，我们4名志愿律师和家长们约好在法院门口碰面。几位被害女孩家长远远地朝我们走来，当他们走近时，我能看到他们眼中的紧张、不安，他们大都没有经历过开庭，也没见过检察官、法官。但我们身着黑色律师袍，严阵以待的架势，也给了他们信心。

我虽然经历过很多次开庭，但这一次是参与庭审人数最多的一次。为了保护未成年人的隐私，所有受害女孩被安排在单独的房间通过视频同步参加庭审，家长们则作为刑事附带民事诉讼原告的法定代理人参加庭审，加上代理律师、公诉人，原告席上坐了十余人。而对面的被告席人数也不少，由于我们将相关部门、学校、酒店等单位都列入了被告，各单位都派人员参加了庭审，加上代理律师，也有十几个人。

我们4个代理律师紧挨着坐下。战斗即将打响，这一年的准备，让我们彼此的默契更深，而在今天，我们将同仇敌忾、共同战斗。

"三叔"以及其他7名被告人戴着手铐走进法庭。

首先是涉嫌强奸部分的审理，涉及3名男性被告人。不出所料，3名被告人均承认跟受害者发生过性关系，但不承认强奸。被告人律师称，被告人认为女孩们均已年满14周岁，而且都是自愿的。但多位证人证言显示，"三叔"曾专门给王红打电话问女孩年龄，王红说女孩十三四岁，在中学读书，"三叔"答复以后就要年纪这么大的女孩，这个年龄的女孩听话。

涉及樱子罹患的创伤性应激障碍，即使有法院指定的精神病院为樱子做的鉴定，被告人律师也拒绝承认此鉴定，坚称"无法证明精神障碍与被告人相关"。

看到被告人在法庭上拒不认罪，被害女孩家长们极其愤怒。尤其是听到"三叔"拒不承认自己强奸，一位家长气得站了起来，恨不得上去打他。

庭审现场一度陷入僵局。

公诉机关提交了大量证据，包括十几份证人证言，被害人的询问笔录，司法鉴定意见，现场勘验报告等等。因此，尽管3名被告人不认可强奸行为，但是面对充分的证据，他们的辩驳还是显得很无力。

我们作为被害人的代理律师也获得了充分发表意见的机会。我们就本案的相关事实认定、定罪、量刑等方面进行了阐述，特别说明了被告人的行为带给被害人的巨大精神伤害时，法庭上听到家长们的啜泣声。我们表示，以"三叔"为首的被告人强奸罪事实清楚、证据确凿，且被告人拒不认罪，没有任何赔偿道歉的行为，没有任何从轻减轻的情节，而且社会影响极坏，民愤极大，根据法律相关规定，应当从重从严处罚。

审理5个女孩涉嫌组织卖淫部分，至今让我印象深刻，也极为痛心。5个女孩，均在18岁上下，是青春洋溢的年纪，囚服和手铐显得格外刺眼，我一直很好奇她们站在被告席上会是什么感受，会不会害怕、难过、后悔？然而让我意外的是，女孩们并没有明显的悔恨之意，反而有点破罐子破摔，陈述时避重就轻，甚至有翻供行为，没有一个人对被害女孩真诚道歉。看到她们如此表现，我很难过，即使到了法庭上，她们依然没有真正认识到自己的行为给被害人造成的伤害，也没有意识到这一切对自己未来的人生带来怎样的影响。按她们的年纪应该懂得明辨是非，但她们却为了追求享受而犯下罪行。在庄严的法庭上她们本应该真心反思、认罪悔罪，但她们却玩起了小心思，这不仅是这些女孩自己的错，更是家庭、学校甚至是我们社会的失职。

一位被告女孩的父母也在现场，他们什么也没说，只是漠然地坐着。

公诉人在法庭上对5个女孩进行了严肃的法治教育，并且明确说明鉴于她们在法庭上的翻供行为将不能认定她们认罪悔罪，在量刑上将予以考虑。这使她们有了些许的紧张。

之后我们律师团发表意见，认为5名被告人犯罪情节恶劣，没有认罪悔罪，要求法院从重惩罚。

看到公诉人和我们的态度，女孩们才意识到问题的严重性，开始害怕，到了最后陈述阶段，女孩们有了不同程度的悔罪表示，有的女孩还哭了。但我在想，这些泪水是因为真心悔恨还是害怕失去自由呢？

在刑事附带民事部分，几名被告都声称自己没有相应过错，不应承担责任。学校甚至表示部分作为在校学生的被告人，在校期间表现良好，这种陈述让我和受害女孩家长都无法接受，学校的说法看上去是在为被告人脱罪，事实上是在推卸自己的管理责任。

庭审结束后，我们心情复杂地离开法院，每个人都已经尽力，剩下的就是等待法院的最后判决。但法庭上被告人们的狡辩仍让家长们无法释怀。我们安慰着家长们，要相信法院，一定会给孩子们公道。

据相关媒体报道，判决结果出来前，樱子的父亲曾跪在小城最热闹的市中心，周围人来人往，地上白纸黑字写着"严惩强奸犯"。我能理解这位父亲的行为，这也许是家长们觉得能为孩子所做的最大努力了。

两个月后，一审判决下达，判决被告人"三叔"犯强奸罪，判处无期徒刑，剥夺政治权利终身；另外两名男性被告人也因犯强奸罪，分别被判处有期徒刑9年与有期徒刑5年；5名女孩则以犯组织卖淫罪被分别判处5—15年有期徒刑。

而关于对学校、教育局、酒店等相关机构的指控，法院判决中认为不属于刑事案件审理范畴而驳回了原告们的诉讼请求，回避了这些单位到底该不该承担责任的问题。

这个判决基本达到了我们的预期，8名被告人被判处了重刑，付出了应有的沉重代价。但也是有些遗憾的。首先，在强奸罪的认定中,仅确认了存在未满14周岁的被害人,已满14周岁的被害人一律未被确认。事实上,即便是已满14周岁的被害人,被告人也是使用了暴力或诱骗等方式发生关系的,孩子们也没有得到任何经济利益,不能说满了14岁就自动被视为自愿发生性交易。这样直接影响了"三叔"的量刑,尽管无期徒刑的判罚并不轻,但是家长们还是觉得对满14周岁孩子的强奸没有认定,孩子们的正义还是没有完全获得伸张。其次,对强迫被害人性交易的5名被告人,认定的罪名还是组织卖淫罪,我们主张的被告人涉嫌强迫卖淫没有能够认定。最后,就是学校、酒店等单位的责任被回避了,如果任何一个环节的相关单位能够负起责任的话,这一切也许就不会发生。我们建议家长,虽然刑事附带民事诉讼没有支持,但是对这些单位还可以单独提起民事诉讼,我们认为这些单位必须承担相应的法律责任。

尽管"三叔"的无期徒刑并不轻,其他几名被告人也是给予了从重的刑罚,经过讨论,受害女孩的家长们还是决定申请检察院抗诉,希望能判"三叔"死刑,并增加其他被告人的刑期,这是他们作为父母所能做到的最大可能的争取了。我们尊重家长们的意见,并协助他们进行了抗诉申请,最终检察院还是驳回了抗诉。

由于8名被告人均提出上诉,家长们的刑事附带民事诉讼也提起了上诉,案件最后还是进入了二审。

· 回不去的生活 ·

性侵不止让被害女孩们受到重创,也深深地改变了每个案涉家庭的命运。

案子进入二审阶段时,樱子的病情依然没有丝毫好转的迹象,反而更加恶化。她一直躺在卧室床上,大部分时间弓着腰侧躺,面朝白墙,不说话也不下楼。她喜欢拿着平板电脑玩切水果游戏,水果们被她狠狠划过的指尖拦腰切断。

为了能更好地照顾女儿,樱子母亲几乎24小时陪伴在女儿身边,手里的工作也停了下来,家里收入陡然下降。案子进入审判阶段,樱子母亲开始疯狂掉发。为了不被人指指点点,一家人搬了好几次家。

除了樱子外,其他几名被害的女孩也都出现了不同程度的自闭、爱哭、噩梦、发呆、厌学等状况。

周畅母亲告诉我,孩子一想到这事就哭,总睡不好觉,整个眼圈都是黑的。她看着孩子的样子,心痛不已,一直说:"要是孩子没了,我也没法活了。"事发后,周畅也不让她帮忙搓澡,每次换内衣都要把她赶出去。

案件发生后,家长们一度沉浸在自责和悔恨中。有的家长跟我说:"为什么孩子连续几个月被性侵,我们都不知道?如果能跟孩子多沟通一下,是不是就不会这样了?"还有一位母亲跟我说:"我们原来拼命打工挣钱,就是想给孩子好一点的生活,出了这事,我们都好迷茫,我们背井离乡,意义何在呢?"

大部分被害者的家庭原本就经济状况欠佳，家长们不得不离开家庭，去外地甚至去国外打工。孩子出事后，很多家长都停下工作，专门照顾孩子，有的家长给孩子办了转学，这使得原本就不富裕的家庭陷入更大的经济困境。

一审判决后，5 名被害者家庭就刑事附带民事部分提出上诉，要求百万元以上的赔偿款。作为律师，我们知道最终的赔偿款很难达到这个数额，但我们愿意给予支持，在幼女性侵案件中，被害人直接物质损失往往并不大，但心理伤害却有可能伴随终身。这个赔款诉求，表达的其实是被害人的态度，孩子们所受到的伤害，多少金钱也无法弥补。

2018 年 8 月，二审作出判决，驳回被告人和刑事附带民事诉讼原告的上诉，维持原判。除了樱子因遭受严重精神损害，得到 8 万余元赔偿，其余 4 名被害人都没有得到任何赔偿。虽然早有预料，但我仍然感到遗憾。未成年人性侵案的刑事司法实践，对被害人人格、精神损害的补偿，基本上都不支持，这很不合理。这些年，我一直坚持在我们代理的每一个性侵案件的刑事附带民事诉讼中提出精神损害赔偿的请求，我希望，未来有一天，这样的诉求能得到普遍的支持。

从樱子的遗书导致案件曝光，直到二审结束，一共花了两年多的时间。这 800 多个日日夜夜里，8 名被告人以及其中未成年被告人的法定代理人无一人私下联系过被害女孩家庭表达歉意，也没人主动提出过补偿。二审判决结果出来后，樱子的父亲在接受媒体采访时，情绪非常低落。他告诉记者，不管被告人是被判处有期还是无期，对于他们每个家庭来说，都是无期。

据女童保护调查报告显示，事发当年媒体曝光的性侵儿童案件共433起，平均每天曝光1.21起，受害者呈低龄化趋势。2017年联合国儿童基金会发布的研究报告指出，"全球遭受过性暴力的儿童，只有1%曾经寻求过专业帮助"。

根据这些年的办案经历，我们注意到，发生在这个边境小城的惨剧并非个案，之后我们又办理了多起通过霸凌逼迫低年级女生性交易的案件，其中多名被告人自己也是未成年人。这反映出一种让人担忧的态势。一方面一些所谓的"成功人士"出于扭曲和变态的心理，将黑手伸向单纯的女学生，包括初中生甚至小学生，形成了潜在的犯罪市场。另一方面，强迫这些孩子进行性交易的被告人往往就是高年级学生或者是辍学的孩子，年纪不大，甚至也是未成年人，她们通过暴力、诱骗等方式逼迫被害女孩就范，这其实也是一种严重的霸凌行为。尽管近年来我国通过法律以及相关专门性指导意见向儿童性侵、校园霸凌亮剑，但由于基层落实的力度不够，这类案件仍时有发生，令人痛心。前路漫漫，对孩子们的保护任重而道远。

时间飞逝，案件已经过去了好几年。我和同事们仍记挂着樱子和其他被害女孩们，在内心深深祝福，期待她们的噩梦早日散去。我多希望看到某一天，那个随着音乐翩翩起舞的小女孩，她白色的舞裙能再次飘扬起来。

故事三
"反转"在共情和理性之间

2020年4月,一篇关于某高管性侵未成年养女的报道,将紫薇和其养父贾剑的纠葛推到公众面前,报道中描写的性侵情节引发广泛关注,一时间群情激愤,最高层级的司法机关也组成了联合督导组介入案件。

但是警方最终的通报结果却出乎大家的意料。贾剑主观上的确存在性侵故意,在自认为紫薇是未成年人的情况下,仍以收养为名与其交往并发生性关系。同时调查也发现,紫薇在与贾剑相识之前改过年龄,两人第一次发生性关系的时候,紫薇实际已经成年,同时也没有证据显示发生性关系时违背了女方意志,这意味着贾剑不构成法律意义上的强奸罪。最后,持外国护照的贾剑被驱逐出境,此案最终没有进入司法程序。

我所在的源众机构曾作为紫薇的早期救助者之一,跟紫薇产生交集,但我们的救助行为只持续了一个多月便因被其拉黑而中断。在这短短的一个多月中,案件呈现出的复杂、波折,有时也会让我们在不知不觉间产生困惑、怀疑甚至委屈的情绪,这些都检验着援助者的专业性、服务理念以及经验和智慧,而这个案件的真相,也无法用非黑即白来描述。它让我意识到了自己的局限,也折射出整个社会层面对性侵案件复杂性仍认知不足。从这个意义上说,这段经历促使我反思,也让我对人性、对世界有了更多维的认识。

·遭遇受害者的"不信任"·

2019年4月,我的同事接到了一位年轻女孩打来的电话,她向我们求助,称自己还有几个月满18岁,她的养父在她过14岁生日的晚上性侵了她,她还被逼迫看色情视频,去派出所报警后两次立案都被撤案了。她的诉求是希望我们帮她重新立案。

求助者告诉我们,她第一次被性侵到现在已经将近4年,她现在还和加害人在一起,这种伤害在持续着。这4年时间里,加害人一直以养父的名义和她生活在一起,虽然对收养关系是否成立还需要证据的厘清,但在这种家庭关系下,加害人和受害人之间势必存在控制与被控制的关系。根据我们多年的经验,很多权力控制关系下的性侵案,往往在还没进入司法程序时,就因为经过时间长、证据不足等原因而倒在立案这一环节。棘手,是我拿到案件后的第一印象,也让我不得不更加谨慎起来。

慎重起见,在机构决定接下这个案件之前我和女孩直接进行了一次通话。她对我说的情况跟同事介绍的基本一致,但当我开始问她是否有相关具体证据时,她却开始含糊其词,要么把问题绕到立案程序上,要么不停地重复自己的经历,要么强调自己快满 18 岁了，想在 18 岁之前把事情了结。

当事人不回答或者回避问题，有时的确是因为没听懂或者没听清，有时却是另有隐情不想说实话，还有的是因为纯粹的不信任。我不知道紫薇的回避是哪一种，但几番解释、澄清和强调之后，我发现这个女孩在她略显幼稚的声音下藏着与年龄不相符的戒备与警觉。

我得到的答案是：她并不相信我们，后来我才发现她好像不相信任何人。

在我多次向她强调证据的重要性后，女孩最终表示，要先确定代理律师才能给我们证据。

这样事情就走进了一个死胡同：我们要帮她做代理，就必须拿到基本的证据，才能把案件往下推进；她却在没有提供任何证据的情况下，希望我们帮她立案。而且在整个过程中，这个求助的女孩甚至没告诉我们她的真实姓名。

我不知道之前她遇到过什么，这种不信任感也在强烈地考验着我们的职业态度。

我在近 20 年的办案经历中，从未有求助者连本名都不肯告知就让我们进行援助的情况。我几乎要怀疑案件的真实性了。当然，这样的质疑也仅仅是一闪而过，多年的经验告诉我，一个女孩如此执着地追究对方的法律责任，事情极大概率是真实发生的，但还有一些东西是被隐藏着的，需要我们耐心地发掘，而且被隐藏的部分，应该是非常重要的事实。

事后看来，我当时的感觉是对的。但是在事后复盘这件事的时候，我意识到这是一个很重要的问题：如果面对她的不是我，而是非专业做妇女儿童救助工作的记者、旁观者甚至是法官这样的裁判者，能体察到不信任折射出来的被害人内心的惶恐与不安吗？

哪怕是我，即便当时就疏解了那些委屈的情绪，但在反复的过程中，被不信任感激发的挫败等负面情绪仍然会出现。

为什么不信任？既然来求助，难道不该信任救助者吗？这样理所当然的设定，恰恰反映了我们对性侵受害者所处的控制关系以及困境的不够理解。

经过反复沟通，我最后提出和她父母聊一聊。一方面这是法律规定，没有监护人的认可，我们无法直接与未成年人签订委托协议。另一方面，我也希望寻找到一个可以建立信任关系的突破口。但是，女孩的回答却令我非常意外。

在未成年人被性侵的案件中，当事人对家中长辈隐瞒并不鲜见，可是这个女孩说，她的事情都是自己做主，找她父母也没用。接着，她还告诉我们，她报警、维权的过程，都是自己一个人进行的。那么是她被亲人放弃，还是另有隐情？

在我的坚持下，她最终给了我她妈妈的电话。

虽然我有心理准备，但她妈妈的话依然让我感到意外。她妈妈告诉我，她女儿的事情都自己决定，她管不了，就按照女儿的想法做就好了。

因为女孩告诉我，她是被送养给加害人，从而处于加害人的监管之下，并在14岁生日时被侵犯。所以，我有一系列的问题需要问她的母亲。比如，为什么将亲生女儿送给一个不熟悉的人？通过送养来改善生活条件是紫薇的真实意愿，还是只是父母的意图？紫薇是积极配合还是反对？送养前，作为女孩的父母是否从贾剑那里收到过钱？这些问题并没有得到答案。

虽然她母亲的态度很反常，但我也能理解，也许她的父母跟很多受害者家属一样，仅仅是因为能力、生活状态和文化程度，不能给孩子更多帮助。在我接手的很多未成年人性侵案件中，有些父母并不愿意去披露孩子所受到的伤害，认为这种事会毁掉女孩的清白。事实上，我们的性别文化确实会将被性侵的女性污名化。也许女孩的父母也是出于这种贞操观，才反对女儿维权，但女儿又要坚持，他们拗不过，只好说按照她的想法来就好了。这都只是我们的假设。但多年的职业经验要求我们，尽管没有证据，还有诸多疑问没有解答，我们还是选择相信被害人。经过集体讨论，我们决定为紫薇提供法律帮助以及紧急救助。

由于缺乏基本的资料和信息，救助工作举步维艰。而且女孩在和我们接触期间，还在联系和咨询其他的救助机构和律师。但她最终并没有和任何一家机构签代理协议，也没有拿出证据。

听到这些消息，我也有些糊涂了：这个女孩她到底想要什么？她表现得非常需要外界的帮助，却又对提供帮助的人充满不信任。

联想到接触这个女孩之后发生的一系列事情，我意识到不能以常理度之，必须充分考虑到她所处的环境和人际关系才有可能摸到其中的原因。而这个环境不仅是空间，还要放到时间维度上去思考。

试想在一个本应享受爱和庇佑的年龄，被养父性侵、被公安机关撤案，鼓足勇气去维权却不断碰壁，这些对于未成年人来说，每一项都是无法想象的艰难。在创伤理论中，不信任感是她的一种应激反应，也是无奈之下的一种自我保护。确定了这一点之后，我们改变了与她沟通的方式，坚持以受害者为中心的原则：一切以尊重受害者的讲述和诉求为主，不去做过多的追问。

·一波三折的救助·

紫薇给我们打电话的时间基本都是晚上，负责热线的工作人员都已经下班了，但不管她在何时打过来，我们都会及时回应。

有一次半夜一两点，紫薇给同事慧茹发来微信照片，说自己想割腕。慧茹就一直陪着她，直到她去医院把就诊记录发过来，证明她已经安全之后，慧茹才入睡。但那张就诊记录的截图上，也只有病情信息，没有就诊人姓名和时间。在那种情况下，她还是没有透露自己的真实姓名。

还有一次，紫薇打电话说，她和贾剑在公安局，贾剑把她打伤了，她没钱治伤。我们非常担心，尽快帮她申请了紧急医疗救助金，只需要提供身份证，医疗救助金就可以马上打给她，之后再实报实销。她却一直不肯提供自己的身份证。同事委婉地告诉紫薇，提供身份证和真实姓名是基本要求，如果不能提供我们就没办法走流程，因为我们要对捐款人负责。

当时，我们并没有想到，她的身份证上改过年龄，只是觉得她的反应有些异常。后来督导组查阅紫薇的学籍资料和历史档案，询问相关当事人，并结合紫薇的骨龄鉴定结果，才查出她的真实年龄比身份证年龄大了四岁。

过了许久她才给我们发来身份证的照片，我们这才知道了她的真实姓名，并马上把医疗费用打给了她。没想到的是，几天后紫薇却把钱退回来了。她告诉我们，贾剑向她认错了，愿意出医疗费，她不需要这笔钱了。我当时还是挺感动的，觉得她其实是一个善良、懂事的孩子，能体谅我们做援助的不易，其实她也完全可以不退给我们，但是她并没有这么做。

在这之前，已经有人专门为紫薇建立了一个由律师、记者和社工组成的救助小组。后来，我们又为紫薇联系了S市的一家未成年人危机干预中心，再加上过去一直帮助她的N市社工机构，我们三家共同为她建了救助群，分别负责为她提供心理、社工、法律帮助。

五月的一天早上，大概不到七点，我突然接到同事打来的电话，她很焦急地告诉我紫薇想要自杀，我赶紧给紫薇打电话。电话拨通了，我听见海水的声音。我心一沉，抓紧时间劝说她："虽然立案有难度，但是大家都在努力，你不要轻易放弃生命，我们都在你身边。"但她很快就挂了电话。

我和同事们马上启动紧急预案，一边想办法通知她的妈妈，请她妈妈跟她联系，劝慰她，同时通知了救助群里的其他两家机构，大家分头想办法，慧茹又紧急联系了她在当地的朋友，那位朋友听到这件事后跟单位请了假，沿着海岸线寻找她。我们所有人都焦虑不安,唯一的想法就是一定要把她救回来。

中午时分,我们终于接到她妈妈打来的电话,说紫薇找到了,大家暂时松了一口气,我才感觉到又饿又渴,所有人都忙到无暇吃饭。慧茹赶紧让朋友去接紫薇和她妈妈,并陪母女二人去了派出所。据紫薇自己说,她是被海钓的人救起来了,但到底发生了什么事,我们至今都不清楚。

其实在此之前,她曾给我发过一条短信,问她能来北京找我吗?我当时婉言相劝,她来北京解决不了问题,案件最终还是要在案发地解决,并让她先赶紧去医院看病,她的状态让我担心,我强调这是首先需要做的事情。而紫薇并没有听,紧接着出了要自杀的事情,让我和同事们都感到压力极大,很害怕类似状况再次发生。由于救助工作的特殊性,我们非常注意在工作和生活之间划清界限,也规定了接电话的时限,这样一方面是避免受害者产生依赖,另一方面也是保护我们自己。但由于紫薇有自杀倾向,我们不希望因为错过电话造成遗憾,同时也希望她能感受到我们的真诚,我要求同事们随时接听紫薇的电话,不受时间限制。如果说紫薇是在深渊里挣扎,那时的我们也愿意跟着跳进深渊里。尽管如此,她与我们好像还是隔着一层雾,我们一直触及不到真相。所有参与救助的机构和人员里,只有那位 N 市的社工,是唯一见过紫薇及她母亲的人。

经过这一系列的事情,我意识到她的心理问题不能再拖了。我跟她说,追究贾剑的责任不是一时半会的事,看病才是当下最重要的事。经过深入沟通,我好不容易才说服她去医院。

无论最后的真相如何,我认为紫薇表现出来的抑郁症状应该是真实的,这也是创伤应激反应的症状。在具有权力控制、精神控制关系的性侵案中,未成年人常常很难表达自己的真实意愿,也少有做出明确反抗,甚至会因洗脑或产生耻感,强迫自己将性侵当成恋爱关系,以减轻耻感和自责情绪,这也是自我防御机制的一种体现。

事实上,在为紫薇提供帮助期间,我曾辗转联系当地相关部门,得知紫薇之所以被撤案,还是因为证据不够充分,工作人员认为现有证据并不能排除紫薇和贾剑之间存在恋爱关系。换句话说,他们认为在一个未成年人和成年人之间,也可能存在恋爱关系。撇开这个案件最后的真相不谈,假如紫薇是真正的未成年人的话,这种常识其实忽略了权力控制关系之下未成年人难以摆脱的困境以及由此带来的影响。由于年龄、经历的限制,她们往往无法有效识别什么是真正的恋爱关系,甚至因为无处安放自己受到的伤害而选择妥协。这是未成年人性侵案件办理的难点,但也是需要办案机关予以特别重视的问题。

·在共情和理性之间·

性侵案件的受害者,她们除了是事件的承担者之外,还是一个有自我认知的人。无论是紫薇之前对我们表现出来的不信任,还是她对自己的厌弃,都是这种认知的体现。除此之外,紫薇的行为也提醒我,许多时候她作为一个独立的人,未必会按照旁观者理解的逻辑来行事。

自杀事件之后没多久，我发现紫薇把我拉黑了，同时被拉黑的还包括其他两个机构的工作人员。在我经历的性别暴力案件中，拉黑我的基本都是施暴者。我还是第一次被自己帮助的人拉黑，但我也并没感到很意外。在整个援助过程中，我们经历了太多次反复，她常常突然消失，又突然出现。我的理解是，她可能从小缺乏原生家庭的关爱，没能学会感恩和信任他人。

后来贾剑爆出了他与紫薇的聊天记录，称紫薇在和某位北京阿姨"阴谋"将他送进监狱。我当时感觉到，可能我们的存在，紫薇都会让贾剑知道，这也在某个层面上激化了他们的冲突。另一个猜想是，紫薇是否在利用我们与贾剑较量呢？

退一万步来说，就算紫薇在利用我们，对我们没有感激之情，我们也不会怀疑帮助她的意义，更不会有抱怨。受害人在成为受害人之前，有可能是任何人。我们不能因为她是受害人，就认定她不能有任何过错；我们也不能因为她有瑕疵，犯过错，就觉得她不值得同情。我们的工作性质决定了我们会面对形形色色的受害者，这其中有人可能会出现同一般人不太一样的行为，但我们的责任就是尽力去帮助她们。只有对这份工作有很深的理解，才不会对类似情况产生挫败感。解决复杂的人和事是我们工作的常态。

做性侵案件需要跟受害者共情，这样才能提供有效的援助，但是共情不等于被受害者裹挟，适当时候我必须将自己抽离，理性思考。我们必须在共情受害者和理性思考之间小心翼翼地平衡，这并不容易。回首整个案件，令人欣慰的是，我们在整个过程中,始终保持了理性和客观,这是我们专业化、职业化的要求,也是援助工作应保持的本色。我们不会对受害者做没有根据的承诺,也不会在没有证据的情况下轻易做判断。在警方通报之后,有人认为案件出现了反转,其实,我并不认为这是反转,只是这类案件比我们想象得更复杂,体现了人的多面性罢了。

·如何理解权力关系下的受害人·

被紫薇拉黑后,我向 N 市社工打听后得知,紫薇提前出院了,同时还去了贾剑所在的城市,是贾剑给的交通费。我再次与警方联系,警方给我的反馈与社工说的情况基本一致,他们表示紫薇不止一次坐火车去找贾剑。

我并不是很意外,我能共情她在这个过程中的煎熬:一方面她坚决要立案,另一方面,她还要去见他。这是因为在有权力控制的性关系中,即使是成年受害者也很难突破权力更高一方带来的巨大压力。她们受到的伤害无处安放,想要放过自己,唯一的办法就是爱上对方。只有爱上施害者,才能合理化自己的行为,减少自责、内疚的情绪,才能面对社会和家人的质疑。在这种情况下,受害者对施害者往往有一种说不清道不明的感情,两者之间的情感是非常复杂的,受害者的态度会不断地摇摆,很难用非黑即白的视角去判断。因此我们一定要摒弃受害者有罪论的观点。

同时，要消除这种误区，还必须摒弃陈旧的贞操观、拒绝对受害者的污名化，并且一定要避免对受害者的品性、行为进行评价和考量，只有如此，才能让受害者获得确定性的指引和支持，打消顾虑和耻感，从而拥有打破沉默的勇气。否则，她们只能通过自我合理化去内化这种伤害，而性侵带来的创伤很难真正内化，只会随着时间的积累给受害者造成更严重的创伤，甚至可能成为其一生都无法走出的阴霾。

·紫薇案过后，法律在完善和进步·

紫薇案发生时，法律规定的性同意年龄为14周岁。也就是说，跟14周岁以下的未成年人发生性关系，无论对方是否同意，都会被认定为强奸罪。但如果对方为14周岁以上，则以违背女方的意志为犯罪构成要件。

在实际办案中，我们发现很多性侵嫌疑人会利用14周岁这个年龄节点来钻空子。根据媒体报道，贾剑也是在紫薇身份证显示的14周岁生日那天与其发生性关系。各个国家规定的性同意年龄不尽相同，从整体上看，我国的性同意年龄是相对偏低的，根据相关机构统计，在所调查的201个国家和地区中，有76个国家的性同意年龄为16岁，占37.8%。性同意年龄高于14岁的共147个，占全部总数的73%。我个人也认为14周岁作为性同意年龄偏低，赞同提高性同意年龄，这样能加大对未成年人的保护力度。为此，源众于2020年全国两会召开之前，专门撰写了相关建议提交给人大代表和政协委员，希望他们通过议案和提案呼吁提高性同意年龄。当时也正处于《中华人民共和国刑法修正案（十一）》（以下简称《刑法修正案（十一）》）征求意见的时期，我们特别希望此次修正能解决这个问题。

最终，在2021年3月1日正式实施的《刑法修正案（十一）》中，增加了一个新的罪名：负有照护职责人员性侵罪。根据《刑法》第二百三十六条之一的规定，对已满14周岁不满16周岁的未成年女性负有监护、收养、看护、教育、医疗等特殊职责的人员，与该未成年女性发生性关系的，处三年以下有期徒刑；情节恶劣的，处三年以上十年以下有期徒刑。应该说，该条规定是有限制地提高了性同意年龄，即在特殊职责的情形之下，性同意年龄提高至16周岁，而且罪名不是强奸罪，而是一个新的表述——性侵罪。这是法律对未成年人被性侵这一社会问题的积极回应。

据相关报告显示，在儿童性侵案件中，熟人作案率接近七成，尤其是具有特殊职责的监护、教师、看护等情形，加害人利用权力控制和优势地位，通过对未成年人进行洗脑、威胁、利诱等手段与其发生性关系。与非特殊职责的情形相比，未成年人更难有效表达真实意愿，也更难以应对与识别侵害，从而不知、不能也不敢进行反抗。因此，在特殊职责情形下提高性同意年龄，可以有效加重施害者的责任，加大对未成年人的保护力度，是符合最有利于未成年人原则的。

虽然紫薇案最终没有进入司法程序，而紫薇也逐步从公众视野里消失，但我还是认为这个事件以及几年来披露的未成年人性侵案件在一定程度上推动了全社会对于未成年人性侵问题的重视和关注,促进了惩治未成年人性侵犯罪在法律制度上的进步。

祝福她,希望她安好。

灌木之下的沼泽

> 法律就像旅行一样,必须为明天做准备。
> 它必须具备成长的原则。
> ——本杰明·内森·卡多佐

故事四
秋叶之死

2018年6月的一天,我看到一则19岁女孩跳楼自杀的新闻。触动我的,是参与救援的消防员回忆,他在女孩身边劝导时,曾抓住女孩的胳膊,可是女孩看着他说了句"哥,请你放开我,让我去死,我活得真的很痛苦"。然后女孩就奋力而决绝地挣脱了他的手,坠下高楼。女孩的身体飘然落下,留下的是虽死不悔的沉重。即使见过很多事故现场,消防员面对这样的场景也崩溃大哭,以至于事后不得不接受心理治疗。

蝼蚁尚且偷生,何况一个花季少女!当我得知女孩是因为被班主任猥亵而深陷泥沼苦寻不得出路,最后做此决断时,心里更觉深深的惋惜。于是,我开始有意识地关注这件事的后续。最后,我在朋友的帮助下联系她的家人,为他们提供公益法律援助,算是尽一点绵薄之力。

在详细了解本案经过并代理了本案之后,我仿佛触摸到了那颗孤独而恐惧的心,仿佛听到她内心彷徨无依的叹息。寻求公道的艰难让女孩逐步丧失了活下去的动力,死亡成为她唯一的选择,也是她唯一能抓住的与这个世界对话的方式。

我作为案件的知情人,每每回想起来,都是百感交集。事实上，不管当时的判决结果如何，我都更希望女孩能活下来，去目睹曾经的遗憾是如何被一点点弥补。

·被困在黑暗中的少女·

女孩名叫秋叶。2016年9月，17岁的她在西北某县城上高三。一天，秋叶因身体不舒服被老师安排在教工宿舍休息。当天晚上九点左右，学校突然停电，整栋楼一片漆黑，班主任章汉走进宿舍查看她的病情。她虽然浑身无力，但面对老师，秋叶出于尊敬还是坐了起来。突然，章汉伸手摸她的脸，扑过来抱住她，对她进行数分钟的猥亵。

秋叶的第一反应是吓蒙了。由于身体不舒服和强烈的恐惧感，她没有能够激烈反抗。后来，她在控诉书里写下："感觉到无边的黑暗、恐惧、羞耻还有恶心。"幸好，另一位老师因为要到宿舍取东西，走到门口喊了一声秋叶的名字，推门走入房间。直到此时，章汉才松开手，坐到离秋叶远一点的床边。

这不是章汉第一次对秋叶这样做。据秋叶控诉，同年7月暑假补课期间，章汉曾经在办公室摸过秋叶的脸。那次接触给秋叶留下了心理阴影，她害怕对方再次动手动脚。

猥亵事件所带来的屈辱和恐惧远远超出这个17岁女孩的承受能力。在事发后的一年多里，秋叶曾四次试图自杀并被救起。直到2018年6月20日，秋叶把自己的绝望彻底留给了这个世界。救她的消防员在她掉落后失声痛哭，那是这个世界的良知在痛哭，却已经无法挽回生命的逝去。

接下委托后,我对秋叶从事发到跳楼这期间所经历的事情,进行了一个简单的梳理。也许,这样的梳理同样有助于案外人去理解这件事。

首先,我们把时间回溯到2016年猥亵发生的当晚。事发后秋叶几乎一夜没睡,那晚成了她一生中最痛苦的一晚和无法摆脱的噩梦。第二天,她哭着向学校心理老师求助,并打电话叫父亲王义接自己回家。但是因为害怕父亲找学校算账,她没告诉父亲发生了什么。回家后,秋叶连续几夜无法入睡,红色的疹子爬满她的脸,衣服常常被汗水浸湿。在本地中医院,医生诊断秋叶患有临床性抑郁症。10月7日,由于无法面对来自老师的侵犯,秋叶选择吞下几瓶药,这是她第一次试图自杀。获救后,秋叶终于把事情经过告诉了父亲,向家庭求助。

然而,两个月后,12月6日秋叶再次自杀。这一次,又发生了什么?

父亲王义并没有让女儿失望。得知女儿被班主任猥亵,他非常愤怒。作为家长,他的第一反应是找学校,并准备报警。但学校告诉王义,这件事学校已经介入调查,并且许诺一定会给秋叶一个说法。学校的说法让父女俩相信一切会朝着好的方向发展。当时,秋叶还面临着高考,在此之前,秋叶的成绩在班级名列前茅,还计划报考某名校的传媒专业,向成为一名优秀记者的理想努力。出于对学校的信任和为女儿将来考虑,王义决定,在学校的调查结果出来之前暂时不报警,全心投入为女儿看病,争取能让女儿继续参加高考。

10月中旬,秋叶带着医院开的镇定药物,准备返校继续上课。但是返校后，秋叶发现章汉依然担任她的班主任，工作没有任何变动。父亲王义就此不止一次地向学校讨要说法，学校却总是告诉父亲，猥亵事件还在调查中，一定会给一个答复。与此对应的是，章汉不断地以班主任的身份出现在秋叶面前，秋叶不得不在紧张的备考氛围中，每天面对猥亵过自己的老师。这一切让秋叶感到强烈不安，焦虑、恐惧与日俱增。2016年12月6日，秋叶的情绪终于崩溃，因过度服用药物而陷入昏迷。幸亏家人早有警戒，秋叶经抢救脱离危险。

第二次自杀发生以后，王义意识到要拯救女儿，关键是必须对猥亵事件给出官方明确的说法。然而，就在父亲为此奔波努力的时候，在高考前一个月，秋叶第三次选择结束生命。又是什么让她不再等待了呢？

时间拉回到2017年2月，王义到相关部门举报章汉侵犯了自己的女儿秋叶，导致其严重精神创伤、两次服药自杀未遂，随后向警方报案。但是相关部门也是迟迟没有明确答复。到了4月，当地公安机关出具了行政处罚决定书，认定章汉违反《中华人民共和国治安管理处罚法》第四十四条规定，构成猥亵，决定对其行政拘留10日。这样的官方结果仍让秋叶无法接受，她认为章汉的行为已构成犯罪，应该追究其刑事责任。2017年5月24日，高考前一个月，秋叶第三次选择结束生命。当天，秋叶去学校参加英语考试，不久，王义便接到女儿在学校天台上即将跳楼的消息，他匆忙赶往学校。在僵持了近两个小时之后，秋叶被消防员成功解救，送往医院。

痛心不已的父亲带秋叶再赴北京看病。医院诊断秋叶患有创伤后应激障碍。资料显示，创伤后应激障碍是一种对创伤事件反复的闯入性的回忆。亲身经历或亲眼看见带来严重创伤的事件会使当事人陷入极度恐惧、无助或惊骇的情绪中，即使在事件结束后这种影响也长期存在。医生对秋叶的描述是：有自杀倾向，时常整晚开着灯不睡觉、大声喊叫、哭泣、揪自己头发打自己头，又时常发呆、行动迟缓，称学校肮脏，认为自己的生活失去意义。

这次自杀以及之后的治疗，使得秋叶不得不放弃高考。错过高考后，王义将女儿转到另一所中学，试图让新的环境缓解女儿的情绪，希望一切可以重新开始。但秋叶已经失去了学习能力，每次拿起书本，她却看不清楚上面的字。头疼与昏睡折磨着她，她的求学之路不得不再次中止。秋叶在控诉书里写道："我以为我一生都要被毁了。"

第三次自杀获救后，秋叶的拼死讨说法和父亲的奔波努力似乎起到了作用。2017年7月，教育局对章汉作出岗位降级的行政处分，将他调到化学实验室洗器材。也就是说，在认定章汉对学生至少有猥亵行为的情况下，他依然被留在了教师队伍里。2017年8月，当地公安机关就章汉涉嫌强制猥亵罪立案，但随后就对章汉取保候审。再次失望的秋叶第四次自杀。2018年1月的一天，秋叶再次过度服药，出现了多种药物中毒、有中毒性脑病、窦性心动过速等症状，她又在生死关前走了一遭。

公安机关终于在侦查终结后以章汉涉嫌强制猥亵罪移送Q市X区检察院审查起诉，但是，这个希望太过短暂。2018年

3月，章汉辩称其用嘴接触被害人是为了进行体温测试，检察院认为此行为不符合常理，认定章汉有猥亵秋叶的行为，但情节显著轻微，决定不予起诉。

于是秋叶写下了控诉书，这是秋叶用尽自己所有心力发出的最后呐喊，她期待着有人能倾听她的痛苦、为她带来希望。当我看到控诉书时，她已经远离人世，我依然能感受到那份痛苦无望中的期待，不禁为之动容。

父亲王义就X区检察院的不起诉决定向Q市检察院提起申诉，但是两个月后他接到的是维持不起诉决定的复查决定。由于害怕秋叶再次受到刺激，王义把复查决定书藏在家中。但秋叶还是发现了这份沉重的文书。起初，懂事的她也默不作声，几天后她还是没有忍住，哭着对王义说："爸爸，两年了，哪有公平？你还奔波啥呀！"

2018年6月20日，猥亵事件发生一年零九个月后，秋叶毅然决然地挣脱消防员的手跳下高楼。自杀前，她在社交平台发了一条带有九张自拍照的遗言，写道："轻轻的我走了，正如我轻轻的来，我挥一挥衣袖，不带走一片云彩。一切都结束了。"

一年零九个月的时间里，多次自杀，秋叶以人类脆弱的肉身在生死之间反复拉扯。拉住她的是家人的爱，是她自己对生的本能，是对正义的渴望，但她等到的是模糊的结论，是希望后无尽的失望，是伤害带来的愈来愈沉重的枷锁。

· 是迟来的正义吗？·

秋叶之死引发了舆论的广泛关注，这也推动了相关部门作出回应。秋叶去世几天后，当地教育局党委会议研究，决定撤销章汉教师资格，将其清除出教育系统。同时，秋叶的父亲也一直没有放弃寻求司法途径解决，在律师的帮助下他向省检察院提出申诉，省检察院启动了对案件的调查。在秋叶去世两个月后，省检察院撤销了 X 区检察院和 Q 市检察院的不予起诉决定书，并指定 X 区检察院就章汉涉嫌强制猥亵罪提起公诉。8 月底，章汉被实施逮捕。10 月，检察机关以强制猥亵罪对其提起公诉。

近乎停滞的案情终于有了实质性的进展。为了帮助逝去的秋叶讨回公道，我们通过记者朋友联系到秋叶的父亲王义，为他提供法律援助。 10 月，我和另一位代理律师田咚坐上火车奔赴西北 Q 市。当时案件已经移送法院，我们专程过去阅卷，并与秋叶父亲王义见面。一下火车，迎接我们的是高原凛冽的寒风。

王义是一个西北汉子，个子不算高，皮肤黑黝黝的。我们在网络上沟通时，他逻辑清晰，语气和蔼，但在多次的见面中，我似乎没有见他笑过，他脸上总是掩饰不住疲惫和焦虑，眼睛似乎一直是红的，为女儿讨公道几乎占满了他全部的生活。第一次见面，我们就谈到将近深夜。

他向我们坦言,这几年陪着女儿看病、打官司已经花去了他所有的积蓄。此前王义在一家酒店做管理层,作为一个单亲爸爸,他独自抚养一儿一女。从 2010 年开始,他把秋叶姐弟俩从农村接到县城读书,逐渐积攒了几十万存款,准备供孩子们读大学。但自从秋叶被诊断为抑郁症以后,他辞去了工作,开始全心陪着女儿治病、打官司,辗转于北京、上海。回到家,儿子的存在提醒着他还有另一重责任需要面对。对这位父亲来说,他除了为女儿讨公道,还要面对继续生活的压力。

在深入讨论案情之后,结合公诉机关的起诉书,我们认为公诉书对事实的认定基本清楚,罪名也适当,但是造成秋叶死亡的最后一次自杀并未在起诉书中体现出来。而秋叶最后的自杀身亡,是之前几次自杀的延续,与章汉的猥亵行为是有直接因果关系的,我们认为这是非常重要的事实认定的遗漏。

对这一事实的不予认定,会造成两个消极后果:第一,可能会直接影响量刑结果,章汉作为罪魁祸首,如果罚不当其罪,难慰秋叶的在天之灵,也无法让家人得到安抚,更不能对社会认知形成正确的引导;第二,只有认定了死亡与行为之间存在直接因果关系,被害人家属才能在获得相关医疗费、护理费、交通费、食宿费等直接物质损失的赔偿之外,还有权获得死亡赔偿金。这对秋叶的家人来说,无疑是非常必要的救济。根据相关法律规定,在刑事附带民事诉讼中无法请求死亡赔偿金,不过可以通过单独提起民事诉讼实现,但是只有在刑事判决中获得对这种直接因果关系的认定,被害人家属才能够凭借刑事判决,另行提起民事诉讼,争取死亡赔偿金。否则，即便提起民事诉讼，其过程和结果也很难预料。因此，秋叶最后跳楼身亡的认定，成为我们与公诉方最大的争议焦点。

尽管在刑事案件中公诉方代表国家指控犯罪，维护被害人的权益，与被害人的诉讼代理人的目标是一致的，但是，我们作为律师，有责任厘清所有的案件事实，为当事人争取最大程度的法律保护，帮助他们获得最充分的法律救济，这也是被害人代理律师的意义所在。为此，我和田咚律师积极与法庭沟通，表达我们的意见，并提交了法律意见书。法院也因此组织了三次庭前会议，就该案的相关事实进行讨论。在正式开庭前，我们还分别向当地人民检察院、省人民检察院提交了《针对X区人民检察院起诉书的律师建议函》。我们在尽最大努力地争取。

2019年末的一个冬日，本案依法进行不公开开庭审理，我和田咚律师再次来到了Q市。开庭之前我们见到了秋叶的父亲王义，努力了将近三年，终于等来了法律的审判，王义脸上浮现出难得的欣慰之情，估计前夜不曾睡好，他的眼睛直发红。

法庭上，被告人章汉戴着一副眼镜，显得老实本分。一位本该传道授业解惑的人民教师没有守住法律和道德底线，突破了职业伦理，最后导致一条年轻生命的逝去，也让自己站在了被告席上，实属咎由自取。我看了一眼坐在我旁边的王义，虽然他面色平静，但看他略带疲惫的眼神以及微微发抖的手，我还是能体会到他的百感交集。我给他一个鼓励的微笑，他回应了我一个坚定的眼神。我们共同迎战。我想，天上的秋叶此刻也正在看吧。

以我的经验，章汉应该不会认罪，因为一旦认罪，就彻底把自己钉在了耻辱柱上。但无论他是否认罪，他的行为已经让自己的人生永远烙上犯罪印记。果然，在公诉人宣读完公诉书，法官问他是否认可公诉书认定的事实和罪名时，章汉予以否认，坚称自己无罪，并坚持自己之前的说法，辩称自己用嘴唇触碰秋叶的额头和脸颊，是为了帮发烧的秋叶测试体温，并没有任何猥亵行为。总之，他所做的一切都是出于对学生的关爱，没有猥亵的目的和动机。这与秋叶在控诉书中所写的几乎是两个故事。秋叶写道："他（章汉）突然伸手摸我脸，开始对我动手动脚，他疯了般扑过来，抱住我不松开。"她反抗无果，对方变本加厉，"他开始亲我的脸、吻我嘴巴、咬我耳朵，手一直在我背后乱摸，想撕掉我的衣服。"

性侵案件最难的就是证据问题。在没有其他证据佐证的情况下，谁的说法更具有合理性，谁的证明力更强，在某些时候相对依赖主观判断。公诉机关和我们的意见是一致的，那就是被害人的陈述更具有合理性，也更可信。因为作为一名在校生，且与章汉没有冲突的情况下，秋叶没有必要无中生有地捏造犯罪行为，这样做首先受到伤害的就会是她自己。即便不考虑被害人的说法，从理性的角度分析，章汉的说辞也经不起推敲。用嘴唇测试体温的做法，对任何一位异性——哪怕是面对自己的女儿，都是不合理的，也不符合我们社会生活中的公序良俗，更何况章汉与秋叶仅仅是师生关系。

当然，这个案件并不只有被害人秋叶的陈述，还有她的控诉书和老师、同学、医生、家人等提供的近 20 份证人证言，还有厚厚的各医院病历——见证了伤害和秋叶努力的挣扎，以及现场勘验记录、学校的相关证明材料等。这些证据相互印证，指向一致，已经足够充分。相较之下，章汉的辩驳越发显得苍白无力。

在法庭上我发表了代理意见，坚持认为秋叶跳楼自杀身亡与章汉的猥亵行为有直接的因果关系，即便如公诉人所说的是多因造成的一果，但其猥亵行为也是关键性的原因。同时，我也提到，在省检察院的刑诉复查决定书里，也认定了章汉猥亵行为造成秋叶跳楼死亡的事实。在我看来，无论最后法院是否认定，我还是会坚持这一意见，这是法律人的坚守。

庭审结束已是午后。走出法院，迎面的寒风让我突然想到，好像我们每次来Q市都是冬季。还有一个月就要到春节了，将会是王义父子度过的第二个没有秋叶的春节。

判决比我们期待的要慢。直到柳枝发芽的初春时节，我们收到了一审判决书，判决书认定："被告人章汉利用班主任身份，趁被害人秋叶患病休息之机，对其实施亲吻额头、脸颊、嘴唇、耳朵、搂抱及抚摸后背等猥亵行为，对秋叶造成严重的精神刺激，加重了秋叶的抑郁症状，秋叶进而多次自杀，章汉的行为已构成强制猥亵罪，应依法惩处，以强制猥亵罪判处章汉有期徒刑两年，禁止在刑罚执行期满三年内从事教育职业。"这一天距秋叶离世已经过去了一年又十个月，离事发则过去了三年半，但终究还是等来了章汉的有罪判决。加害者的行为被司法判决明确定性为犯罪行为，本身就是对被害者的救济，对秋叶来说，无疑是迟到的正义。

遗憾的是，一审判决最终并没有采纳我们的意见，判决书里写道："章汉的猥亵行为对秋叶的自杀（指最后的一次自杀身亡）具有一定原因力，但不是唯一原因。"此外，我认为，两年有期徒刑的量刑对这起造成严重后果、产生极为恶劣影响的案件，属于偏轻，不足以对具有优势地位、负有特殊职责的人员以儆效尤。秋叶父亲王义也无法接受一审判决，他向检察院提出了抗诉申请，之后被驳回。而章汉也提起了上诉，2020年6月，Q市中级人民法院对章汉提出的上诉作出二审判决，裁定驳回上诉维持原判。

在我们离开西北以后，王义联系当地的律师继续帮助他单独提起民事诉讼，将章汉和秋叶所在学校告上法庭，在赔偿请求中包括了死亡赔偿金以及精神损害抚慰金。由于缺乏必要的刑事判决依据，法院没有支持死亡赔偿金的请求，判决章汉和学校的赔偿额也远远低于王义的赔偿请求。在为女儿奔波的日子里，王义不仅负债累累，而且身患多种疾病，精神和身体受到了严重的摧残。在女儿离开后，他还要带着儿子继续生活。

·珍重与希望·

代理结束之后，我们的任务基本完成，但还是留下了种种遗憾，我总觉得结果应该更好一点。除了量刑，判决中，被告人被判处刑满释放后从业禁止三年，也明显少于公诉机关建议的对章汉从业禁止五年的请求。值得我们反思的，还有社会文化中的性别偏见和隐藏的暴力，以及在学校、社会各个层面防治未成年人性侵和性骚扰机制的缺失。

明明是被害人，却不得不承受巨大的压力与伤害而惜别人世；明明是应该被保护的一方，却不得不面对各种无形的二次伤害。秋叶的控诉书中描述到，猥亵事件发生的第二天早晨，心理老师将事情告诉了政教处主任，主任说秋叶幸好没有告诉她父亲，并请她谅解学校的难处，建议她转班或转校。她拒绝道："我没有错，为什么要我委曲求全？"未经她同意，对方便直接安排章汉向她当面道歉。在这次会面中，章汉没有提及任何关于猥亵的内容，只是告诉秋叶他错了，求秋叶放他一条生路，不要毁了他。在秋叶听来，这是变相的恐吓。

自此之后，秋叶没有再听到过来自校方或者章汉的道歉。学校多位老师轮番找她谈话，要求她以学业为重，心理老师也善意地提醒她"不要小题大做"。老师们可能没意识到，这根本不是她想要的答案。她希望学校层面可以给她一个公道，但接收到的只有否定。对于这一点，王义的感受是类似的。他认为，在与学校的沟通过程中，不同的老师和领导都在以强硬的口气表达同一个意思："你女儿高三了，你明白吗？赶紧送学校来，离高考还剩多长时间了？"

每每看到秋叶写下的这些包含痛苦的控诉，我都有揪心般的疼痛。如果非要如公诉人所说，秋叶的死是多因一果，那在这个过程中的每一次漠视、推诿、认为她小题大做的人，其实都是她一步一步走向死亡的推力，更令人难过的是，很多人是无意识的，这才是最可怕的。我希望秋叶的死，能换来人们对她真正的理解，对未成年人性侵害严重性的真正的警醒。

令人欣慰的是，近年来法律和司法实践对涉未成年人性侵问题越来越重视，并且在逐步完善。《刑法修正案（十一）》中提高了对猥亵儿童罪的量刑，并新增了一条，作为《刑法》第二百三十六条之一的第一款："对已满十四周岁不满十六周岁的未成年女性负有监护、收养、看护、教育、医疗等特殊职责的人员，与该未成年女性发生性关系的，处三年以下有期徒刑；情节恶劣的，处三年以上十年以下有期徒刑。" 2021年2月26日，最高人民法院、最高人民检察院联合发布了《关于执行〈中华人民共和国刑法〉确定罪名的补充规定（七）》，确定了该罪名为"负有照护职责人员性侵罪"。2021年6月1日正式实施的《未成年人保护法》中也明确规定学校要建立防治性骚扰和性侵的机制，并对性骚扰、性侵行为要强制报告。个案推动了司法理念和法律的进步，但我们应该铭记，生命太过脆弱，学校乃至整个社会有责任守护每一位学生的身心健康和人身安全。学校及有关职能部门在面对这类个案时，应该坚守未成年人利益最大化原则。

我有时还会想起在庭审结束后的情形。仍是冬日，西北的风比北京更干冷，但下午的阳光洒在地面上，有一种让人感动的和煦与温暖。生活充满了各种遗憾，但既然来到人世，我们还是应该努力地活下去。无论遇到了什么事，都要相信在荫翳之外，总有阳光洒落。

截至本文完成之时，章汉已服刑期满出狱。两年时间如白驹过隙一晃而过，活着的人依然可以期待新的未来，而逝去的生命却已经湮没在时间里，再也无法挽回。藏在黑暗处的魔爪是否已经被法律的利剑斩断？阳光下的孩子们是否可以不再成为第二个秋叶？我们每个人都仍需努力。

故事五
不必非得用生命来抗争

其实我没有见过小荷。

从事妇女儿童权益保护工作近20年，我经手过数十起未成年人性侵案。有的是和孩子本人联系，有的是和监护人联系，其中绝大部分受害者，都没有和我直接见过面。

我一直保存着小荷的手写信。都说见字如面，透过她的字迹，我仿佛能看到这个西北偏远地区的女孩皱着眉头落笔的画面，字字郑重，句句锥心。

写下这篇文章时，距离我初次看到这封信已过了一年半。小荷的案子一审已结束，我方取得初步胜利，侵害者也将受到法律制裁。

小荷的案件具有未成年人性侵案中的普遍性和特殊性。普遍性在于，和其他案件相似，缺乏直接证据，距案发已逾多年；特殊性在于，从报案、受理到庭审，进程推进较为顺利，也折射出我国公检法机构对于办理未成年人性侵案件的重视程度越来越高，办案素质越来越专业。

时光如流水,回过头来看,法律援助之路不好走,有责任感,有成就感,也有委屈和无奈。现实世界是如此残酷,法治的进步,往往是以当事人的牺牲为代价而推进。

唯有写下一路的故事,才能珍存这些勇气。

这也是她们和我的勇气。

·小荷的来信·

2021年4月初,女童保护发起人之一孙雪梅老师给我发来消息,有个16岁的孩子找到她,称8岁起被老师性侵,现在想追究老师的法律责任,问可否提供帮助,并发来一封手写信。

雪梅姐姐:

您好!

上次您给我推荐的律师我联系了,她给了我电话,昨晚我拨了两次都无人接听,我想让您帮我联系。今天是星期三,我必须在星期六离开,当然越早越好。我好不容易找到了希望,我感觉我马上可以看到光了。但是我又怕我快坚持不住了。

说实话,我已经不怕死了。如果这样苟延残喘地活着,还不如死掉。

雨淋多了,就不会冷了;痛多了也就感觉不到了。雪梅姐姐,请原谅我的无理要求,如果可以,希望您能来亲自帮助我,您知道吗,您是我最后的希望了。

祝：一切顺利。

Z省某市A县某校初三学生：小荷

2021年4月×日

工整娟秀的字迹写着让人心疼的话。她的文笔细腻、认真而郑重，没有涂改痕迹，却有一种力透纸背的绝望。

她应该是长期求助无果，内心已经疲惫不堪。即便没有见过她本人，也能感受到她是一个有礼貌的好孩子。我想，一定要帮助她！

这天晚上，我拨通了小荷的电话。我说："我是雪梅老师介绍的李律师，可以告诉我你的诉求吗？"电话里她当时没有哭，告诉我在其8岁时被数学老师性侵，想追究他的法律责任。我问："到什么程度，是否有实质性行为？"她说："是的。"我问："是一次还是多次？"她用平静的语气说着令人心碎的回答："多次。"

我心疼地问："你什么时候知道这是犯罪的？"她答："大概两三年前知道这是对我的伤害，我想让他坐牢。"

我问："当时事情发生时你有没有和别人说？后来说过吗？"小荷说："之前和同学简单提过，前两天也和英语老师说过。"

我问："除了这些，你还有其他证据吗？"她声音低了一些："没了。"我想了想，说："可能证据上不太充分，只有你的陈述。那个人怎么说？"她答："找过他，他不承认，还威胁我。"

小荷还说，在找到我们之前，她在网络上还找了很多律师，都和她说没有证据，帮不了她。多发送一则求助信息，就被多拒绝一次，也更绝望一分。据我多年办案经验第一时间判断，小荷的事情应该是真的，她流露出的感情，不像是虚构事实。作为一个涉世未深的未成年人，没有理由构陷自己老师。

我小心地问："你的求助信说周六要离开，这个离开，是什么意思？"她答："我想离开这个地方。"我抚慰她："你别急，这件事证据不足，确实比较困难，但不是完全不行。"

谈了将近半个小时，手机信号变得断断续续，听不到对面声音。我有些着急，不管对面能否收到，匆匆对着电话喊："小荷，你千万别着急，不要离家出走，我们一定会帮你想办法。"没有回复。

挂下电话，我想起此前四川绵阳吴某涉嫌强制猥亵罪、猥亵儿童罪一案，也是案发时间久远，跨度长达12年，吴某自己也予以否认。公安机关曾公开征集其犯罪线索，累计有四五十人报案登记。最终法院判决吴某构成强制猥亵罪、猥亵儿童罪，并判处其有期徒刑14年。

可见，此事固然很难，但并非没有成功先例。我需要详细了解事件经过，同时给她精神支持，建立起她对我的信任关系。

第二天中午，我再给小荷打去电话，没有接通。晚上，我再拨过去，一个声音很像小荷的女孩接了电话，自称是小荷的妹妹。我疑惑地问："你姐姐在吗？请她接电话可以吗？"她答："姐姐在上学，没带手机。"电话"啪"地挂断了。

再打过去，电话一直占线。

我心里开始着急，很担心小荷的安全。加上信中说"周六就离开"，这是什么意思？我想象出两种情形：第一，小荷不想接电话，才让妹妹来接；第二，小荷在和妹妹商量怎么离开。无论哪种情况，都让我不安。

我告诉雪梅老师发生的一切，并说我会继续联系小荷，若小荷再来联系，也请雪梅告诉她，我们会尽量支持她，给她提供心理和法律援助。

我给小荷发去短信：可以加我的微信联系，我们一定会想办法帮助你，希望你不要离家出走，也希望你坚持下来，所有的人都会帮助你。若方便，请给我一个回复。

但我一直没有等到她的回复。

我想，一个受伤的女孩独自在黑夜里跋涉，从来没有一个人告诉她可以成功，我们会不会是她唯一的光？如果连我都无法给她希望，那她还能去找谁呢？

这其实并不是我过度敏感。之前我也遇到过一个来自西北偏远山区的女孩，在十八九岁的年纪，到一户人家做保姆。这户人家的儿子有残疾，一直没能娶妻，他们看中了女孩，要她做儿媳妇。女孩不肯，谁料这家人竟让儿子强暴了女孩。女孩向很多人求助，其中一家帮助弱势群体的机构联系了我。据我了解，女孩没有留存强暴证据，后来又以准儿媳的身份与男方多次发生性关系，那户人家甚至给了她彩礼，办了订婚宴，因此想要追究责任，难度很大。遗憾的是，由于法律救济的缺失，女孩最终选择了放弃生命。

这起十多年前的案件一直郁结在我心中，成为一块无法释怀的心病。偏远地区的女孩因为难以得到支持，自杀率高。若我们无法给她们信心，让她们感到此事无法解决，便容易走向极端。

我害怕小荷重蹈覆辙。

过了两天，雪梅老师告诉我，小荷妈妈跟她联系，说已经知道孩子的情况，他们已在商量解决。我心里的那块石头落下了一些，之前电话中我问过小荷，她的爸妈是否知情，她告诉我，不想让他们知道。或是出于羞耻，或是出于无力，我都能理解少女的心情，但我还是明确告诉她："你是未成年人，如果要委托我们做代理律师，我们需要和你父母沟通。"

未成年人不能自行与律师签署委托协议，需要通过其法定代理人，通常就是孩子的父母。即便是再早熟的孩子，他们在智力、认知程度和社会经历等方面也有欠缺，自我保护能力不够。通常我们在向未成年人提供法律援助时，一定会和监护人沟通，让监护人知情。当然，监护人是加害人的情况除外。

我想，既然家长知情，事情应当会有转机。就算小荷没有联系我，相关工作也可以继续往下进行了。

·嫌疑人被抓了·

时间来到五月下旬，我收到一个电话，显示是Z省打来，我心里一动，赶紧接通。电话那头的男声问我是不是李律师，他是小荷爸爸，想和我说些情况。

我有些意外，没想到是小荷爸爸打来的。他告诉我，因为小荷两度自杀未遂，老师鄂兴强奸孩子的事情得以被曝光并引发社会关注，当地公安机关已经立案，鄂兴已经被拘留。目前孩子还好，作为家长最大的事情就是给孩子讨公道。他们也知道案件有难度，希望找个好律师帮助他们，想到之前女儿联系过不少律师，他就翻看小荷的手机，发现我跟女儿联系的信息，所以就直接给我打了电话。"李律师，我们特别需要您的帮助。"小荷爸爸诚恳地说。我很感动小荷爸爸在还没有见到我本人时就给予我这样的信任，之后见面时小荷爸爸跟我说其实他也在网上搜索了我的信息，坚信我就是那个能够帮助他们的律师。

小荷爸爸简单述说了事情经过。小荷在学校试图割腕自杀，才让事情浮出水面，小荷爸妈才得知女儿被鄂兴伤害。作为父母，他们既自责又愤怒，后来鄂兴找中间人提出私了，愿意给60万元的补偿。小荷爸爸愤然拒绝并去报了案。目前鄂兴已被逮捕。

小荷饱受抑郁和焦虑的折磨，一个月后再次尝试自杀，所幸没有大碍。小荷爸爸希望能重判鄂兴，所以请求我一定要帮助他可怜的女儿。听完这些，我心疼不已，小荷接连两次自杀，一定经历了我们难以想象的痛苦，所以我还是担心小荷的状况。我问小荷爸爸孩子目前的心理状况如何，他说："找了心理医生，现在好些。"我问："她还想自杀吗？"爸爸说小荷目前状况还可以，现在孩子妈妈已经不上班，在学校附近租了房陪着她，每天给她做饭。学校老师也很关心小荷的情况。

我还是有点不放心，直接问道："孩子在学校，有没有被其他同学指指点点，被欺负？"小荷爸爸说："这事儿我们也考虑过，但小荷不愿转学，想继续待在这个学校。"我听后放心了一些，这说明孩子在学校有朋友支持，情况应该比较好。我说："那咱们就尊重孩子的意愿。这件事，我们一定不能批评她，不能责备她。"

小荷爸爸顿了顿，沮丧地说："我们特别自责，想到孩子遭受这样大的伤害，做父母的都不知道，爷爷奶奶也没和我们说。"我这才知道，原来小荷的爷爷奶奶是知情的。

2014年秋，8岁的小荷就读三年级，鄂兴调任小荷所在学校，担任他们班的数学老师。某天下午，鄂兴以小荷做错作业为由将她叫到他的宿舍，实施了第一次侵害。事后，鄂兴威胁小荷说："不要告诉别人，否则我会被抓走。"懵懂的小荷不知道发生了什么，只觉得下体疼痛。不久，小荷再被鄂兴以辅导作业为由，实施第二次侵害。此后一段时间里，鄂兴得寸进尺，多次对小荷实施侵害。小荷奶奶洗衣服时曾发现孙女内裤上有血迹，以为是来月经，只让小荷垫卫生纸处理。

2016年秋，小荷在本地另一所学校念五年级，恰好鄂兴又任她所在班的临时代课老师。一天课上，鄂兴叫小荷到讲台上做肢体动作，引来学生们的嘲笑。小荷认为鄂兴是故意欺负她，不愿再去上学，不明真相的奶奶打了她一顿。小荷感到屈辱，才把此事连同8岁时曾被鄂兴侵犯的事告诉了两位老人。爷爷奶奶很生气，第二天到学校找校长理论，校长同爷爷奶奶说此事不宜外传，否则有损小荷名声。爷爷奶奶也担心小荷被人指点，以后无法见人，便没有再追究，也一直未跟任何人提及这件事，包括小荷的爸爸妈妈。

我很感慨，若当时爷爷奶奶能意识到小荷受到了多大的伤害，追究下去，或许此事就是另外一种结果，但谁又忍心责备两位老人呢。我安慰道，好在公安机关行动迅速，已经将鄂兴羁押，我们一定会尽全力帮小荷讨公道。我承诺为小荷提供法律援助，并很快办理了委托代理手续，我的助理邵齐齐律师也参与代理工作。

六月初，又一通Z省电话打来，这次是处理小荷案件的警方。他们很重视小荷的案件，希望把案件办好，给孩子一个公道，但这类情况处理得少，而且事发多年，没有生物学上的证据，嫌疑人死活不承认，办案有一定难度。他们来电是了解到我办理了多起未成年人性侵案件，想听听我的意见。我振奋不已，警方有这样认真的态度，小荷的案件希望更大了。我跟他们提了一些我的想法和建议，也跟他们提到了四川绵阳吴某涉嫌强制猥亵罪、猥亵儿童罪一案，也是年份久远，缺乏直接证据，但因为被害人、证人众多，间接证据充分，形成完整证据链，最后吴某被判处有期徒刑14年。我还跟他们说，如果需要召开专家研讨会，源众可以组织。

由于警方积极办案，案件进展比较顺利，很快就侦查终结，移送到了检察院。进入审查起诉阶段，作为代理律师，我们便要正式出场了。

·面见受害少女的父母·

　　转眼间进入深秋，银杏叶已落得遍地金黄，我和齐齐去往A县阅卷。西北的高原冷得早，山上已被薄雪覆盖，小荷爸爸早上5点多就出发，从300公里外的A县赶来机场接我们，再一同驱车回去。

　　初见小荷爸爸，他个子瘦高，模样淳朴。路上我得知，他在外省做装修工，自四月份以来，他多次陪小荷看病、维权。孩子妈妈目前全职在家照顾小荷和另外两个孩子，尽管放不下小荷，但一家人总要生活，他还是得挣钱养家，所以只能家里外边两头跑。尽管他说的时候语气平静，我还是感受到了其中的艰辛。

　　A县坐落在古代丝绸之路上，是一座偏远、安静的西北小城。街道商户林立，干净整洁，石窟和古建筑为其增添浓厚的文化底蕴。县城西南处有一尊高23米的唐代大佛，静静地守望这座县城。

　　到A县后已过中午，小荷爸爸说带我们去吃饭，来到一家酒店。齐齐小声跟我说，这家酒店是当地最好的酒店，她预订酒店时就因为搜索到这是当地最贵的酒店，所以转订了另外一家便宜一些的酒店。听了齐齐的话，我连忙对小荷爸爸说："不用这样招待我们，孩子妈妈现在也不上班，你们用钱的地方很多，千万不要这么客气。"他执意邀请，说小荷妈妈已经在酒店等待，我们见状便不再坚持，我们知道，这是他们在表达自己最诚挚的心意，依从会让他们心里舒服一些。

落座后,小荷爸妈说,这也是他们第一次来,不知道什么菜好,让我们尽管点我们爱吃的。我看着菜单点了几个菜,价格不太贵,分量也够大家吃。没想到,小荷爸爸背着我们又点了很多菜,他说:"你们专程从北京过来一趟,太辛苦了,得吃好些。"

小荷爸妈的淳朴令我感动。对一个普通家庭而言,发生了这样的不幸,他们在弥补和保护女儿上尽了最大努力。

再次问起小荷近况,小荷爸爸说:"情绪稳定一些,只是成绩难免受影响。"

我问:"她知道我们来吗?"

妈妈笑答:"她知道的,知道你们是过来帮她,孩子特别高兴。"

我问:"她想跟我们见面吗?"

小荷父亲说:"孩子要上课,不太方便安排,她也没说要见阿姨们,可能是有些不好意思。"我心中了然,这或许是孩子的意思,也可能是家长对孩子的保护。

我经手过很多未成年人性侵案,大多数情况都是家长站在前面,没有让孩子本人出面。我们对此百分百尊重,以当事人的意愿为主,只要他们舒服就好,并非一定要见孩子。我能理解,很多家长心怀愧疚,想抗下未知的狂风暴雨,让孩子安全地在他们身后。不见面不意味着不信任。

拿到卷宗,我欣慰地发现,公安机关真的做了大量细致扎实的工作。

人证方面,侦查机关的询问笔录很丰富,访问了老师、同学、亲友、中间人等近 30 人，所有涉及的人员都询问了。在小荷的询问笔录中还提到，某次性侵过程中，一位女老师曾来敲鄂兴的门，鄂兴赶忙停下，他一边穿上自己的裤子，一边示意小荷穿上裤子，一切妥当后才给女老师开门。侦查机关找到这位女老师，女老师也记得这个细节，她当年敲门 1 分多钟后鄂兴才开门，也看到小荷站在桌子旁边。侦查机关带小荷做了医学检查，显示处女膜有陈旧性裂伤。侦查机关还去勘验了现场，即鄂兴实施侵害的那间宿舍，幸运的是房间布局与 8 年前相比基本没有变动，和小荷的描述一致。

总而言之，证据充分，且相互印证，指向一致。鄂兴难逃罪责。

我私下问了小荷爸爸对量刑的期待，他的意思是能判 7 年以上就可以接受。但我和齐齐觉得，从案件的恶劣程度、损害后果等因素考量，特别是鄂兴作为老师，是具有优势地位的特殊职责人员，而且案发时小荷才 8 岁，属于《刑法》所称的幼女，根据法律的相关规定应该从严从重处罚，我们希望量刑能在 10 年以上。

至于刑事附带民事诉讼中实际的物质损失部分，除了医疗费、误工费、护理费、交通费之外，我们还提起了精神损害赔偿。按照相关指导意见，刑事附带民事诉讼一般是不支持精神损害赔偿的，但我们认为，儿童性侵案件情况特殊，与物质损失相比，精神损害更为严重。在社会文化下，性羞耻的心理以及对被害人的污名化，使被害人承担着很重的精神压力，甚至会遭受二次伤害，尤其小荷首次被侵害时年仅

8岁,受伤害的程度要比一般案件更为严重。8年以来,巨大的创伤一直折磨着她,甚至成为终身无法摆脱的痛苦,这是多少钱都无法弥补的。所以,我们还是提出了精神损害赔偿的诉求,而且,未成年人性侵案支持对被害人的精神抚慰金已经有了相关判例。

在讨论到具体金额时,小荷的爸爸想要求100万精神损害赔偿。我同他说:"这肯定是不可能的,我国精神损害赔偿总体额度很低,一般也就是几万元。"小荷爸爸说:"我知道给不了这个数额,但我坚持想要,是想让别人知道,这件事情对我女儿、对我们这个家庭带来的伤害有多大。"可怜天下父母心,我想,这是可以理解的,我们需要帮助他们把愤怒和谴责表达出来。最后在刑事附带民事诉讼中我们将精神损害赔偿确定为100万元人民币。

我不是没有考虑过,法官看到可能会表示:这个律师怎么如此不专业,胡乱开口要价,不考虑可能性,不和当事人充分沟通。但我认为,律师的专业性并不在这方面体现,我更希望能尊重被害人的意见,并通过这样的方式体现这件事情对孩子的伤害。

·罪与罚·

2021年年底,法院通知案件开庭。在我经手过的未成年人性侵案中,小荷案的进展算是比较快的。小荷4月上旬联系我,5月家人报警,深秋时我前去阅卷并和小荷爸妈见面,年底便正式开庭，总体节奏很快，也较为顺利，这一定程度上归功于司法机关的努力。因此案涉及未成年人隐私，不公开开庭审理。

我和齐齐再次来到这个西北小城，初雪后，空气清冽，让人振奋。参加庭审的公诉人是两位年轻的检察官，专业素质很高，我们再次感受到公诉机关对这个案件的重视。

不出所料，在法庭上鄂兴依然拒不认罪，而且陈述事实避重就轻。在性侵案件中，被告人往往带着侥幸心理——死扛着不认罪，反正没有直接证据，自己还有一线生机，一旦认罪，那就板上钉钉了。尤其这个案件发生于8年前，缺乏生物学证据。看来鄂兴也同样心存侥幸。

让我有些意外的是，鄂兴并不是一般人想象中罪犯的样子，甚至看上去老实本分，在公安机关的证人笔录中也有同事认为其工作尽职尽责，很多人难以相信，这位五十来岁的教师会做这样的事情。另外，鄂兴听力不好，有神经性耳炎，法庭特地为他准备了好几种助听器。但在法庭上，凡是问到关键部分，他就说自己听不见，最后年轻的检察官也忍无可忍，当庭质问："我们隔这么远都能听清助听器里的声音，还有你作为老师，案发前还在给学生上课，又是怎么完成工作的？"

鄂兴尽管拒不认罪，但是面对近30位证人的证言，他在庭上无法自圆其说。

在辩论环节，我发表了代理意见。除了阐述被告人的行为构成强奸罪，我也特别提出，被告人作为特殊职责人员，奸淫年仅8周岁的幼女，且损害后果严重，属于《刑法》第二百三十六条第三款规定的奸淫幼女情节恶劣的情形,且被告人拒不认罪,无任何认罪悔罪的态度,社会危害性极大,应当从严从重处罚。

在阐述刑事附带民事赔偿部分,我也特别就提出 100 万元精神抚慰金进行了说明。在性侵类案件中,相比身体的损害,被害人遭受的精神损害更加严重。尤其在社会文化下,被害人名誉受损、社会评价降低,进而成为被害人终身无法摆脱的痛苦,给被害人造成长期的甚至是终身的巨大精神损害,尤其本案被害人为未成年人,其损害更严重。多少钱都无法弥补被害人所遭受的伤害。虽然获得法院支持的可能性很小,但原告人仍坚持提出 100 万的精神抚慰金请求,以表达对被告人犯罪行为的愤怒和谴责。

2021 年 12 月 24 日,法院作出一审判决。法院认为,小荷的陈述、证人证言、病例资料、聊天记录、辨认笔录等证据已经形成了完整的证据链,证明鄂兴在 2014 年 9 月开始,多次与年仅 8 岁的小荷发生性关系,其犯罪行为构成《刑法》第 236 条规定的强奸罪,判处有期徒刑 8 年 6 个月,赔偿附带民事诉讼原告人小荷相关物质损失共计 12 万元。至于精神损失费,法院认为不属于刑事附带民事诉讼赔偿范围,无法律依据,未予支持。

8 年 6 个月的刑罚达到了小荷一家的预期,他们表示满意。但我和齐齐认为,鄂兴的行为符合加重情节,应该判处有期徒刑 10 年以上,而且,一审判决没有支持精神抚慰金,也是一个遗憾,尽管一审结果已经较为满意,但我们和小荷

家人商议后认为还有上诉空间,因此提起上诉,上诉的主要诉求为:

一、鄂兴身为教师,是特殊职责人员,奸淫年仅 8 周岁、无反抗能力的幼女,且损害后果严重,对上诉人心理、生活、学习都造成严重影响,请求依法改判鄂兴犯强奸罪,判处有期徒刑 10 年以上;

二、请求二审法院支持上诉人原审刑事附带民事诉讼精神损害赔偿的诉求,改判鄂兴赔偿上诉人精神损害赔偿金。

2022 年 4 月,我又接到一通来自 Z 省的电话,电话另一边是小荷案二审的主办检察官,通过阅卷她认为原审判决对未成年人性侵案件在量刑上比较慎重,也没有给精神损害赔偿,我们的上诉意见有法律和事实依据,想再听听我的相关意见。这让我很振奋。司法机关对未成年人性侵案件越来越重视,而且有更深刻的理解、更坚决的态度。这些不正是我们这么多年所努力和期待的结果吗?

记得当时正是阴天,我正在外面办事,半天没打上车,心里有点着急,接完电话我顿时觉得天似乎晴朗了许多,步伐也变得轻快起来。

不久后二审就有了结果,一审判决被 Y 市中级人民法院依法驳回,发回重审,这让本案的最后结果有了新的可能性,我相信,等待被告人的,将是更严厉的刑罚。

·我希望,正义的审判不必非得用生命来抗争·

回头重新梳理本案,我内心久久不能平静。也许这是一个相对让人不那么悲观的结局,法律最终惩罚了罪犯,给了小荷公平与正义,我希望且相信小荷将来会更加勇敢地走向属于自己的未来。但这个过程还是让我觉得很惊险,如果小荷没有勇敢站出来,如果小荷自杀未被及时抢救,如果她父母放弃了……那可能是另外一种结局。

这个案件确实带给我很多思考,结合本案,以下几件事我认为必须要做!

第一,性教育要从娃娃抓起。让每一个孩子接受与年龄相适应的性教育,增强自我保护意识,这是迫在眉睫的需求,尤其在偏远地区。传统观念中,很多人对性的问题持回避及排斥态度,谈性色变,如临大敌。也有人认为孩子长大自然就懂或者到青春期再进行性教育也不晚。但家长嫌性教育太早,坏人不会嫌弃孩子太小。无论是家庭、学校还是社会,都需要在每个阶段给孩子相适应的性教育,帮助孩子认识并保护自己的身体,树立积极正确的性观念,识别超出边界的行为,预防可能的伤害。从小为孩子树立性意识,孩子才会在心理生出保护自己的意识。

第二,学校应建立防治性侵害的有效机制。强奸犯从来不会写在脸上,犯罪者往往很难识别。加之老师的职业自带光环,学生对老师充满了敬畏之情,十分信任,毫无防范。本案的被告人和我曾经办理的另一起校园性侵案的被告人有着相近的情况，二人都以年纪大、工作能力强、为人朴实为保护色。这些表面上和蔼可亲的恶魔，成年人都未必能识别，天真无邪的孩子们如何能分辨呢！

第三，除了要提高孩子的自我保护意识，同时也要在制度上防范这些具有特殊职责的人滋生恶念。如果说家是孩子们的第一避风港，那学校就是孩子的保护伞，承担着保护孩子安全的重要责任。学校应当建立防治性侵害的机制，预防犯罪的发生。如果犯罪已经发生，学校及时有效的处理，也能够在最大程度上降低伤害。如果当年小荷的爷爷奶奶找到学校时，学校能够重视并处理这件事情，也许小荷能够早日得到帮助并走出阴霾。

让人欣慰的是，2021年6月1日正式实施的《未成年人保护法》以及2022年修订的《妇女权益保障法》都对学校建立防治性骚扰、性侵害的机制进行了特别规定，让这件事情成为学校的法定责任，这是特别大的进步。

第四，加大对特殊职责人员性侵害未成年人犯罪的惩罚力度，构筑一个强有力的安全网。具有特殊职责人员（如从事教育、公益、医护等行业）实施犯罪的便利程度，需要更加高昂的违法成本对他们进行制约，让他们有所忌惮。未成年人防御能力弱，心理发育还不健全，性侵害犯罪对他们的伤害，尤其心理伤害是无法估量的，这些人员犯罪所侵害的法益和造成的损害后果，需要更严厉的刑罚与之相适应。

第五，洗刷性耻观，构建新的性别文化。当年爷爷奶奶知道小荷被侵害后，没能得到处理结果的一个原因是学校的漠视，另一个原因也不容忽视，那就是爷爷奶奶为了小荷的名誉而选择了妥协。这说明贞操文化在偏远地区仍根深蒂固。小荷妈妈也提到过，听说当地也有女孩被鄂兴侵害，但担心名誉受损而不敢报案。小荷妈妈也希望有更多人站出来指控鄂兴，无奈尽管多方努力，还是没有其他人再站出来。对此，我不免有些遗憾，但更多的是理解。无论侵害者背负多久刑罚、多重的罪名，生活的担子还是落在受害者肩上，日子还是要靠自己过下去。性耻观不仅束缚了受害者维权的脚步，还让很多受害者无法走出被侵害的阴霾。正因为如此，我更钦佩小荷的勇敢。将犯罪者绳之以法需要强有力的保护网，改变观念构建新的性别文化是非常重要的一环，不再用所谓贞操来判断女性的价值。

我希望，未来受侵害的孩子，不必非得用生命来抗争，才能换来正义的审判。我更希望，未来不再有孩子受到侵害。

职场魔手

名声是无味的向日葵

> 只有法观念的唤醒和强化才能使法律上的行为有一个可靠的保障。
>
> ——古斯塔夫·拉德布鲁斯

故事一
我不想开庭了,我想撤诉

·悲伤的访客·

2005年7月,一位记者找到我:李律师,有个遭遇性骚扰的女孩想寻求法律帮助,你能不能帮帮她?我说好,让她来找我吧。

随着法律的进步以及公众性别意识、维权意识的逐步提高,性骚扰、家暴等性别议题逐步成为热点议题。2002年,西安童女士状告公司总经理对其实施性骚扰,该案成为进入司法程序的全国首案。2003年,北京一位雷姓女员工状告上司多次对其性骚扰并阻碍其再就业,这两桩诉讼最终因证据不足败诉,但在全国引发轰动。2004年,浙江温州一位女士状告单位负责人对其性骚扰最终胜诉,这是中国首例性骚扰胜诉并获得精神损害赔偿的案件。作为一名关注女性权益的律师,我也参与了多起涉性骚扰诉讼案件,如重庆女教师诉校长性骚扰案等。一些性骚扰受害者通过热线、媒体等途径找到我所在的机构寻求帮助。在我看来,自千禧年开始,中国反性骚扰实践掀起了第一轮浪潮。

起初，性骚扰在我国法律体系里并没有明确的规定。到了2005年，制定于1992年的《妇女权益保障法》首次进行修正，请求将反性骚扰入法的呼声很高，并最终被写入草案中，草案提交全国人民代表大会审议，最后获得通过的可能性极大。我和同事们则希望反性骚扰入法后，能够通过一些典型性案例，推动法律的落实，并鼓励更多女性拿起法律武器维护自己的权益。因此，也就有了我和迎春的这次机缘。

2005年7月，北京燥热的一天，我见到了迎春。她看上去三十多岁，衣着朴素，头发随意扎成马尾，脸上不施粉黛，整个人显得哀伤又沉默。当时，距离她受到侵害已经过去了一个多月，但那个梦魇般的时刻依然萦绕着她，挥之不去。

很多时候人们往往不自觉地标签化某些群体的形象，比如性骚扰的受害者群体，人们会认为那些外形出众、性格张扬、衣着时尚的年轻女性更容易成为性骚扰的对象。我曾经的一位当事人，身材比较丰腴，长相普通，骚扰一方就将她的照片曝光，想以此说明他是不可能去性骚扰这样的女性的，并导致当事人遭受网络暴力，造成当事人严重的心理创伤。虽然最后我们赢得了诉讼，但这个女孩的状态一直不好，很久都无法走出。

由此可见，性骚扰作为性别暴力的一种，无关外在形象、学历、身份、年龄甚至性别，任何人都可能遭遇性骚扰。事实上，在我办理的涉性骚扰案件中，当事人的年龄、身份、经历等等就是多元化的，打破对受害人的刻板印象，也是我们作为援助者的必修课。

我找了间无人的办公室请迎春进来，给她倒了一杯水。对于来中心求助的受害者，我们会尽量为她们安排相对私密的空间，让她们感受到安全和被尊重，这样做能更好地保护她们的隐私，也有利于我们尽快建立起信任关系，这非常重要。坐定后，迎春刚开口讲述，便泣不成声。

迎春来自中原的一个小县城，是一名美术老师，她很喜欢自己的工作，也一直希望来北京进修，提高自己的专业能力。她争取了很久才请了长假来京自费进修。由于经济不宽裕，她在进修的学校兼职头部模特，边挣生活费边努力学习，日子平静而充实。但是工作还不到一个月，就出事了。

据迎春回忆，事发那天，她走进教室时，不知道是因为选课人少还是其他原因，教室内只有一位男生。迎春心里有些不安，但她又想，这是上课，自己是头部模特而非身体模特，不需要脱衣服，应该是安全的。未曾想，这位男生开始对迎春进行言语挑逗，她感觉很不舒服，并没有理睬和回应。男生突然直接躺倒在教室空地上，身体呈"大"字。言语骚扰在前，不雅动作在后，在迎春看来这已经具有明显的性意味了。迎春心里开始不安，她在考量是不是需要中止工作，但就在此时，男生突然站起身走近迎春，迎春还来不及反应，便被对方袭胸。迎春惊叫出声，大力打开对方的手，冲出教室。

迎春从未感到如此屈辱，她几乎没有任何犹豫就直接到学校相关部门进行投诉，校方行动很及时，很快找来男生确认事实。男生承认了自己的行为，应迎春的要求，在校方的主持下写了悔过书，并向迎春道歉。但拿到悔过书后，迎春的应激反应开始显现。如果说她迅速找校方处理的行为是一种本能反应，那么此时迎春内心的后怕、恐惧、屈辱、悲伤等情绪全部爆发出来。她不接受男生的道歉。于是，在校方的主持下，男生又写了一份不再犯的保证书，学校也对男生进行了处分。但迎春内心还是无法接受和释然，她选择了报警。在派出所，男生对自己的行为供认不讳，加上迎春保存了悔过书、保证书等证据，警方确认男方猥亵事实存在，并根据《中华人民共和国治安管理处罚法》的相关规定，对男生作出了行政拘留10天的处罚。

有校方的处分，有公安机关的行政处罚，各方的处理也都很及时，但迎春内心并未有一丝的轻松，任何时候一想到男生对自己的行为，她仍然非常屈辱和悲伤，经常想着想着就泪流满面。最让她难过的是梦想的破灭。为了来京进修，她做了很长时间的准备，也度过了一段非常快乐的学习时光。但事发后，她没有再走进学校的教室，一靠近那个场景就会不断地浮现……迎春甚至开始怀疑和自责，认为这样的厄运是因为她不切实际的美术梦想。她问我："我来做一个美术梦，然后遭遇这个事情，是不是意味着，我的梦想根本就没有意义？"

"李律师，我特别痛苦……我觉得我支撑不下去了。"持续两个多小时的讲述里，迎春几次失声痛哭。我耐心地等着她宣泄完情绪，给她加水、递纸巾、拥抱她，并告诉她，自己一定会尽力帮助她。因为我知道，她需要这样一次彻底的情绪释放。十多年过去，我依旧能记得，自己坐在她身边，感受到她深刻的耻感带来的强烈悲伤。而她不断地流泪、出现严重的焦虑状态，说明她已经出现了应激性精神创伤的症状。

对迎春这样的状态，当时是有人不理解的。在他们看来，学校的处分、公安机关的行政处罚已经不轻了，而且不就是被摸了一下吗，迎春是不是太脆弱了？但我能理解迎春的痛苦。我代理过不少性骚扰案件，见过像迎春这样的受害人，性骚扰无论是他人认为的轻还是她们自己感受的重，其实并不在于行为的程度，而在于事件本身对她们来讲已经是严重的创伤事件。对迎春这样一位深受中国传统贞操观念影响的女孩来讲，男生的行为让她对自己产生了巨大的耻感。另一重打击是，她的进修梦想才刚开始就被迫结束了。因此，即便学校、警察对男方作出了处理，她依然没有办法洗刷掉羞辱感，也无法从梦想破灭的打击中走出来。

我等迎春平静下来，先是肯定和鼓励她：你非常勇敢，应对也非常有效，特别棒。我确实是这样认为的，迎春采取的应对方式可以说是教科书级别的。性骚扰诉讼的难点之一就是取证困难。很多性骚扰受害人最终就是因为证据不足而败诉。迎春遭遇的性骚扰发生在只有两人的场合，没有目击者，也很难有录音、录像和照片等视听材料作为证据。但迎春及时投诉、报警，拿到男方的悔过书、保证书，学校的处分决定，公安机关的行政处罚决定书，这些都是非常有力的证据。我一直主张受害者受到侵犯后，不要顾虑太多，先要固定证据，比如马上报警、投诉。因为越及时，骚扰者越没有时间去反应和考虑，反而容易自认。时间拖得久，一旦对方有时间想到应对措施，再想要他承认，就困难了。

接着，我问迎春："学校对他进行了处理，公安机关也作出了行政处罚，你来找我，还有什么诉求呢？"

迎春说，想要追究对方的民事责任甚至刑事责任，就是强制猥亵罪。

我告诉迎春，以男生的行为追究刑事责任可能很难，但可以提起民事诉讼，要求对方承担民事侵权赔偿责任。迎春几乎没有犹豫："那我就追究他的民事责任，李律师你可以帮我吗？"

看着她期待的眼神，我郑重地点了点头。但经验告诉我，当事人对诉讼到底意味着什么其实是不太了解的，它不只涉及法律流程，诉讼过程可能带来的紧张、焦虑、压力，以及可能出现的波折和结果的不确定性，会让人很煎熬，它更是一场艰苦的战斗。因此，我提醒迎春，诉讼过程中她可能会面临很多压力。但迎春表现得很坚决，她希望司法审判能给她一个公正，这也是她给自己的交代。

· 等待诉讼 ·

考虑到迎春的经济状况以及案件本身的意义，我们为迎春提供了法律援助，即免费代理此案。同时我和迎春商量，咱们能不能等一等，等到《妇女权益保障法》正式实施后再起诉。这主要是基于两点考虑：第一，修正后的《妇女权益保障法》首次规定禁止性骚扰，等到法律实施后我们再起诉，就有更为明确的法律依据；第二，更重要的是，我想将此案作为《妇女权益保障法》修正之后的首案,这对推动法律的落实,推动全社会增加对性骚扰议题的关注和重视以及鼓励受害人勇敢打破沉默,都非常有意义。

迎春表示理解。她说:"李律师,你们无偿帮助我,这件事又有这么大的社会意义,我等一段时间没有关系。"那之后,她在北京找了份兼职工作,一面工作一面等待诉讼程序的启动。我这边则开始进行诉讼的准备——制定诉讼思路、起草起诉状、收集整理证据等。

在等待起诉的日子里,迎春偶尔会到机构坐一坐,和我们一起讨论案情。最初,迎春仍然带有自责和羞耻的情绪,每每提起案件,她还是会流泪,而我则尽可能给她心理支持。在和迎春的谈话中,我扮演的主要是倾听者的角色,但也会告诉她,"这不是你的错,你努力来进修、实现梦想,这是很有意义的。遭遇此事并不意味着你人生的失败,它只是一段经历,或许未来某一天你重新看这件事情时,又有不一样的感受,因为在推动性骚扰维权的法治进程当中,你也参与其中,这是非常有价值的。"

迎春不敢相信,同时有些不好意思:"我一个普通女人,还能推动这么大的事?"我笑着说:"当然。"

慢慢地,我能感受到迎春的变化,哀伤和阴霾在慢慢褪去,到后来,聊起案情,她不再流泪了,来机构还会面带笑意地主动跟大家打招呼。除案件之外,我们渐渐也会讨论些别的话题:绘画、音乐、旅行……我也会注意交谈的边界,不去打探她的隐私。这也是为了不破坏她对我的信任,我希望在这里，她能获得一个具有绝对安全感的空间。

2005年8月28日，我记得那是个星期天，我们终于等来了修正后的《妇女权益保障法》正式通过。如我们所希望的，性骚扰条款首次写入法律，中国的性骚扰防治实现了里程碑意义的突破。

当然，这也意味着案件要正式启动了。我特意将法律全文打印出来，找到第四十条关于"禁止对妇女实施性骚扰。受害妇女有权向单位和有关机关投诉"的规定和第五十八条关于"违反本法规定，对妇女实施性骚扰或者家庭暴力……受害人……可以依法向人民法院提起民事诉讼"的规定，并郑重将这两条规定用荧光笔划出来。因为法律刚实施，法官可能对此也不是很了解，我准备立案时带上，以备需要。

·法律实施后的第一案·

2005年8月29日，星期一，我带着早已准备好的诉讼资料去法院起诉。那是个阳光灿烂的早晨，不到9点我便抵达法院，远远地看到迎春已经等候在门口。从事律师职业数年，这一天我罕有地紧张又兴奋。第一次来法院起诉的迎春看上去很紧张，我上前给了她一个拥抱，安抚她："今天立案可能顺利，也可能不顺利。没关系，大不了咱们再来一趟。"迎春看着我，满眼信任："我相信您。"对于我们而言，这是一场期待已久的诉讼了。

我们前往立案庭申请立案，我小心地将诉状、证据递给立案窗口的法官，并告诉他，我们这起诉讼的案由暂时留空，希望能为"性骚扰"，工作人员神情困惑："没有性骚扰的案由啊？"其实，我知道性骚扰不是一个独立案由，但我确实希望此案能有更为适合的案由。我拿出打印好的修正后的《妇女权益保障法》原文，请对方看我划出的两个具体条款："昨天通过的修正后的《妇女权益保障法》明确了反性骚扰，而且明确可以提起民事诉讼，我们今天过来立案，但是暂时不确定具体案由应该是什么。"

立案的法官请我等一等，我知道他需要去请示相关负责人。一会儿法官回来告诉我可以立案，但现在确实没有性骚扰的案由，建议我们以"一般人格权纠纷"为案由立案。在本案之前，全国已有数起涉及性骚扰的相关诉讼，都因为没有独立案由，只能以一般人格权纠纷、名誉权纠纷、身体权纠纷等案由进行起诉、审判，包括我们之前办理的相关案件。可性骚扰不仅仅侵害受害者的身心健康和人格尊严，还有可能导致受害人辍学、被辞退甚至很难继续在行业里工作，故而还会侵害她们的受教育权、劳动权、职业发展等多项权利，这是以上案由无法涵盖的。因此我和很多关注妇女权益的法律人都希望性骚扰成为独立案由，从而使那些被侮辱和被损害的受害人获得更完整且公正的保护。本案是我的一次尝试和期许，在以后的日子里，推动性骚扰成为独立案由一直是我们不懈努力的目标，而且终于在14年后得以实现。2019年1月1日起，性骚扰损害责任纠纷正式列入民事诉讼案由。

所以，当时听到工作人员的建议后，我并不意外，也完全能够理解，性骚扰是否列入案由并不是个案能解决的，但是，每起个案都是通向目标宝贵的铺路石，都是不可或缺的量变。能够顺利立案就是一个很好的开始，也让我和迎春很开心。由于这是性骚扰入法后在北京提起民事诉讼的首案，媒体也给予了极大关注，将其视为标志性案件，称它为"京城性骚扰第一案"。

·最终选择和解·

立案后不久，案子顺利转到民事审判庭。一天，我突然接到主审法官的电话，法官表示，这个案件证据充分，胜诉的可能性较大，恰逢《妇女权益保障法》首次将反性骚扰入法，法院想将这个案件作为典型性案例进行宣传，想征求我们的意见。我觉得这是件好事，很有意义，这不正是我们期待实现的目标吗？我向法官说我跟当事人商量一下。我以为迎春会像我一样兴奋。当我在电话中告知她时，出乎我的意料，她并没有表现出兴奋，反而显得有些不安。

迎春问我："李律师，宣传的话，我的信息会不会被公开？"

我告诉她，宣传时会使用化名和模糊处理，而且案件不会公开审理，但是判决有可能会被公开。迎春的情绪突然变得有些激动，她对我说："李律师，如果这样，我丈夫还有亲戚、朋友、同事有可能知道是我本人吧？"作为律师我很难给她一个"是"或"否"的确定性答复，因为只要作出了判决，在一定程度上就会有信息被披露的风险，尽管我从内心希望这个案件能带来更大的社会影响力，但我必须如实告知当事人所有可能出现的法律风险。迎春突然哭了，她哽咽着说："我之前确实没有想到过判决有可能会公开，万一他们知道这件事，我就完了。这比性骚扰给我带来的伤害要大一千倍。"

随着时间的流逝，迎春变得开朗了很多，我一度以为她放下了。但当我听到她用"一千倍"形容未来可能受到的伤害时，我有些震惊。默默体会这个词语背后的意味，很快，我就明确了态度，对她说："尽管《妇女权益保障法》的宣传很重要，但是，我们首先要尊重你的意见，你不要为此有任何的顾虑。"

为保护她的隐私，迎春的个人信息、事发学校、案件的管辖法院，我一直对媒体闭口不谈。事情发生后，迎春也从未对老家的亲人朋友提起。她希望这件事永远只有她一个人知道，她无法接受哪怕只有一丝被公开的可能性，因为她无法承受这件事公开后可能带来的后果和伤害。宣传这个词把她的安全感打破了。我能够理解迎春，但不能说没有一点遗憾，我和同事已经为这个案件准备了近两个月，也成功立案了，我们渴望能够实现社会影响力的最大化。但我知道，社会效益与当事人的隐私和真实意愿比起来，后者更加重要。尊重当事人的意愿、维护当事人的利益永远是第一位。

如今这么多年过去，我代理过更多的性骚扰案件，看过当事人无数次的情绪崩溃；看过最初勇敢站出来维权、对我说"一起推动反性骚扰事业"的当事人因漫长的诉讼，工作、生活不得已停摆时的无助；也看过她们当中有的人分手、离婚，有的人患上严重的心理疾病；还看过有的人官司虽然打赢了，但得到的赔偿远无法弥补她受到的伤害和损失……我更加理解迎春当时的压力和顾虑。

我将迎春的顾虑上报给领导，随后机构一致决定尊重她的意愿。为此，我又提醒迎春，如果是判决，部分个人信息有被披露的风险，而如果是调解，或者是和解，当事人信息则不会被公开，信息泄露的风险会降低很多。她说她再好好考虑一下。几天后她联系我："李律师，我确实是想追究他的法律责任。但如果是这样，我不想开庭了，我想撤诉。"法官也表示理解。经过沟通，确定由法院来主持庭前和解，最终男方向迎春致歉并赔偿6000元。尽管以和解结案，但是在法庭进行、由法官主持的，迎春还是感受到了法律给她的公道，拿到了自己想要的说法，她对我说，她感觉很满意，也释然了。我知道，迎春想要的是一个法律意义上的公道，一个被社会所承认的具有公信力的文书，以此来证明并认可她是被伤害的一方。只有这样，她才能从自责中解脱出来，重新肯定自己，并开始新的生活。

案件结束后不久，迎春来向我道谢，也是告别，她告诉我她要离开北京，回乡了。

一晃十几年过去，这段往事，我一直不曾忘怀。有人问我后不后悔当初没有劝迎春坚持诉讼，如果案件胜诉当时会获得更大的影响力。我可以肯定地说，我从没有后悔。尊重当事人的意愿对我来说永远是第一选择。因为以后的生活是她们自己的，没有人能够替她们而活。尽管案件最终以和解结案，我依然认为这个案件无论是对整个社会还是对我个人都具有非常重大的意义。

　迎春案是一起典型的职场性骚扰案件。首先，它的社会意义体现在，迎春在遭受侵害后的应对，对其他想要维权的受害人来说是一个非常棒的参考。迎春不仅在案发后及时到学校投诉要求处理侵害者，并拿到了悔过书、保证书这样的直接证据，还及时报了警，拿到了公安机关对侵害者作出的行政处罚决定书。这些都为案件胜诉奠定了非常坚实的证据基础。其次，迎春案发后有非常严重的创伤应激障碍，这几乎摧毁了她的生活和工作。除了事件本身的伤害，她也被舆论二次伤害的恐惧所裹挟，迎春形容那是比性骚扰损害大一千倍的伤害。在性骚扰、性侵害的案件中，受害人的心理伤害是一个不容忽视的问题，在我接触的受害人中还有人因此患有抑郁症、焦虑症，甚至有自杀倾向。这提醒我们在这类案件中要重视受害人的创伤后心理修复，要摒弃受害人有过错的错误观念，社会舆论应当给予受害人更多支持。再次，我们将迎春的案件放在性骚扰首次入法后起诉，就是看到这个案件本身具有极强的典型性，我们希望通过此案鼓励更多受害人拿起法律武器维护自己的合法权益。

迎春案对我个人来说也意义非凡,它是我二十多年来坚持推动中国职场性骚扰维权进程中的一个重要案件——性骚扰入法后的首案。当年9月,我因代理此案登上了《法制日报》(现已更名为《法治日报》)评选的中国律师风云榜。除此之外,2019年7月,我代理性骚扰作为独立案由后的全国首例性骚扰损害责任纠纷案获得胜诉,弥补了迎春案的遗憾。能在中国反性骚扰法治进程的重要节点参与两个首案,是我的幸运。我骄傲于自己二十多年来不懈的坚持,更感谢我的当事人们,是她们的勇敢发声,成就了案件,也推动了法治的进程。

我很荣幸能够亲历、见证甚至推动中国反性骚扰的法治进程[①]。在每次法律法规的制定或修改过程中,我们都积极参与,提出基于实践经验的修改意见。我还记得,《中华人民共和国民法典》制定过程中,我们通过积极努力获得人大代表的支持,将我们涉及性骚扰的相关意见以议案形式提交两会。《中华人民共和国民法典》颁布后,我看到人格权编中关于性骚扰的定义,与我们提交的意见非常接近,激动的心情无以言表。反

---

① 2005年修正的《中华人民共和国妇女权益保障法》实现反性骚扰首次入法;2012年通过的《女职工劳动保护特别规定》首次明确用人单位预防和制止性骚扰的义务;2019年1月1日起增加了新案由"性骚扰损害责任纠纷";2021年防治性骚扰写入《中华人民共和国民法典》人格权编第1010条,该条不仅明确了性骚扰的定义,还明确了受害人的权利和相关单位的义务,同时保护主体不再局限于女性,男女均可成为被保护的对象。

性骚扰法治进程在中国的突破从来不是偶然的结果，而是多年的努力聚沙成塔，最后形成的质变。

多年来我一直秉承一个原则，除非必要，我不会主动联系我的当事人们。我清楚，在她们这段噩梦般的往事中，我也是其中的一部分，我同她们联系，有可能会唤起痛苦的记忆，让伤疤再次被揭开。十多年过去，我和迎春逐渐断了联系。但我内心一直惦念着她，希望她在家乡能继续完成自己的美术梦想，因为这个梦想沉重而珍贵。我也希望，迎春彻底地将这段往事留在北京，在家乡过着属于她的平静生活。

故事二
坚持冲出黑暗的女孩

· "大川王朝"中的性侵阴云 ·

进入新世纪之后，互联网愈发成为讨论女性权益、女性维权的活跃阵地。作为专职为女性维权的律师，我也非常注意经网络报道的妇女权益案件，并收集和了解相关新闻。2010年5月初，我看到一则报道：大川集团总裁唐大川涉嫌强奸女员工。22岁女子含笑报警称，自己被唐大川带到E市郊区的公寓里，遭威胁并拍下裸照，月经期间仍被强奸。

看完后，我的心情复杂。唐大川在当时是个网络红人，他曾连续6年出现在某大型晚会的观众席，靠穿一身标志性吊带西装、打小领结、蓄着长发、咧嘴大笑的喜感形象走红，网友还送他"吊带长发男"的称号。唐大川的另一个身份，是知名教育培训机构大川集团的总裁。二十世纪九十年代初，他在南方某省创立了大川集团，主要进行教育培训，经过近二十年的发展，大川集团在全国三十多所城市设立了培训机构，唐大川也一跃成为成功企业家、教育家，常常登上报刊电视。

事件曝出后，网络上舆论汹涌。公安机关开始通缉唐大川。几天之后，唐大川主动投案。面对警方的询问，他承认和含笑发生了性关系，但否认强奸。一周之后，J区检察院以唐大川涉嫌强奸罪对其予以批捕。

我继续关注案情的发展。5月下旬，一位知名记者发表了关于大川集团的相关报道，除含笑外，还有其他多名受害女员工接受采访，讲述自己被唐大川性侵的过程。报道还采访了大川集团在职和离职的员工。这篇报道让公众看到唐大川的另一面，也揭示了大川集团内部存在严重控制、奴役员工的风气。

作为大川集团的灵魂人物，唐大川在集团内部对员工进行洗脑式教育。他在周会上要求员工唱《大川之歌》，并背诵羊羔跪乳的典故，意为前有羊羔为我师，后有总裁为我范；我辈再不思报恩，岂不愧对大川人……。羊羔跪乳出自中国古语"羊有跪乳之恩，鸦有反哺之义"，喻指子女应对父母感恩、报答。而员工和企业是平等的劳动合同关系，大川集团却通过员工手册，将此夸大为员工的一切都是公司给予，员工要对总裁唐大川感恩、报答。此外，新员工入职后，还会被公司赠予新名字。姓名是个人的标签，是身份、特征的一部分，改掉人的名字，也就屏蔽掉了员工原来的身份和联系，这是想让员工弱化个人意志，完全地融入和服从公司，慢慢成为这个大企业里听话的一份子。

除了思想上的控制，大川集团对员工的行为举止还制定了严苛的规范，远远超越了企业和员工之间的劳动合同关系，更像是一种行为控制。唐大川曾颁布过一套中餐礼仪考评参考标准，吃一顿饭就有 17 条考评指标，比如"喝汤时应将碗端起，使用汤匙并由里往外，在碗的边缘滑过饮用（注意喝汤时不要发出吸吮声）""吃包子时不可直接用嘴咬，先将包子分两半"，员工怎么喝汤、吃包子公司也要管，简直匪夷所思。

针对这些行为准则，大川集团还设立了近 300 条极为严苛的罚款条目，名为大川准则，并设置专门负责检察的部门——稽查中心。含笑有一次在打扫总裁办公室时没拉好窗帘，被罚款 200 元。还有一位女员工，入职才半年就被罚了 2000 余元。大川准则中规训、物化女性的条款更是比比皆是，要求她们必须穿集团特定的 V 领制服、黑色丝袜、高跟鞋。唐大川迷信风水，因此女员工不能露出额头。他还让女员工减肥并在宿舍称重，按时健身，达不到目标体重也要罚款。恰如报道的标题所形容，作为一家现代化企业，大川集团却像一个封建王朝，唐大川就是国王，员工只能臣服、崇拜。

了解完这些信息，我判断这并不是一起简单的强奸案件，它是发生在职场中上司对下属基于权力控制的严重性侵害。从报道中也可以看出，唐大川伤害的不只含笑一人，其侵害方式有性骚扰也有强奸。

报道中有力的发问更是令人深思："机构中的性侵害，是否是单个的偶然事件？企业的等级制度、规训与惩罚，诸多日常运行的细节，甚至某种被包装得富有哲学意味的管理模式背后，是否隐藏着支持侵害的魔鬼？"

果然，这并不是唐大川第一次涉嫌性侵。据报道，早在两年前，唐大川在某市因涉嫌强奸罪曾被取保候审。一年后又被解除取保候审。那一次犯罪最终不了了之，让唐大川还能作为总裁继续在公司为所欲为，粉饰自己企业家、教育家的光辉形象。

这一次，唐大川当然没有打算真的束手就擒。

投案前后，唐大川借自己的权势，通过律师、家人，单方面多次召集媒体，想利用舆论工具为自己开罪。这也起到了一定作用，在大多数媒体和网民都选择支持含笑的同时，一些网友仍旧摆脱不掉固有的男性视角对含笑实施网络暴力。一时间，"这是性交易""含笑和唐大川是情人关系"的说法不胫而走，还有网友持受害者有罪论，指责含笑"这么晚为什么要跟异性出去"……

我和同事都很担心，一个二十几岁、刚刚步入社会的年轻女孩，在身心受创后，如何面对这些巨大的压力。从媒体报道的细节来看，含笑当时大学毕业仅一年，来自一个普通的农村家庭。她和唐大川之间的力量差距悬殊，她这种以卵击石的勇气，也让我非常敬佩。

单从法律层面，这桩复杂的强奸案，也有诸多亟待回应的疑难点。已报道的案情中，唐大川看似未有明显的施暴和胁迫行为，含笑也没有拼死反抗。这似乎不同于公众传统认知中的强奸。法庭后续会如何对唐大川定罪量刑？另外，有专家指出，唐大川案涉及罪与非罪的界限，相信法院会对是否构成强奸罪给出公正处理，但唐大川在大川集团内建立的控制和奴役女性员工的企业文化，是法庭无法约束和矫正的。如何给含笑有力的法律和心理支持？如何推动法官和公众对这种异化员工的企业文化有所认识？唐大川的公关力量强大，含笑该如何应对复杂的舆论？这些问题，摆在一名22岁的女孩面前，无疑是巨大的挑战和压力。她急需有力量的、专业性的支持和帮助。

我们了解到，案发后，含笑在家人的推荐下匆忙聘请了一位年轻的男律师。我们担心，她在和男律师全程沟通案发时让她倍感羞辱的细节时，会不会有障碍；我们也担心年轻的男律师在代理性侵案件上会不会存在缺少经验、理念不同和性别视角不同的问题。并且缺少有影响力的机构的帮助，凭律师的一己之力，恐怕难以抗衡当时唐大川的强大势力。

此前，无论是我所在的妇女权益保护机构还是我本人，都会主动联系性骚扰、性侵事件的当事人，毕竟我们已经代理了不少性侵案件，对这种权力控制下的性侵案件的特殊性、复杂性更熟悉。这一次，我们也希望，在这个案件里，我们能够帮助含笑。我联系上采访含笑的记者，请她向含笑转达，我们愿意和那位男律师一起做她的代理律师，为她提供切实的帮助。

在记者的牵线下，我先是通过电话联系了含笑，但第一次沟通，我明显感觉到她对我的戒备。我明白，她原本就处在一种身心俱疲的境地，加上当时严峻的舆论情势，她很难再轻易地信任一个陌生人。而我远在北京，我们之前也素不相识，她谨慎些也是对自己负责任。

我没有放弃。我相信，只要真诚地表达自己的初心，设身处地为当事人着想，她会消除对我的疑虑。我请记者再帮我向含笑说明情况。考虑到含笑现在也处在巨大的伤痛中，需要心理辅导，我们还介绍了一位懂心理学和法律的专家专门为含笑进行心理辅导。待含笑的情绪平稳一些，并征得了她的同意后，我们进行了第二次电话沟通，先由专家为含笑进行心理疏导。

记得那是一个温暖的秋日下午，我、记者和专家在客栈里见面。坐在客栈的草坪上，我们再一次拨通含笑的电话。温暖的阳光投下斑驳的光影。案发后，含笑内心控制不住地指责自己不够勇敢，也被传统的失节观念和羞耻心理深深折磨，经专家开导后，她轻松了许多。不知不觉间，我们增近了对彼此的了解，含笑真诚地向我们道谢。我也重申：我们愿意提供无偿的法律援助，尽最大努力去帮助她。含笑说，她需要再想想。

我理解她的犹豫，我们愿意等待。很快就到了7月初，当时，案件已经移送到了法院，我们预计会很快开庭，决定再去争取下含笑，让她授权我们做她的诉讼代理人。我们相信可以给她提供帮助。

事发后，含笑即离开了大川集团，去了D市一家培训机构工作。当时，恰逢我所在机构在该省有一场企业防治职场性骚扰的培训，培训结束后，我和同事立刻赶到D市，约含笑再见一面。

在车站旁的小饭馆，我第一次见到含笑。她是个高挑、清秀的女孩，由好友陪着前来，眉眼间笼罩着忧郁，但绝没有沮丧、自怜、愁苦的神情。我当时就感受到她性格坚毅勇敢，也是这份坚毅勇敢，让她能顶住压力，站出来告发唐大川。

谈话之初，含笑一直沉默，而与她同行的女孩则一直在发问。我知道，她们对我们还存有疑虑。我和同事拿出提前准备好的机构文件，向她们介绍了机构的情况，包括我们十几年间代理的女性权益相关案件及知名胜诉案例。我告诉含笑，我和机构主任愿意一起成为她的代理人，帮助她打赢这场官司。

随着谈话的深入，两个女孩的表情逐渐放松下来。看得出，她们对我们的戒心消散了。含笑告诉我，她现在聘请的律师，是家人帮她联系的，由于事发后她一直处在忙乱与崩溃中，能获得的资源有限，难以找到更有经验的律师。我则告诉含笑，我们希望代理这个案件，是为了帮助她，也是为了帮助更多人。唐大川创立了扼杀人性的企业文化，公司上下无视、践踏员工的人权，类似的情况并非只出现在大川集团一家，我们看到的职场性侵害案件也只是冰山一角。我们希望通过这个案件唤起社会对职场性侵害问题的关注，推动反性骚扰立法以及相关制度的建立和完善，这样才能让千千万万名和她一样的职场女性不再遭遇这样的伤害。听完我的话，两个女孩对视一眼，若有所思。

这一次，我们终于打动了含笑。她解除了与原来律师的代理关系，就这样，我和机构主任成为含笑的代理律师。

· 漫长的噩梦 ·

8月初，我和主任一起赶往D市，我们需要当面向含笑了解真实细致的情况。再见到含笑，她已经对我们卸下防备，还流露出对我们的亲近和依恋,毕竟她还只是一个刚刚22岁的女孩,案发后的种种波折已经让她疲惫不堪。她意识到我们值得信任之后,便将盔甲卸下,流露出小女孩的真性情。我们止不住心疼她,这段日子,她一直在艰难支撑,而此时,她太需要支持和爱了。

尽管不忍心让含笑再回顾一遍伤痛的过往,但为了案件,我们必须狠下心,让她详细讲述事情的经过。含笑深深呼吸了一下,似乎在给自己打气,思索片刻后开始了讲述。

2009年春天,大学四年级的含笑开始求职。但直到毕业,她一直都没有找到心仪的工作。正焦虑中,著名的大川培训向她抛来橄榄枝,含笑很高兴,同年年底她来到大川集团位于E市的总部工作。来到总部不久,含笑就隐隐察觉到这里企业文化的异常之处。含笑的面试是唐大川主持的。唐大川没问专业问题,问的是父母职业、家庭情况、有无男友,得知含笑是独生女,家在农村,男友远在S市时,唐大川还让她写下父母的个人信息和联系电话,并告诉含笑,如果工作出色,可以调往S市。当时,她是一个毫无工作经验的应届毕业生,能在大川集团积累经验、获得成长,甚至有可能去S市与男友团聚,含笑很期待。

入职后,含笑和所有员工一样,先学习大川准则,准则中的近300条规定基本都是针对女员工的个人生活。她被赋予了新名字,宿舍里放着健身器具和体重秤,因为总裁要求女员工保持苗条。在培训工作中,女员工要穿黑丝袜、高跟鞋,不仅不方便,还要面临某些男性学员异样的眼光。当含笑和其他女员工发出质疑和抱怨时,她们会被唐大川视为表达负能量并被约谈。唐大川通过这种方式让她们产生自我怀疑甚至自我否定。

和男友聊天时,男友也质疑,什么公司连员工的私生活也要管?但含笑想着求职不易,加上唐大川对她做出的"表现优异便将她调往 S 市"的允诺,她还是坚持了几个月。可唐大川在工作之外对女员工过度的"关怀",让含笑愈发不安。唐大川曾经突然进入女员工宿舍,当时含笑正穿着短款健身服在寝室健身。唐大川突然出现,提出要给她拍照,还说自己是在搞艺术创作。含笑惊慌失措,但她不敢开口反抗。

唐大川还得意地称,自己对女员工宿舍内的情况了解得很清楚。他还拿给含笑一管治脚气的药。总裁怎么会知道一个女员工有什么病?含笑既惊讶又觉得难堪,那管药物,她从未使用过。再后来,含笑陆续听说集团里有其他女员工被骚扰的事。结合唐大川之前的种种行为,含笑害怕自己也受到侵害,她把情况告诉了男友,男友坚决让她辞职。 2010 年 4 月底,含笑提出了辞职申请。但因为一直未能成功办理手续,所以含笑只能留下继续工作。

2010 年 5 月初,晚上 8 点多,唐大川以"含笑身上充满负能量,影响别人"为由,让含笑和他一起去公寓打扫卫生。含笑不敢说不去,她当时单纯地以为有新员工要入住,需要打扫卫生,就跟他走了。

接下来的回忆像一场噩梦。在路上,含笑已经感到车子驶去的方向越来越偏僻,唐大川说的话更让她惊慌不已,他说:

"我就说我在换轮胎的时候你突然就不见了,估计警察也是会相信的。"好不容易到了公寓,一打开房门,房间散发出一股霉味,她的内心更加慌乱,但只能照着唐大川的指示开始打扫卫生。唐大川开始劝含笑不要离开公司,含笑没有改变主意。他开始恼怒,拿出手机,说是要给一个叫"老五"的人打电话,威胁说如果含笑不配合,"老五"会过来将她带走。含笑很害怕,她当时独自一人,而且这个公寓这么偏僻,她怕被唐大川灭口,只好先答应不辞职。唐大川却说:"你现在同意,出门反悔怎么办?要证明你的诚意,就把衣服脱了,如果不脱,'老五'半小时就到。"

含笑哀求他,说自己一直很尊敬唐大川,还脱了外衣说明自己正在经期。但唐大川依然步步紧逼,一方面不断地拿"老五"来威胁,另一方面还炫耀他曾经"废过两个男的"。含笑很害怕,她想活下去,只能照他说的做。唐大川拿出他随身带的照相机给含笑拍照。拍完照片,他又说含笑充满了负能量,要帮含笑处理。随后对含笑进行猥亵,之后强行与含笑发生了性行为。

这一切都发生得太突然了,含笑不知道自己是如何走出公寓大门的。她想尽快回到宿舍,但唐大川强迫她跟随自己回公司签考勤——不签意味着50元的罚款。晚上10点,她在考勤单上签了自己的名字。

之后唐大川才放她回宿舍。重新回到熟悉的环境中,含笑压抑着的惊恐、痛苦终于宣泄出来。她哭着告诉室友自己被唐大川侵犯,并在浴室一遍遍冲洗身体,还厌恶地将事发时穿着的内衣裤扔进垃圾桶。之后,她给在 S 市的男友打电话讲明事情的经过,要求分手。电话那端,含笑的男友愤怒又心疼。男友告诉含笑:受此侮辱,不是她的错,他不会分手,也不会离开含笑。他鼓励含笑去报警,将唐大川绳之以法,这样唐大川才不会再去伤害其他人。当时含笑很矛盾。她认为自己的照片还在唐大川手上,她担心父母知道了会受不了。到了凌晨,男友又给含笑打电话,鼓励她报警,并且说他已在 S 市报警。

男友的陪伴与支持给了含笑力量。次日早上 6 点,含笑就去了附近的派出所报案,表示希望唐大川受到法律制裁。另外,由于入职时公司掌握了含笑父母和男友的信息,她担心唐大川未得到惩治,她和家人的安全无法得到保障。

幸好含笑报案及时。民警第一时间前往含笑住的宿舍,从垃圾箱捡回她扔掉的内衣裤,又去了昨晚的公寓,找到了唐大川胁迫含笑时使用的沾有血迹的浴巾、床品还有大量的情趣玩具。通过生物学检验,警方找到了证明唐大川性侵的重要证据。

含笑讲述的过程中一直在痛哭,事实上,我们几次见面,她都在哭,我很心痛,不断地安抚她。含笑是不幸的,但另一方面,她又是幸运的。案发后,她的男友、家人都在陪伴和支持她。我代理过的那么多案件中,不是每位性侵受害者都能获得亲友的共情和帮助,那些能得到亲友理解或帮助的受害者,往往更具有打破沉默、站出来维权的勇气。

听完含笑的讲述,我相信,这就是真相。但当时也有网民基于报道质疑含笑:唐大川让她去打扫卫生,为什么不拒绝?

过程中为什么不反抗？唐大川那么有钱，为什么要强奸？其实对于这些问题，如果能认真了解含笑在大川集团从工作到被侵犯的过程，理解她在遭到侵害时的处境，答案就昭然若揭了。

首先，我们必须看到，含笑在集团工作的几个月，已经处在唐大川的高压管制和精神控制之下。唐大川要员工对他感恩戴德，反对、反抗他就是不懂感恩，大逆不道。无形中，已经让含笑这样的基层员工对他产生了恐惧和无力感。唐大川是公司总裁，即使在通常情况下，普通员工也很难对他说"不"，当唐大川提出要含笑去打扫卫生时，在总裁巨大的权威下，含笑是不敢拒绝的。

含笑的性格原本就是温顺的。据含笑所说，很可能自唐大川了解她的个人和家庭情况时，她就已经成为唐大川选中的猎物。我发现职场性侵害案件中，被害人通常有共同的特点：性格温和乖巧，缺少社会经验，多为职场新人。她们还处在单纯的人生阶段，对于职场中超越老板对职工关系的控制行为往往不易发觉，就算发觉了，也不知道如何应对。

其次，性侵发生在陌生偏僻的公寓。含笑虽然一直口头表达拒绝的意愿，但面对着体力远超自己的唐大川，她处在孤立无援的境地。唐大川还借流氓"老五"之名对她各种威胁，含笑没有拼死反抗，是处在恐惧状态中为自救而不得已的选择。

一些人认为唐大川有钱有权，为什么非要强奸？其实也不难理解。对于权力欲极其膨胀的人，强奸不只是为了发泄欲望，更是要借此展现他的权力，满足自己控制一切的欲望。况且，膨胀让他产生过度的自信，让他自以为对方不会告发他。

在他的观念里,员工就是奴隶,只能臣服于他,怎么敢反抗他。他栽倒在他极度膨胀的权力欲里,也栽倒在他不屑一顾的职场新人的勇敢之下。

·法庭上,含笑的坚持与失控·

案件内容已经基本清晰,我和主任也讨论了我们可以在案件当中起到的作用。

第一,提供理解案情的性别视角,进一步分析此案背后的特点、规律,帮助法官更好地从性别视角来看待权力控制下的强奸,认定唐大川违背了含笑的意志。

第二,在案件定罪量刑层面给出我们的意见,给公诉人助力。特别是在量刑上,我们希望庭审法官能注意到,含笑被唐大川强奸时正处于生理期,在没有法律明确规定的基础上,在强奸罪三至十年的酌定量刑层面,考虑对唐大川加重惩罚。

第三,做好刑事附带民事的诉讼代理。案件移送法院后,我们递交了刑事附带民事诉状,要求唐大川赔偿被害人医疗费、交通费、误工费、原先律师的律师费等经济损失。同时,我们也提出了精神损害赔偿请求,虽然在刑事附带民事诉讼中很难支持精神损害赔偿,但是在性侵害案件中被害人最大的损失就是在精神层面,我们希望司法审判实践能关注到性侵害案件的特殊性。明知很难,我们也要努力一把。

第四,为含笑提供尽可能多的精神和心理支持,让她有勇气坚持下去。特别是开庭，含笑可能会面临被告人以及辩护律师暴风骤雨般的打击。

经历了数月等待，2010年10月初，我们和含笑终于迎来案件开庭。出庭前，我和机构主任一直给她做心理建设，告诉她，被告方可能会有扭曲事实的发言，让她尽可能地不要被影响，坚信法官会作出公正的判断，法律会给她一个公道。我们会在场给她最大的支持和安慰。身经百战的我们可以预见到被告人为了脱罪无所不用其极，但是对年轻的含笑来讲，那还是无法想象的情景。所以，我们提前跟她沟通，让她至少能有心理上的准备。

但开庭那天发生的一切，还是成了含笑的又一场噩梦。

我们相约在法院门口见面。含笑穿着朴素大方的白色衬衣、黑色牛仔裤。她神色有些疲惫，说是昨晚没睡好，但她的表情中，还是充满了与唐大川正面对抗的决心和斗志。

正式开庭前，主审法官特意叮嘱含笑要注意控制情绪，以便庭审顺利进行。案件不公开审理，法庭上只有3名法官、1名书记员、2名公诉人、4名双方代理律师、含笑，当然还有唐大川。站在被告席上的唐大川，不复意气风发的形象。他一身囚服，剃掉了标志性的长发，依然戴着黑框眼镜。在看守所度过了几个月，他看上去有些颓唐。

庭审的焦点，是唐大川的行为是否构成强奸罪。

按照程序，公诉人宣读起诉书后，唐大川进行陈述。在法庭上，他承认与含笑发生了性关系，但仍然否认是强奸。这刺激到了含笑，她忍不住冲他大喊："你胡说！"

唐大川看上去却未受影响，面不改色，继续陈述。唐大川口中凭空捏造的说法，让含笑不断地受到打击。含笑忘了法官最初的提醒，她想驳斥唐大川，但被法官制止。她浑身发抖，眼眶含泪。庭审过程中，我紧紧地抱着她，不断地抚摸她的脸颊和头，安慰她，她才能继续支撑下去。后来，只要唐大川说话，她就怒目圆睁地盯着他，眼睛里像是点着了火。

　　好在，面对狡猾的唐大川，此案的公诉人经验丰富。他面色平静，开始向唐大川提问，他的声音冷静，问题却暗藏玄机。他先问唐大川是否知道含笑的手机号，唐答不知道；又问唐大川何时知道含笑的真实姓名，他说是自己投案后才知道。这两个问题，一下揭露出唐大川称自己和含笑是情人关系的说法是在说谎，其回答漏洞百出。

　　看到公诉人的出色表现，我安慰着愤怒的含笑："公诉人很棒，放心吧。"

　　庭审比想象中的漫长。中午，主审法官宣布休庭，下午1点继续。我们在法院旁边买了些面包、饼干作为午餐，含笑上午实在是太辛苦了，我和主任有些担心含笑的心理状态，一直在鼓励她。

　　下午开庭时，唐大川的辩护律师在阐述唐不构成强奸罪的辩护意见时，继续对含笑进行主观恶意的推断，含笑用力地抓住我的手，全身战栗不停，我站在她身边，抱着她，希望能给她传递力量和信心。

　　但唐大川及其律师辩称"含笑和唐大川可能存在性交易"，给了含笑最痛苦的一击。他们提出，发生性关系后，含笑曾向唐大川索要 5000 元，事后，唐大川通过公司财务多给了含笑 3000 元。这 3000 元就是双方性交易的证据。

这是唐大川为脱罪污蔑含笑的说法。这笔钱，实际上是公司副校长张某某向含笑工资卡内转入的工资。这个说法也得到了证人张某某的证实。

被告方如此歪曲事实，给含笑泼脏水，听到这些，含笑终于抑制不住累积的愤怒和悲伤，发出了一声痛苦的哀嚎。立刻，我、机构主任、公诉人几乎同时举手，要求法官制止对方如此不负责任的言论。

法庭终于重归寂静，可含笑伤心得几近晕厥。法官宣布暂时休庭，含笑已经疲惫到难以独立行走，我们将她扶到法庭旁边的房间，好心的法警递上纸巾，倒了杯热水给她。浑身瘫软的含笑靠在扶手上，止不住地哭泣。这种情况她已经无法再出庭，我们请求法警照顾她。回到法庭的我们振作精神，斗志更勇了。我们一定要替含笑争取到属于她的公道。

我们对被告方刚才的说法进行驳斥：首先，案发后，含笑从未向唐大川发去任何信息要钱，也未曾有任何性交易的暗示；其次，这笔钱是含笑离职后，机构副校长通过工资卡打的工资，是含笑合法的工作所得。唐大川和辩护律师完全是偷换概念。

尽管唐大川和辩护律师极力狡辩，甚至不惜称自己存在性功能障碍，无法自行完成性行为，但是，面对充分的证据以及公诉人、诉讼代理人的强大攻势，这些狡辩显得苍白无力。在辩论结束后，我已经笃定，唐大川一定会被定罪。

刑事部分庭审结束后,开始刑事附带民事部分的审理。最后陈述部分,我们作为被害人诉讼代理人特别阐述了我们对此案的看法和案件的社会意义,呼吁通过此案警醒企业,要建立防治职场性骚扰的机制,建立平等、和谐的企业文化。

庭审结束后,唐大川离开法庭,脚步还是踉跄的。在权力膨胀、欲望失衡的心境下,在缺少平等尊重的公司文化中,他日益迷失,最终犯下了伤害他人、无视法律的罪恶。

我看着痛苦到失控的含笑,心痛不已。我们搀扶着她离开了法院。好在,几天之后,含笑崩溃的情绪开始慢慢好转。

12月24日,含笑和我们终于等来了公开宣判。遗憾的是,当时含笑不在E市,我和机构主任因事也无法前去。我拜托旁听宣判的记者朋友第一时间转达判决结果。下午不到4点,记者朋友致电我:唐大川被判犯强奸罪,判处有期徒刑4年。

依据强奸罪的两个构成要件:违背妇女意志和双方发生性关系,法官从以下几点判定唐大川违背含笑的意志,采用胁迫手段,强行与含笑发生性关系的事实。

第一,双方并不存在感情基础。案发前,唐大川不知道含笑的真实姓名、手机号码,几乎没有其他私交,唐大川所说的情人关系自然不成立。唐大川即使对含笑有好感,也是他的一厢情愿,并未得到含笑的认可。

第二,案发时的特定环境。案发前,含笑已经多次向唐大川提出辞职请求,被拒绝。唐大川以让她打扫卫生为由,将她带进地理位置偏僻的公寓,当时室内仅有唐大川与含笑两人。

含笑作为一名处于实习期、未真正走出校园、涉世未深的女性，在陌生、封闭的环境下，面对暴躁、体力远超自己的老板唐大川，含笑是恐惧且孤立无援的。

第三，案发后含笑的表现。案发后，含笑回到宿舍并向室友和男友哭诉自己被唐大川胁迫、拍裸照继而被强奸，还将内衣裤扔到垃圾桶内，以示厌恶之情。她失眠了一整夜，次日早上6时，就前往当地派出所报案，报警非常及时。

而对于被告方所说的性交易及钱款证据，能证明唐大川此说法的仅有唐大川的供述，无其他证据，法院不予认定。唐大川对公安机关供述该款为工资补偿，与大川集团副校长的证言、短信相印证，不能证明双方存在性交易。所以，唐大川及其辩护人的辩护意见与事实不符，法院不予采纳。

我很欣慰，马上将结果告诉了含笑，她也很高兴。虽然我们觉得量刑偏轻了，但重要的是，法律已给出有罪判决，洗掉了对含笑的污名。

我对含笑说，你可以过一个安心的新年了。含笑幸福地笑了。

但是我们没有预想到，还有一场风波在等待着含笑。

·唐大川的反扑·

不久后，我们收到消息，唐大川要上诉。他不会甘心就此输给含笑，这在我们预料之内。但可笑又让人愤怒的是，他操纵舆论为自己洗白。 2011年元旦刚过，唐大川即委托代理律师召开新闻发布会，公布了其在狱中手写的7页上诉状，表示要申冤到死。

在法院一审已宣判唐大川构成犯罪的情况下，仍旧有部分媒体发表倾向于唐大川的报道。为保护当事人隐私，这是一桩不公开审理的案子，他们却公布了庭审时的细节，对唐大川不堪入目的陈述，不辨别真伪，照登不误。这些报道刊登后，指责含笑"参与性交易"的说法甚嚣尘上，让她再一次受到极大伤害。

工作多年，我和媒体打过不少交道。在涉及女性遭受暴力的案件中，我深知媒体的作用可能是一把双刃剑。在这个案件中，我曾和具备性别理念和坚守职业伦理的媒体工作者合作，媒体平台发挥了重要作用：通过报道，发掘更多真相，呈现和传达女性受侵害背后深刻的社会和文化原因；积极提供线索，助力我们代理案件。但也存在一些媒体为了利益、流量，在报道内容和标题上常常以性来博取眼球、消费女性痛苦，将女性物化，根本掩饰不住报道中的厌女倾向。

因此，我们希望，媒体工作者们能够在报道此类案件中，审慎思考：媒体的报道要为谁说话？媒体作为社会公器，如何担当起维护社会公义的崇高责任？我们希望媒体能够承担社会责任，不去纵容、满足读者的猎奇心态，不能只是呈现暴力，缺乏观察、诘问、反思、建议。

最终，我们决定也召开一场发布会，拆穿唐大川自导自演的剧本，也让公众了解案件的真相。

在唐大川委托律师召开新闻发布会一周之后,我所在机构召开了本案的专家研讨会。那天,含笑勇敢地出现在会议现场,为自己发声。为保护她的隐私,我让她戴上了口罩。发言时,她的眼睛红红的,数度哽咽,但语气坚定:"虽然我现在身心疲惫,但我仍要站出来。如果我不站出来,那之后的人呢?我想让全国的女孩都知道怎样去保护自己。"

我想起第一次见到含笑的情形。我感知到她性格中的刚毅,但也有些许脆弱、茫然,以及涉世未深的青涩。但在应对诉讼和舆论的半年中,她愈发成熟坚定。年轻的她遭遇厄运,但她并没有被打败,而是坚决地抗争,最终和支持她的人一起赢得了胜利。与她并肩战斗的日子里,我也收获良多。

在研讨会上我们重申了一审法院在判决时所强调的:认定强奸罪,不能以被害妇女有无反抗为必要条件。实践中,很多被害人担心危及生命而不敢反抗。在强奸的认定上,最本质的特征是违反被害人的意志。多位专家表示,时代在进步,不能像古人要求烈女那样去要求当代的女性以死相拼,甚至宁死不从,复杂的权力关系下,无反抗的强奸也仍然是强奸。

研讨会也针对性侵害案件的定罪量刑展开了讨论。含笑是在生理期期间被侵害,这对身体的损伤更大。因此有专家建议生理期妇女被强奸应成为酌定加重情节,因为在此期间发生性行为,会给女性的身体和心理带来更大的伤害。《中华人民共和国劳动法》(以下简称《劳动法》)中就对妇女的特殊生理期有保护,而在刑事诉讼中,对于孕期、哺乳期或流产休息期的妇女,也实施较轻的强制措施。但在唐大川案发生时,当时的刑事法律及司法解释，还没有妇女在特殊生理期间遭遇性侵害的加重规定。因此，多位专家建议在《刑法》修改时，将妇女在生理期期间被侵害，列为强奸罪加重刑罚的量刑情节。

最后，与会专家们呼吁警惕奴化员工的企业文化。大川集团的企业文化违背《劳动法》，更侵犯了员工的基本人权，也使得女员工暴露在被侵害的危险中。专家们强调，要建立平等尊重、多元包容的职场文化，同时，应建立完整有效的预防和惩治性骚扰机制，通过多种方式在职场内设置防治性骚扰的规定，营造反对性骚扰的文化和氛围，进一步提高职工对性骚扰问题的识别能力和敏感度，也能约束职场内权力的滥用和其他不当行为。

几个月的等待之后，不出所料，二审维持了原判。所谓的"大川王朝"彻底坍塌，唐大川以及他建立的一系列企业文化成了被唾弃的反面教材。含笑也开始了新的生活。

让我感到欣慰的是，第二年，《女职工劳动保护特别规定》通过并实施。该规定第十一条明确，在劳动场所，用人单位应当预防和制止对女职工的性骚扰。这是从行政法规的角度规定了用人单位保障女职工权益的义务，也为女职工维权提供了法律依据。更令人欣喜的是，近年来防治性骚扰的法律制度越来越完善，我亲历且见证了这些巨大的变化。

十一年过去，在高校、职场中权力控制关系下性侵害女性的案件仍时有发生，我们需要更强力的手段，更有效的防治性骚扰支持系统，提高女性对性骚扰的识别能力和敏感度，保障受害者的权益。而对性别暴力案件受害人的污名化，受害人有罪论、苛求完美受害人的说法，在舆论上仍然有市场，我也亲眼见证这样的说法给当事人带来伤害。我想，努力消除物化女性的观念、消除对女性的歧视与暴力，构建新的性别文化，依然有很长的路要走。

选择披露　勇敢前行

权利，同我们一起诞生！

——歌德

故事三
权力控制下的"诱奸"

· 罗生门 ·

2014年6月,一位名叫阳子的女孩在微博上发布文章控诉南方某高校老师魏挟多次性骚扰女学生,文章发布后引起了一定范围的关注。7月中旬,一位名叫辛夷的女孩发表声援文章,控诉M大学博导魏挟诱奸女学生,让整件事情迅速发酵,引发了全网关注。

辛夷的爆料更猛烈,也反映出事件的性质更严重:"诱奸"一词说明发生了性关系,同时她附上这位博导半裸熟睡的照片予以证明。正常来说,一个女学生怎么可能会有博导的半裸照?据辛夷自述,魏挟每次找她开房后,都会检查她的手机查看她有没有拍照,这张照片,是她趁魏挟熟睡后拍摄,传到邮箱后再从手机相册删除才保留下来的证据。这大大增强了辛夷讲述的真实性。

自从我办理京城性骚扰第一案后,职场和高校的性骚扰事件一直是我关注的议题,因此,我也密切关注这次事件的走向。那段时间，网络上的舆情只能用热闹来形容。不少网友发声支持辛夷和阳子，但质疑声也不断。几天之后，M大学发表声明，宣布中止魏挟的研究生导师资格，学校成立调查组展开调查。但接下来发生的一系列事情却让真相如堕五里雾中。调查尚无定论时，又爆出新闻，魏挟所在院系多名学生联名给纪委写信力挺魏挟，赞扬这位导师学术水平高，待学生很好，还指责了投诉者。

真相似乎扑朔迷离。舆论纷扰间，我最担心的是辛夷和阳子两个女孩的状况。我看过她们的投诉信，尤其是辛夷的，她的控诉发言和证据很有力，结合新闻报道上的已知信息，我判断她的讲述大概率是真实的，而上网披露此事，是勇敢之举，也是无奈之举。毕竟她们之前向M大学的相关部门举报过，但不了了之，两人才选择在网络上披露维权。

更棘手的是，这两个女孩遭遇的是权力关系下的性骚扰。魏挟是她们的导师，也是在业内学术成就很高、很有话语权的知名学者。在高校，导师一定程度上可以决定、至少是影响学生的学业以及未来职业发展的空间，由于辛夷她们所在的专业是小众专业，导师的影响力会更大，得罪了导师，未来的毕业、工作可能会因此受到巨大的影响。阳子当时已经不在M大学，但辛夷还在读博士，依旧是魏挟的学生，她曝光了事件和照片，随之而来的各方压力她也很难承受。

我不仅是律师，我还是一个女儿的母亲，想到她们俩的遭遇，我的内心很痛。据辛夷自述，她没有同家人、朋友讲述这件事，没有公开自己的身份，她是匿名独自面对整个事件，那她的境况一定是孤立无援的。我很想联系上她，希望能给她提供一些帮助——心理上的支持和法律上的支持。

就在这时，关注女性权益的知名媒体人李思磐联系我，说已经设法联系上了辛夷，虽然有许多支持辛夷的网友，但由于联名信力挺魏挟，网络上也有许多人在谴责她，这让她对未来调查走向何处感到迷茫，也因为焦虑于自己的隐私暴露而压力重重。思磐觉得自己可以发动媒体力量，做相关报道帮助她发声，但辛夷现在也急需专业的法律援助。她想到了我，我们俩认识多年，既是好友，也是战友，于是她来问我是否愿意帮助辛夷。

这可谓是心有灵犀了，我当然很愿意，后续如何帮助辛夷，我和思磐觉得最重要的就是先见到辛夷。根据她在网络上的发声，她与魏挟发生了关系，但魏挟对辛夷是否实行过强奸？事件中是否涉及符合强奸罪的构成要件？这决定了之后能否追究魏挟的刑事责任……所有的一切，都需要见面了解更多真实情况和辛夷可能掌握的证据，才能决定下一步该怎么做。

思磐已经多次跟辛夷沟通，辛夷非常信任她。思磐把我的情况同辛夷说了，辛夷在网上搜索了我的信息，对我有所了解后希望我能够帮助她。这让我很感动，我了解辛夷此时的心境，她确实急需帮助，但同时，巨大的压力以及网上诸多的恶意也会让她不会轻易相信不熟悉的人，我很感谢她对我无条件的信任，也坚定了我帮助她的决心。思磐告诉我，辛夷急切希望能见到我们。正值暑假期间，她已经从 M 大学回到老家，网络上支持和反对她的网友各执一词，而学校的调查组当时已经在联络她，她应该如何应对这些声音？事件走向会影响她未来的学业吗？她非常茫然和焦灼。

在哪里见面呢？我们商量了很久，辛夷对见面的地点很慎重，她担心自己的个人身份信息会被暴露。她的谨慎和恐慌，让我和思磐心疼。我们表示能理解，她选一个她放心的城市就好。

首先排除 M 大学，辛夷的老师同学太多，万一被碰到，很可能会认出辛夷。在我工作的北京或思磐工作的广州？辛夷也不放心。当时案件的关注度太高了，辛夷觉得，我和思磐都是在各自领域长期为女性发声的公众人物，如果在我们工作的城市见面，被媒体或其他人了解到，也很可能猜到辛夷的身份。

最终，为了最大限度地对行程保密，我们选择了西部的一个省会城市见面。我们三人对此地都相对陌生，被认出的概率极低。保险起见，我还让同事以自己的名义在那座城市预定了酒店。而选择见面的具体地点，我们也特别小心。我不想在酒店房间内见面，担心这类场所会唤起辛夷不好的记忆。而辛夷的意思也是约在一个不太被注意的地方。最后，我们选择了当地一间极不起眼的面馆。

我终于见到了辛夷。此前，我想象过辛夷的样子，看到她的时候，稍微出乎我的意料，已经博士在读的她并没有过多学究气，反而像一个安静的邻家女孩。

参与了不少高校性骚扰的案件，我总结出两点经验：一是多数时候，高校教授们在挑选"猎物"时会抓住时机，即学生刚入学不久，处在天真懵懂的阶段，对老师没有防备；二是喜欢那种看上去性格单纯乖巧，不是特别有主见的女学生。辛夷的外表看上去就是这类女孩。当然我们知道，她勇敢地搜集证据、发声，并不像她外表看上去那么柔弱，相反，她是恶行的终结者。

像寻常顾客一样，我们各自点了一份面，我记得我点的是我很喜欢吃的岐山臊子面。然后，我们一边吃着面，一边听辛夷讲述她的经历。

·权力控制关系下的"诱奸"·

辛夷最初进入 M 大学读博成为魏挟的学生时，是很景仰魏挟的。魏挟作为博士生导师在专业学领域展示出的才华和学术造诣以及在讲课时展示出的魅力，对还是新人的她来讲，是带着天然光环的。因此，她很乐意帮助老师做一些杂事，多和老师接触，向他学习。

辛夷在 9 月中旬入学，不到 10 月，魏挟就开始找辛夷做一些基础的财务工作，如贴票、报销等。这类工作有一定的要求，需要细心完成，辛夷不是专业从业者，刚开始工作时，有些没做好，魏挟就会很严厉地批评她，有时候还是当着众人面前。辛夷内心觉得很沮丧，她开始对魏挟萌生害怕的心理。

但批评之后，魏挟又会表扬她，还透露出很欣赏她的意思，并承诺自己会帮助她。他建议辛夷去写论文，自己会给她提供指导意见，并帮她发表论文。辛夷受宠若惊，她以为是自己和老师的关系好转了。而且她作为博士生，在读期间也有发论文的要求。当时魏挟在专业领域是学术骨干，同时主持着一些专业杂志的专栏。辛夷想要发论文，写得好固然重要，导师的提点和推荐也很重要。魏挟就这样让辛夷对他产生了强大的憧憬和依赖。

其实，从后来发生的事情来看，魏挟的种种行为都是有意为之。我发现，在权力控制关系下的性骚扰，尤其是在高校、职场，很多老师、领导用的都是这样的模式。魏挟的才华、学术造诣和博士生导师的身份、学术骨干的光环，这一切都让辛夷非常敬仰，这对于想要控制别人的一方是非常有利的。许多侵害学生的高校老师，最初利用的正是自己的权威身份以及学生们对他的尊敬。

同时，魏挟通过打压加表扬的形式，让学生对他既尊敬又害怕。这种又敬又怕的感觉，本身就是一种控制。因为一味地表扬，女孩就会很有自信，但一味地打压，又会让她远离。用这种奖励与惩罚并存的激励政策去控制女孩以达到他的要求和目的，是最有效果的。他让女孩听信于他，臣服于他，他在女孩面前建立起的威严，会让女孩在他做出越界的事情时，不敢去反抗，甚至会觉得可能是自己的错。

就这样，借着工作、指导论文的名义，魏挟和辛夷渐渐熟识，他便开始逐步在行为上加码。

辛夷因为工作需要常常去魏挟的办公室，在办公室里，他会突然拉住她，抚摸她的手，拍她的脸。再后来，他还会突然抱住她。魏挟还在指导论文的时间和辛夷聊一些私人的话题，企图打听她的隐私，问她有没有男朋友，并开始在言语上说喜欢、欣赏她,讲弗洛伊德理论、荣格心理学等,借心理学大师的学术理论合理化自己的行为,也减轻辛夷的负罪感。

接着魏挟开始对辛夷进行性暗示。有一次辛夷去他办公室,魏挟突然拿出了避孕套,要求辛夷在办公室和他发生关系。看到敬仰的老师从办公室的抽屉里拿出避孕套,辛夷吓坏了,她拼命地拒绝,努力挣脱被老师捏住的手,逃了出去。但是,她毕竟还是魏挟的学生,这是摆脱不了的天然的权力控制关系,而且在课堂上,魏挟的学识和才华确实富有魅力。年轻的辛夷对老师的感情处在懵懂、困惑的迷茫中,同时,她也怀有很深的道德歉疚感,并且她也恐惧社交被孤立、前途被影响。她觉得很难抉择。

魏挟继续对辛夷提出性邀约,还有意无意地拿发论文的事威胁她。辛夷给我们看他们的聊天记录,魏挟直接对她讲:"如果你不听我的,后面有一堆人想发论文。"他还说:"女生凡是听我的就给机会,如果你不听我的,你就会失去机会。"在魏挟的控制下,辛夷慢慢丧失了逃离的勇气和能力。其实到这里,魏挟和辛夷之间的权力控制关系已基本形成了。这正是魏挟的狡猾之处,如果他第一次见到辛夷,就提出一起去开房,辛夷一定会断然拒绝。而经过前期一系列对辛夷的控制和洗脑,魏挟成功将自己的行为合理化,将自己和学生深度捆绑,让辛夷落入了他的圈套。

多次施压后,魏挟终于得逞了。但他坚持要辛夷用自己的身份证开房。他显然很狡猾,让女学生用她的身份证开房,一个二十多岁的成年人,公安机关怎么去认定这段关系中有强迫的成分？而每次离开时，魏挟一定要查看她的手机相册。辛夷意识到，这都是怕她留下证据。

每次和魏挟出去，辛夷也觉得恶心，处在对男友、对师母的道德歉疚感当中，她感到自己很痛苦。她不断拒绝魏挟，但是魏挟总是一再要求，她不敢把关系弄僵，也不敢激怒他，毕竟自己还没毕业。但她想，无论如何要留下证据。有一次趁着魏挟睡着了，辛夷对着半裸的他拍下了照片，拍完之后马上发到邮箱并在相册中删掉了照片。魏挟醒后，照例查看她的相册，相册里什么都没有，他们就离开了。

尽管她不得已地维持着和魏挟的关系，但当魏挟提出要帮助她，给她推荐一个学术机会时，辛夷拒绝了。她觉得如果接受了，这段关系就彻底变成交易，等于她出卖了自己。拒绝后，辛夷的道德歉疚感减轻了，魏挟很意外，也表现得很不屑，说她装清高。

辛夷渐渐意识到，她对魏挟不是特殊的存在，魏挟只在想要发生性关系时才会联系她。他还和其他女学生之间发展超越师生关系的暧昧关系，会按照自己的喜好要求这些女孩穿衣打扮、举止行动，该留什么样的发型，穿什么样的衣服、鞋子……辛夷发现学校里也有其他女孩在这样打扮，她们和她一样，渐渐成为魏挟希望塑造出的女孩的模样。她知道又有女孩落入他的魔掌，辛夷觉得很悲哀。

这个过程太过痛苦了，由于心理压力过大辛夷开始服药，她在学校做心理咨询时，对信任的老师吐露了这件事情，老师鼓励辛夷反抗。感受到支持后，辛夷开始拒绝再跟他出去，也拒绝他帮助自己。但魏挟却想要继续控制她，这让辛夷更加崩溃。

辛夷尝试过向学校举报，但却不了了之。正在这时，阳子在网上披露了自己的经历，阳子甚至中断了学业，也没能拿到毕业证。读了阳子那篇文章后，辛夷觉得她特别勇敢。她开始思考自己是不是也应该站出来，可当时的她还没有勇气。

其实我特别能理解辛夷的摇摆。就在辛夷的事情曝光之前，我曾援助过一个女孩，她来自一所很好的大学，她的老师在办公室强迫她发生性关系，她坚决不同意，因此惹怒了老师并遭到报复，老师声称她的毕业论文涉嫌抄袭，最终女孩没能拿到毕业证。女孩找到我的时候，已经奔波了好几年，但依然没有结果。这些案例让我感受到高校老师和学生之间由于极强的人身依附关系从而形成的权力控制关系，反抗往往起到以卵击石的效果，反而弱势的学生会受伤。因为学生不具备话语权，让她们站出来反抗需要非常大的勇气，也面临着很大的风险。

犹豫了20多天后，辛夷最终决定站出来，一是因为魏挟还想继续控制她，二是看到不断有女孩跳进陷阱，如果什么也不做，她会非常不安。7月，辛夷毅然决然地选择披露这件事情，于是就有了我们看到的那篇文章。

在面馆里，辛夷讲完了整件事情的经过，此时这座西北名城已经华灯初上。听完后，我的情绪很复杂。我能理解辛夷的经历。我们如果没详细了解这个过程，也很难理解辛夷后来的选择。就像辛夷说的，魏挟为了达成对学生的控制，在很早之前就使用了"胡萝卜加大棒"的形式，让学生无意识地一步一步陷入他的权力控制中。这些女学生就像是被放进温水里的青蛙,魏挟一点点地加强控制,强度大到她们意识到不对劲想跳出来时,已经不可能跳出来了。这种深陷其中的无力与无助,只有置身于控制之下的人才清楚。

大众面对这类案件,一是要摒弃受害者有罪论,也不能要求她们是完美受害人。世界上没有人是完美的,那为何要求受害人必须完美?二是要避免苛责受害人。很多人会认为受害人也有错,所以她们不值得同情。这种所谓的"错",其实是她们置身于控制关系之下不得已的选择。

我对辛夷表达了肯定和赞扬,她能站出来是特别勇敢的。我也看了她搜集的相关图片、聊天记录等证据,辛夷说她想追究魏挟的刑事责任,这个人的种种恶行,完全应该让他进监狱。但看完聊天记录,我诚实又遗憾地告诉辛夷,追究魏挟的刑事责任挺难的。因为开房时辛夷使用的是自己的身份证,她也没有魏挟胁迫她的直接证据,她很难证明自己是被迫跟他发生了性关系。但辛夷有魏挟性骚扰的证据。我问她是否考虑追究魏挟的民事责任?辛夷觉得追究民事责任对她来说意义不大,魏挟性骚扰女学生已经成为社会热点事件,他的名誉已经随着他恶迹的披露荡然无存,所有人都知道他的真实面目。辛夷坚持如果无法追究刑事责任,她希望能够追究魏挟在党纪、人事方面的责任,她觉得作为党员、M大学博士生导师,魏挟应该被开除党籍和学校公职。

我同意她的看法,我们就朝着这个方向努力。辛夷和我签署了非诉讼的委托代理协议。

我能感觉到，随着我和思磬深度的介入和支持，梳理了应对思路后，辛夷安心了很多。但她还是很遗憾无法追究魏挟的刑事责任，责备自己不够勇敢，没有及时说"不"。我和思磬安慰辛夷："在当时的情境下，你是不得已。他对你洗脑，给你学业上的压力，还暗示不听话就要孤立你，剥夺你的机会。在这种严重的人身依附关系之下，你是不得已做出的选择。不要有苛责自己的想法。你发布了这篇文章，说明你已经足够勇敢了。"

这些话让辛夷的心理负担减少了一些。那时 M 大学调查组的工作人员也在联系辛夷，需要辛夷回去配合调查。如果说在我们三个人初见时辛夷是惶恐和无助的，在我们道别时，我感受到我和思磬的支持给了她很大的力量，她的眼睛里有了坚定的光。

·舆论角力·

就在辛夷、思磬和我见面的同时，公众舆论仍在发酵，公众态度也因 M 大学校友的新举措发生了变化。7 月底，近 80 名 M 大学校友联名签署"呼吁建立校园性骚扰防治机制"的倡议信，并寄给了该校校长。还有校友接受了媒体采访，希望 M 大学公正处理此事件，引以为戒。

一时间，倡议信和照片在网络上广泛流传，这种声援给辛夷、思磬和我都增添了许多力量。那段时间，作为辛夷的代理律师，我还陆续收到来自日本、芬兰、美国等高校的中国专家学者们的来信，他们通过电话、邮件等各种方式，表达对我和辛夷的支持，也给我们各种建议，这也启发我进一步升级应对思路：推动案件本身的解决，敦促 M 大学调查组尽快调查、处理魏挟；把这个案件作为契机，借由专家团队的专业力量，推动 M 大学和教育部出台相关意见，在高校系统建立防治性骚扰机制。这是本案最大的意义，在案件的处理过程中，这两条线始终并行。

我和思磐联合了十余个来自性别、法学、社会学等领域的专家学者，组成了专家小组，一方面推动案件的处理，另一方面积极推进建立防治性骚扰机制的工作。大家搜集、翻译了全球不同国家的高校防治性骚扰机制的资料作为支持性文件参考，并起草了适用于国内高校反性骚扰机制的专家建议稿。机制主要包括预防和投诉两个方面。预防方面包括入职的培训、日常的培训；工作场所的环境创造，比如张贴宣传海报，办公环境等相对透明化。这其中还包括对环境场所的定义，它不应该仅限于办公室，应该延伸到外出培训、出差的酒店、聚餐场所等等。建立投诉机制方面，包括设立防治性骚扰机制委员会，或者在人力资源管理部门里，设立专门的人事来处理这类事情；完善具体流程，包括完善投诉、调查、处置的具体规定，以及对受害人的支持等。此外，机制还应该包括相关原则，比如对受害者身份的保密原则、防报复原则、背靠背原则等。当年 8 月，在专家们的支持下，我起草了给 M 大学和教育部的信函，一方面是敦促 M 大学尽快拿出魏挟事件的调查结果，另一方面也希望以此事件为契机，建立高校的防治性骚扰机制，并将专家建议稿附上。

辛夷也从最初的惶恐变得更加勇敢，开始接受媒体的采访。虽然网络上依旧存在质疑的声音，但支持的声音变多了。我和思磐都觉得辛夷很了不起，我们也不愿辜负辛夷的信任，反复和媒体沟通，保护她的隐私权。

时间很快到了8月底，距离事件曝光已经两个多月了，尽管媒体持续地进行报道，M大学调查组一方仍然静悄悄。学生对抗老师，本来就是一场弱者对强者的博弈，辛夷尽管受到许多人的支持，但她作为当事人，要承担对学业、生活和人生造成的所有影响，随着开学临近，辛夷变得愈发焦虑，我也很担心她。

为敦促M大学尽快出调查结果，9月1日，我特地选在开学那天，以辛夷的代理律师的名义给学校寄去了一封律师函，并在律师函中提出以下几点要求：第一，尽快出调查结果并将其公布于众，回应各界对事件的关注，同时体现对违背师风师德、违反法律的行为绝不姑息的态度；第二，M大学应该根据相关法律法规以及国际公约的规定，采取相应措施，对举报的学生进行隐私保密，并采取措施防止学生在未来的学习、工作、生活中遭遇报复行为；第三，希望M大学以此为鉴，建立防治性骚扰机制，给学生提供良好的学习环境，给其他高校做出榜样。

9月9日，我看到一则让我惊喜的新闻报道，约260名来自国内外高校的老师、学者和学生，自发起草和公开了致M大学和教育部部长的两封公开信，表达对受害学生的支持，要求教育部和 M 大学尽快建立反性骚扰机制。而两封公开信的内容，至今读起来依旧掷地有声，很有启发意义。

两封公开信均在开头表明态度，"性骚扰不是生活作风的小事，更不是个人私事，防范性骚扰是事关教师职业伦理的公共事务，是保障教育公平、防止权力滥用、保障员工与学生权益、制止性别歧视的必要手段"。

公开信发起人之一的李姓博士生指出，性骚扰防范机制和调查处理程序的缺乏，是 M 大学性骚扰事件发生的原因之一。参与联合署名的另一位老师对此事件的认知一针见血："相关部门处理性骚扰靠'捂'，力求内部摆平，没有思考如何主持正义以及受害人的权益如何保护，且部分社会观念污名化受害者，变相纵容性骚扰恶行。唯有建立高校性骚扰防范机制，才能真正保障教育公平和学生安全。希望从制度上将基于两性间不平等权力关系的性骚扰置于非法位置，让那些抗争者不再孤独。"

这些支持给了辛夷和我特别大的鼓励。这次行动，不只是我、思磐、辛夷几个人的战斗，我们背后站着许多人，也正因为各方力量聚在一起，它最后成为一件公共事件，最终形成了对高校建立防治性骚扰机制的公众教育。我觉得意义非凡。

尽管外界的讨论声如此热烈， M 大学调查组还是迟迟没有结果。我能明显感受到辛夷情绪的低落，她之前以为，有律师介入、有这么多外力的支持、相关证据确凿，总体的舆论对于受害者也是支持的态度， M 大学会很快给出令人满意的结果。那为什么 M 大学还是没有消息？她给我打了好几个电话，害怕事件走向出现变化，担心学校想要保住魏挟。

辛夷的焦虑不无道理。首先，魏挟并不是一位普通的年轻教师，他在业界耕耘多年，非常有影响力。魏挟所在的博士点，是 M 大学很重视的学科，如果魏挟性骚扰事件属实，博士点很可能会被取缔，这会影响学校的学术地位。因此辛夷很担心，魏挟如果未被公正、严肃地处理，他未来会不会对自己实行打击报复？

我也觉得事件调查的时间过久，有些担心。就在这时，某卫视节目组的记者专程找到我，想邀请我以律师的身份，在节目上回答相关问题，也想邀请辛夷出镜。节目播出后会进一步扩大事件的影响力，同时也能推动这件事情的解决。

我就此事与辛夷商量。我知道，一旦出镜，她的身份无从隐瞒。但当时已经是 9 月底，如果我们不进一步推进，校方的处理会不会就真的大事化小，小事化了呢？最终，我们决定接受采访，我个人出镜，辛夷通过节目连线参与，并且做变声处理，尽可能保护她的隐私。

9 月 30 日，我出发去 S 市录制节目。我清晰记得那个日子，因为正好是我父亲的 79 岁生日，很遗憾因为出差没能陪他过生日。

在现场录制时，节目组还邀请了正反意见的嘉宾，有的嘉宾直接地表达了质疑，比如为什么在没有人逼迫的情况下去开房？甚至有的嘉宾质疑是辛夷受到了利益诱惑，由于事后魏挟没有履行对她的承诺，辛夷在愤怒之下举报，这是一场失败的权色交易。还有人质疑照片的真伪。我在现场对这些质疑做出解释和驳斥。我能预见这种设置，不能只有一种声音，我理解这是给各方表达自己观点的机会，但我必须有力地传递出正向的声音。

当连线辛夷时，我听到一些提问："你喜欢魏挟吗？""那进入房间之后，他有强迫你吗？"……

我隐忍地听了一会儿，但慢慢地一些问题已经超越了一般性的探讨，甚至充满恶意，我果断地打断了提问，担心再问下去会伤害到辛夷。我并不是不接受质疑，但在质疑受害者时，要站在尊重、接纳、共情的基础上，不应轻易下评判，臆想她的动机和立场。并且，对她受侵害的事实的追问，最好不要在众人面前，否则很可能对受害者造成二次伤害。

我替辛夷回答："无反抗的强奸也是强奸。因为这类性骚扰、性侵害，背后的实质是权力关系。表面上看，她可能没有反抗，但实际上，她是不情愿且没有办法去反抗的。"而原因，我在现场也解释道："特别是在我们现有的教育体制下，学生对老师的依赖很强，老师以学生的升学、深造、未来的前途发展为威胁，它的本质就是权力控制。老师利用师生关系去对学生性骚扰，它比职场上的性骚扰更加恶劣。"

节目播出后，电视收视率和网络视频的点击量都非常高，可见公众对这个议题的持续关注。

令我欣慰的是，教育部有了行动，在9月29日发布了《关于建立健全高校师德建设长效机制的意见》，当中明确了对高校教师师德的禁行行为，简称"红七条"，其中一条明确规定不得"对学生实施性骚扰或与学生发生不正当关系"。

"红七条"的出台,是一个很大的进步,它成为之后处理高校教师性骚扰的重要依据,对高校性骚扰防治起到了一定的推动作用。此后,陆续发生了多起高校教师性骚扰事件,而各个学校对这些骚扰者的处理都比较严厉,包括撤销荣誉称号、开除党籍、开除公职,撤销教师资格等。我觉得在推动中国高校反性骚扰的道路上,辛夷们是勇敢的抗争者,也是坚实的铺路石。

在节目播出后的第二天,M大学终于公布了调查结果,认定魏挟与一名女研究生多次发生不正当性关系,并对另一名女研究生有性骚扰行为。通报指出,魏挟利用师生关系与女学生发生不正当性关系和对女学生性骚扰,严重违背作为一名教师应有的基本职业道德和操守,败坏了师德师风,严重损害了教师队伍整体形象和职业声誉,对学生身心健康造成了极大损害,产生了极为恶劣的社会影响。根据相关法律法规,经研究,决定给予魏挟开除党籍、撤销教师资格处分。

通报对魏挟的行为作出了定性,证明了阳子和辛夷的说法属实。在三个多月的煎熬等待后,她们最终等到了校方的处理结果。但辛夷还是觉得对魏挟的处理不够重,M大学保留了他的公职,辛夷希望能将其永远开除出教师队伍,因为撤销教师资格,5年后还可以重新申请,这让他仍有退路。在辛夷看来,魏挟不配再当老师。但校方的处理结果,还是让这个事件暂时画上了句号,辛夷得以继续在M大学进行学习。

·性骚扰对受害者的影响·

尽管魏挟给辛夷带来了很大的伤害,但这位看上去柔弱实际上很有主见的女孩明白,这只是魏挟的个人行为,并不能代表整个学界,她对专业的热爱从未消减。辛夷告诉我,她所学习的专业其实以男性为主导,她希望自己能证明女性一样有能力在这个领域做得出色。我衷心地祝福她:"好好读书,以优异的成绩拿到博士学位,期待有一天,你成为一位特别优秀的专家。"

一年之后,事件仍有余波。当时辛夷突然联系我,告诉我某国家级研究机构网站上公布了一份某专业委员会委员的名单,魏挟的名字赫然在列。辛夷看后特别难过,我也很愤怒:"太过分了,给一个被开除党籍、撤销教师资格的人以专业委员的资格,作为一个专业委员会,他们有立场吗?"

我知道,虽然魏挟的行为已经被相关部门定性,但一定有很多人不以为意。尤其是部分男性,他们习惯了轻视和物化女性,并不觉得魏挟的不正当行为多么严重,而魏挟被处理,也是他不小心被抓到了,倒霉而已。在他们看来,学术成就才是大节,这样的私生活不过是小节。只是这样的心理,现在出现在严肃的学术专业委员会,让我觉得更悲凉,也更愤怒。

我决定再次以辛夷代理律师的身份,给该专业委员会写一封信,主题就是反对魏挟加入某专业委员会。

我在开头即申明:魏挟性骚扰女学生、与女学生发生不正当性关系已被 M 大学官方调查所认定，开除党籍和撤销教师资格说明其违反法律法规以及相关规范性文件的事实相当严重，他也必须承担其违法违规行为带来的法律责任和不利后果。在处理结果仍然有效、公众对事件余怒未消的情况下，某专业委员会将魏挟收编在册，这种对魏挟支持和认可的态度不得不让社会舆论质疑和愤慨，也让人怀疑他们对此事的立场。之后我提出了以下三大问题请该专业委员会回答。

一、他们的行为，将国家法律法规、规范性文件的权威和效力置于何地？《妇女权益保障法》以及教育部"红七条"等都对反高校教师性骚扰行为作出了明确的规定，M 大学对魏挟的处理已向全社会公开，而某专业委员会却将违法违规的魏挟吸收为委员，这种态度和立场是不是可以解读为对魏挟的支持以及认可？

二、该委员会想表达怎样的价值观？魏挟有一定的学术造诣不假，但只要有学术成果就可以吗？一个必须履行社会责任的国家级学术团体，对业内的良好学术风气的树立、对正能量的社会价值观的建立理应负有不可推卸的责任，而这种功利性的唯成就论难道不是与委员会应该承担的引导、教育责任背道而驰吗？

三、该委员会这样做，让受害女生的心何处安放？魏挟的行为给受害女生带来了严重的身体和精神伤害。正是因为忌惮魏挟的学术影响力，同时担心这种影响力会左右自己未来的学习、深造、职业前途，受害女生们才不得不屈从于魏挟，不敢揭露其行为。事实上在去年整个事件的处理过程中女生们深切感受到了来自各方无形的压力,直至现在,她们的压力、担心甚至恐惧仍在。如果魏挟成为某专业委员会的委员,就意味着魏挟在业界的回归,这个消息足以让那些已经站出来以及没有站出来的女生崩溃,她们面临的后果不难想象。

这封信函寄出几天后显示签收,但我没有收到任何回复。当时,媒体也报道了此事,不少网友也发出了愤怒的质询。过了一段时间,我们再去相关官网搜索名单,已经搜不到了。每隔一段时间,我都会进入官网进行检索,至今为止已经搜索不到关于魏挟的任何信息。我想,这就是勇敢发声的力量。

之后又平静地过去了两年,我再次接到了辛夷的电话。

她告诉我她结婚了,但她的婚姻可能走不下去了。尽管辛夷极力保护自己的隐私,她的伴侣还是知道了真相。两人原本很相爱,但这件往事成为他们感情中难以愈合的伤口,也瓦解了他们之间的爱和信任。他们一度以为能够重建这段关系,可婚后,尽管辛夷为这件事做了很多沟通,但男方还是无法理解。

那些当初好不容易洗刷掉的外界对受害人的污名与责备,在亲密关系里再一次上演了。我很心痛,可我也知道,这是他们两个人的事情,处理不好,接下来还是会受伤。我重申我的立场,告诉辛夷我会永远站在她这边,我说:"不一定是拿刀架在脖子上才是暴力胁迫。师生之间,由于人身依附造成的权力控制关系带来的无形压力,也是另一种形式的暴力胁迫。它一点不低于这种拿刀架在脖子上的压迫。他应该理解你的处境的。"辛夷说:"好,李老师,那我们共同努力。"

大约又过去了几个月，我接到了辛夷的电话。她的语气听上去很平静，说自己已经离婚了。既然对方不能接受，就好聚好散吧，否则两人一辈子都痛苦。最后她说："李老师，离婚以后，我倒是觉得解脱了。我现在内心挺轻松的。"

可我的内心非常难过。援助受害者的这些年，纠结、困惑、痛苦一直萦绕在我的心头。被性骚扰、性侵后反抗的女孩，即便是成功，她们在漫长的余生里，还是要面对这件事带来的后果和影响，社会公众，她们的爱人、家人，还是可能会对她们有偏见、误解。如果这样，那我们应该支持女孩站出来反抗吗？

我没有答案。我只能前行。

我祝福了辛夷。再后来，辛夷跟我说，她去了一座没人认识自己的城市，在一家研究机构找到一份她喜欢的工作。这多少安慰了我得知她离婚时的那份难过。我曾见证这件事怎样痛苦地改变了她的学业、爱情和生活，现在，她能继续从事她喜欢的专业，在一个没有人知道她的地方，以全新的面目开始生活，我为她开心。

故事四
一场尚有遗憾的胜利

2020年,我接到百合的电话。她忐忑地告诉我,已收到快递来的二审判决书,但她手在发抖,不敢拆阅。我虽然此刻也有些紧张,但还是怀有信心,鼓励她打开快递,让她直接看判决书最后一页,然后我听到了一声激动的欢叫,接着百合"哇"地哭出了声:"李律师,维持原判,太好了!"我静静地听着电话里百合越来越大的哭泣声,眼里也渐渐泛起泪花,这是百合的喜极而泣,也是她近两年来在希望、困惑、悲伤、愤怒等情绪中挣扎的宣泄。

这一刻,我们陪她等待了690天。这件引起社会关注的首例性骚扰损害责任纠纷案——百合诉"社工明星"肖茬性骚扰案终于尘埃落定,百合赢得了最后的胜利。

这起案件由我和田咚律师代理,是2019年1月1日性骚扰损害责任纠纷作为独立案由正式施行后的国内首例胜诉案件,后来入选当年中国十大公益诉讼案件、C市法院年度十大典型案例和S省年度十大案例。在司法审判中性骚扰受害人的胜诉率并不高,因此,这也是一场难得的胜利。

回顾整个过程，我们走得漫长而艰难，虽然获胜，却仍有遗憾。

此案经历了管辖权的变更以及一审、二审、再审和强制执行，基本走完全套法律程序；期间，我和田咚律师六赴 C 市，总行程近 12000 公里；百合勇敢发声，激励了无数女性，自己却不得不离开所热爱的公益行业，人生轨迹完全改变；时至今日，百合仍没有等来肖茬的正式道歉，更没有任何实质性补偿。而肖茬回到中原老家，依旧在公益行业活跃。此外，本案没有支持精神损害赔偿以及用人单位的责任，在性骚扰案件中追究用人单位未尽性骚扰防治义务的法律责任依然没有胜诉的判例。

尽管结果不够完美，但在整个过程中，我和田咚律师、源众的其他伙伴们都已竭尽全力，做了最大的争取。重新回顾梳理这个案件，我想它能够胜诉，同时也尽量避免了法律风险的原因之一，是当事人在被网络披露之前就找到源众，获得了专业性的支持，这是非常重要的一步。

职场性骚扰无处不在，受害者能获得支持或赔偿的案例却很少，甚至连进入司法程序的都不多。如果说充斥着性别歧视文化的职场是一盘危局，那么被骚扰甚至侵犯的受害者从发声、指控到起诉，每一步都是险棋。我想此案能为更多人提供前车之鉴，也希望能在未来看到更多的胜利。

时间回溯至 2018 年 7 月，有网友匿名举报 3 年前作为志愿者参加某公益徒步活动时，遭该公益机构创始人性侵。该举报一度掀起公益行业性暴力受害者在网络上发声的浪潮，也唤起当事人百合藏在内心深处的难言之痛。

2015年夏，百合在某公益服务中心下属工作站负责社区服务工作。在汶川地震时因进入灾区提供志愿服务而被多家媒体报道的知名社工肖茬时任这家中心的理事长，是C市乃至S省社工界令人尊敬的前辈，百合也是受到肖茬勇闯灾区行为的鼓励而慕名来到该中心工作，甚至把当一名公益人作为自己的人生理想。而她没有想到，一个普通的一天会让她的理想坍塌，并改变了她未来的人生轨迹。

那天下午，肖茬来到工作站，当时只有百合在，肖茬主动拥抱了百合。肖茬伸手抱住百合时她以为是跟往常一样的礼节性、鼓励性拥抱，所以并未躲避。由于救灾志愿工作长时间接触地震现场以及深受创伤的受灾群众，很多志愿者也会出现替代性创伤的状况，所以大家平时也会相互拥抱给彼此鼓励。但很快百合发现肖茬这次拥抱与以往不同，他没有很快松开，反而越抱越紧，百合下意识地想推开他，然而肖茬并未松手。百合一时不知所措，但她还是用力挣扎着想再次推开肖茬，挣扎之间重心不稳，二人一起倒在沙发上，她想赶紧起身，却未料到肖茬又伸手从她的腰后钳住了她。危机感让百合使尽全身力气挣脱出来，她跌跌撞撞地跑向旁边一间办公室并迅速锁上房门。听着门外肖茬的踱步声，百合手脚发软地瘫坐在地上，内心的恐惧急速上升，浑身发抖。

终于等到肖茬的脚步声完全消失。确认自己安全后，她立即给男友也是前同事阿力打电话告知了刚刚发生的一切。巨大的紧张和恐惧慢慢过去后，百合感到了深深的屈辱和后怕。百合平时就是一个性格泼辣、正直的女孩，眼里容不得沙子，她觉得这件事情不能就这样不了了之,她当晚就给时任机构负责人汪彝打电话,投诉了肖荏的行为。当时汪彝还在国外,她的回复是,经过与肖荏沟通,肖荏并没有冒犯百合的意思,希望她不要多想。百合对负责人的答复并不满意,她觉得如果不是自己拼命反抗,并且跑到另一房间、反锁上门,根本不敢想象会发生什么,怎么最后就变成自己想多了呢?她在男友阿力面前委屈地哭了。

阿力也是受到肖荏的感召而加入公益行业的,肖荏一直是他尊敬的前辈,肖荏身上的光环也让阿力当时并不能共情百合的感受,因此他安慰百合说,肖荏应该不是那样的人,可能是百合想多了。听到男友也这样说,百合也迷惑了,是不是自己过于敏感了?

这也许就是所谓的光环和声望带来的好处吧。人们不知不觉地将它们的主人置于道德的高地之上,对他产生一种无条件的信任。

机构负责人汪彝回国后组织了一场聚会,约上肖荏、百合和阿力化解"误会"。但百合心中的疑惑和屈辱并未真正消失,她内心还是没有说服自己。这件事就像一根刺,时不时在她的心里扎一下。

终于,内心的沉重让她几乎无法前行,机构的工作也无法激起她的热情,她需要倾诉。她的同事晓玉成了倾诉对象,最后她问晓玉,自己是不是想多了?没有想到晓玉却在她面前哭了起来:"你没有想多,站在你面前的,就是另一个被侵犯的受害者。"两人抱头痛哭。她们不敢细想,除她们之外,是不是还有其他姐妹经历了同样的遭遇。由于事发后晓玉没有报警，错失了追究肖茬的机会，而对百合来讲，只有晓玉能真正理解她，这次遭遇最后变成了只能独自咽下的苦果。就像大部分女性遇到职场性骚扰那样，年轻的百合知道，自己的力量是很难跟他这样的前辈抗衡的，也许沉默才是唯一的选择吧。这件事埋藏在了她心底最深处，但从未忘却。

几个月之后，百合离开了中心。为了提升自己，她考上了某校社工专业的研究生，回到了校园。但肖茬的行为，还是成了她继续投身公益事业的巨大心理障碍，毕业后，她没能够再回到公益行业，而是从事着她完全不熟悉也没有兴趣的工作。

直到 2018 年，看到越来越多性骚扰、性侵受害人在网络披露类似自己曾经的遭遇，百合埋在心底三年的刺越来越痛。百合想，或许是时候把它拔出来了。但她不敢确定有几分胜算，毕竟事情已经过去 3 年，于是她和晓玉一起找上了我。

听完百合的故事，我有了强烈的想要帮助她的冲动。首先我跟她确认，肖茬的行为就是性骚扰，她并没有想多。之后我问她，是只想公开揭露肖茬，还是有进一步的想法？百合笃定地回答我，不仅要揭露，而且要起诉他，通过法律途径给自己讨公道。

多起职场性骚扰案件的办理经验让我当即意识到有两大问题必须解决。一是时效，法律规定的诉讼时效是三年，此时距离性骚扰发生也是三年左右，卡在了最后的时效点上，有可能会被对方利用，主张时效已过从而失去胜诉的可能性。最好的办法就是让时效重新起算，彻底避开这个可能的风险。对此案而言,如果肖荏就性骚扰行为作出明确回应就能实现诉讼时效的重新起算。二是证据,即如何证明性骚扰行为确有发生。时过境迁,并没有直接证据留下。如果解决不了这两个难点,就很难在法律层面占上风,甚至容易被对方反咬一口,面临诽谤或侵犯名誉权的起诉。

百合很庆幸提前找到了我们,行动之前找律师商议确实可以规避很多法律风险。从公开信的措辞到证据如何收集和留存,我们耐心地一一指导,我记得公开信就改了四五稿,对公开信发出后应该如何跟肖荏交锋,我们也制定了详细的方案。其实我最担心的,还是女孩们对诉讼可能遇到的艰难和不确定性没有心理准备。尽管她们当时很坚决,可一旦拉弓就没有回头箭,所有的压力和困难都必须承受。事后看来,我的担心不幸成为现实,但是,在我们的陪伴下她们还是扛下来了。

2018年7月底,战斗打响。百合在某自媒体平台公开举报称,三年前被所在机构C市某公益服务中心负责人肖荏性骚扰,并描述了具体事情经过,同时要求服务中心对肖荏停职,展开调查。举报文章曝光后,大批媒体纷纷转载。相较于之前被曝光的圈内人,肖荏在公益领域的地位更高,职权更大,光环也更多,肖荏性骚扰事件引发了更多的关注。根据我们之前制定的方案,事件爆光后对方会有一个反应期,而且面对巨大的舆论关注不免会有些慌乱,因此他的第一反应往往是真实的,这个时候是最好的取证时机。为增加胜算,我们选择了在大家快休息的时间点曝光。

由于舆论哗然，肖荏确实有些慌乱，阿力不失时机地打出了电话，并且进行了录音。不出所料，肖荏承认了自己的行为，并表示感觉很羞耻，愿意为自己的行为向百合道歉，甚至说只道歉太轻了。之后，他给百合发了信息，表示向她深深地鞠躬道歉。肖荏的这些信息，构成了法律上所说的自认，同时也引发了诉讼时效的重新起算。公开信发出的第二天，机构前负责人汪彝也给百合打来电话，承认百合当时确实向自己投诉了，自己当时以为只是一个误会，她为自己没有处理好此事向百合表达歉意。汪彝的电话内容也很重要，她证明了百合当晚就向她投诉，这说明肖荏的行为违背了百合的意愿，而违背对方意志是性骚扰的构成要件之一。这些信息都成了日后法庭上的关键证据。

证据的顺利取得达到了我们的预期，把时效重新起算以及性骚扰发生的证据两大关键问题都解决了。我让女孩们把录音、微信聊天记录等证据都进行了公证，一是固定了证据，二是经公证的证据具有很强的证明力，是未来诉讼的重要砝码。首战告捷，女孩们的信心大增。

然而，与网络上热火朝天的讨论完全相反，此时 C 市的社工圈没有任何波澜，肖荏的同行们，不约而同地保持了缄默。肖荏所在的公益服务中心也一直没有主动回应，只是在机构官网发了一则声明。外界的喧闹和圈子里的沉默形成鲜明对比。虽然在证据上我们占得了先机，但是曾经一起并肩奋斗的同事，曾经自己敬仰的前辈对事件的缄默，还是令百合和晓玉黯然。即便如此，百合和晓玉依然期待法律能给她们一个确定性的交代，这有关她们内心所坚信的公平与正义。她们希望能尽快提起民事诉讼。

为此，我和田咚律师开启了此案的第一次C市之行，我第一次见到了百合和晓玉。与晓玉的内敛、温和相比，百合显得更为外向和开朗，她个子不高，但我能感受到她娇小身体里迸发出的强大力量。

到达C市的第二天，我即致电汪彝，希望了解当年机构处理肖茬事件的具体情况。汪彝回复，自己的律师不在场，无法进行谈话。我又短信询问律师能参与谈话的时间地点，但汪彝没有再回复。机构负责人的如此反应，让百合和晓玉彻底寒了心，也成了机构处理不力的又一佐证。按照拟定的方案，我们向多位相关人员进行调查取证，感受到了他们的小心和回避。这些刻意的回避，让百合她们不免有些担心，我和田咚律师鼓励她俩，现有证据已经挺充分，我们要有信心坚持下去。之后便是我们此行最重要的目的，陪着百合、晓玉到法院起诉。

那是一个盛夏的早晨，百合和男友阿力、晓玉、我、田咚律师，还有我的助理小雅，一行人来到C市J区法院立案大厅立案，诉讼案由为一般人格权纠纷，具体诉讼请求包括请求法院判令肖茬就其性骚扰、性侵害行为在主流媒体上公开道歉，赔偿精神损失费，并辞去一切公益职务。肖茬负责的公益中心也列为了被告，我们认为，该中心没有采取相关防治性骚扰的措施，根据相关法律的规定也应承担赔偿责任。案件顺利立案，大家特意在法院门口合影留念。

顺利立案后，我和田咚律师将下一步流程向百合她们做了简单说明，也再次提示了今后可能遇到的困难和考验：外界的流言蜚语，漫长的司法等待，法庭上质证过程中对方的否定甚至歪曲，裁判结果的不确定性和可能的反复。立案只是开始，接下来，才是真正的战斗。

令我欣慰的是，两个女孩表示，即便再艰难也要坚持。话不多，但态度坚决，这也给了我和田咚律师更大的信心。事实上，案件最终的时间跨度和艰难程度还是超过了她们的想象。案件从一开始就遇到波折，由于公益中心地址已经变更，案件需要移送到新注册地的有管辖权的法院。管辖权问题耗去了2个多月的时间。之后，晓玉的案件因涉及刑事，被移送到公安机关立案侦查，民事部分就此中止，这也在我们的意料中，晓玉的案件原本就更难，每走一步都是一种胜利。

之后，百合的案件进入了漫长的开庭等待，这时我最担心的事情出现了，百合的状态开始发生变化。

在我们第三次见面时，我注意到她比上一次消瘦了些，神情倦怠，话比之前少了很多。坐下后，她告诉我们，她离职了。因为工作的压力和等待的焦虑，还有网上的负面评论。发出评论的网友，有些是在现实生活中和肖荏认识的，也有些是陌生人，他们在评论中对她提出质疑甚至谩骂。有的人认为她另有目的，不然为什么时隔三年才翻旧帐，有的人说肖荏工作兢兢业业，光明磊落，此事背后定有阴谋。这些评论让百合如坠深渊，整个人像被浓重的黑暗吞没了。

看到一个开朗的女孩变得如此沮丧，我也很难过。漫长的等待让百合慢慢失去耐心，孤立无援的状态更是让她陷入自我怀疑。她问我:"李律师,已经过去了大半年,到底什么时候才开庭审理?"我只好安慰她:"再等等,基层案件本来就多,从立案到开庭的过程都不会太短。"百合沉默片刻,说:"李律师,我想在网络上实名,只要实名,我就不相信法律不会给我一个公正,而网友也会更加相信我所说的是真的了。"我知道百合等待太久,内心的焦虑和担心让她有些乱了方寸,我提示她实名的风险:"一旦实名,你的身份也就公开了,就没有回旋的余地了。同事、朋友,都将知道你遭遇的这一切,不管你走到哪里,在哪里工作,这件事可能都会跟你一辈子。你自己好好想清楚,这样的结果你能够承受吗?法院能否支持你,与你在网上是否实名没关系,与证据有关系。"。

听了这番话,百合不再坚持,但情绪还是很低落。我只能不断地安慰她、鼓励她,而男友阿力也一直给予她坚定的支持。

2018年12月12日,最高人民法院发布了《关于增加民事案件案由的通知》,自2019年1月1日起,性骚扰损害责任纠纷作为新增的民事案件案由正式施行。我和田咚律师感到非常振奋,这正是我们多年来一直努力的结果。因为性骚扰不仅侵犯了受害人的人格尊严,还侵害就业权、受教育权、职业发展权等权益,如果仅以一般人格权纠纷为案由,不能完整体现受害人所受的多重侵害。而百合的案件,正好在这个重要的节点上,我们决定尽快变更为新的案由。2019年1月中旬,我们再次来到C市,到W区人民法院提出变更案由的申请,法院告知我们可以等到开庭时再当庭申请变更。

3个月后,我们终于迎来了开庭,这已经是立案的9个月后了。

我和田咚律师作为百合的代理律师参加庭审。庭审一开始我们即申请变更案由,并当场获得法官准许。此案也成了性骚扰损害责任纠纷新案由实施后的首案,从这个角度上说,这个案件不仅是百合为自己的权益而战,也是反性骚扰法治进程中的一个标志性案件。

对于一审开庭,我们充满期待,也充满信心,因为证据很充分。除了之前的录音、聊天记录等证据,我们还申请了百合的男友阿力和晓玉以证人身份出庭作证。不过我们还是不敢有丝毫的懈怠,开庭之前我们收到了被告肖茌长达几十页的证据文件、答辩状以及如同言情小说般的情况说明,可见对方也是有备而来。此外法官的态度和理念在一定程度上也可能会影响判决结果,毕竟性骚扰受害人的胜诉率很低。因此这将是一场苦战。开庭前的晚上,我又将代理词做了进一步的修改和完善,把整个诉讼策略梳理一遍,凌晨一点睡去。

在我看来,一审的庭审我们每个人都拿出了很好的状态。有几个画面至今依然让我印象深刻。

不出所料,肖茌坚决不承认性骚扰事实,甚至说是百合主动拥抱他,但他无法回避自己向百合道歉的这一铁证,只能狡辩道歉是为了安抚百合,平息事态,并不是自己实施了性骚扰。为了转移焦点,他使用了阴损的一招,就是污名化百合,让法官对百合产生不检点、不自尊的印象。首先,他举证说百合总是在公开场合叫他昵称,又拿出一个笔记本,扉页有百合给他的留言,第一句话就是"亲爱的肖茌",以此说明百合对他有暧昧之意;其次,他还提供了多张百合在社交平台发的图片与文字截图,里面有百合穿吊带装的照片,有百合"阴道就是武器"的发言,想以此证明百合穿着暴露,行为不检点。对此我们逐一驳斥:所谓昵称并不是百合对他的专称,其他同事也如此称呼他;笔记本是机构联欢会上的礼物,用于大家互换留言,所有笔记本扉页的第一句话都是"亲爱的",是当时负责这个活动的晓玉提前写上的,为此晓玉还特地找出了自己保存的相同笔记本提交给法庭;而所谓"阴道就是武器"则是百合对著名女性主义话剧《阴道独白》的介绍。肖茌的构陷不攻自破。但他怎会甘于放弃,紧接着称百合此举是为了报复他,因为他指出了百合男友的贪污行为,这更是无中生有。看到肖茌如此不择手段,百合怒目圆睁,忍不住"啪"地重重拍了一下桌子,站起来对肖茌予以驳斥,我都被她的气势所震撼。整个庭审过程百合斗志昂扬,像一个无畏的战士。

而晓玉和阿力作为证人表现也非常好。晓玉勇敢地把自己被肖茌伤害的经历讲了出来,自责道:"我觉得我特别对不起百合,如果我再勇敢一些,及时报案,就不会发生后来的事情了。"晓玉和百合都哭了,法庭变得很安静,看得出来两个女孩的遭遇让法官和陪审员的内心也有所触动。主审法官暂停了一会儿庭审,让两个女孩平复一下心绪。

阿力也讲述了事发后百合向他倾诉,机构负责人汪彝找他们吃饭消除所谓的"误会",整件事情给百合带来的伤害等,他在最后也说道:"我想向百合道歉,由于我对性骚扰不了解,加上肖茬身上的光环,让我也认为百合想多了,没有在她最需要支持的时候支持她。"我被阿力感动到了。其实性骚扰受害人不敢站出来发声的一个重要原因就是亲近之人的不理解,受害人站出来后恋人分手、夫妻离婚的结局并不少见,而阿力一直给予百合不遗余力的支持,他的确是男性的榜样。

面对肖茬及其代理律师试图模糊重点,我借力打力,向法官明确提出,被告肖茬拿出那么多与本案无关的证据,目的就是混淆视听,试图把法庭的思路和焦点引向对原告百合的道德评判上,对原告的品德评价产生负面影响从而影响判决。我们应回到案件的本源上来,即查明被告是否实施了含有性意味的行为以及该行为是否违背当事人意志。

由于本案是案发3年后才起诉的,在阐述当时不起诉的原因时,为了打消法官疑虑,了解职场性骚扰的特殊性,我在发表最后的代理意见时特别进行了详细说明。首先,职场性骚扰受害人迫于骚扰者的权势,很难有勇气、信心和力量进行对抗和寻求法律救济,一旦对抗,受害人往往会遭到报复,甚至被迫离职。职场性骚扰这种权力控制关系的本质是原告在当时没有勇气进一步寻求法律救济、提起民事诉讼的原因之一。其次,这类案件往往发生在相对私密的空间或是只有当事人双方在场的情形之下,没有目击证人,也很难获得相关证据,缺乏证据是这类案件提起法律诉讼数量极少的主要原因。再次,受害人很难得到外部支持系统的支持。而社会支持系统能够提供有效支持,对受害人能否敢于站出来寻求司法救济有着非常重要的作用。最后,我特别指出,被告肖茬利用自己作为机构创始人、负责人的优势地位，利用自己身上公益明星的光环，在工作场所对下属实施性骚扰，与偶发的、不存在利益关系的性骚扰相比，这类权力控制关系下的性骚扰给受害人带来的压力和伤害更大、更深，也更具有隐蔽性。

庭审终于结束了，百合脸上露出了久违的轻松神情，那根折磨了她三年的刺终于拔出来了！我们跑到当地一家有名的火锅店大快朵颐，这是我五赴C市吃得最畅快的一顿饭。

又经历了近3个月的等待，在2019年7月初，我们收到了一审判决。判决认定肖茬存在性骚扰行为，并判令其在判决结果生效之日起十五日内，向百合赔礼道歉。我们终于胜了！电话里我听到两个女孩又哭又笑，确实很不容易，百合还为了全力应对开庭辞了职。

虽然一审判决胜诉，但还是有一些遗憾。第一个遗憾是精神损害赔偿未被认定，我们了解的情况是法官认为精神损害要达到比较严重的情况才能获赔，比如患上抑郁症。到底应该如何去量化损伤严重呢？理想梦碎，频繁辞职，无法再从事自己心爱的事业，难道不是严重的精神损害吗？为什么非得患抑郁症才算呢？第二个遗憾是未能追究用人单位的连带赔偿责任，法官认为被告的性骚扰行为是个人行为，被告单位并非该行为的共同侵权人，原告与两个被告之间并非同一法律关系，建议另案诉争。

尽管有遗憾，但一审的胜诉结果确实来之不易，我们商讨是否要继续上诉。百合告诉我们，她选择勇敢地站出来，是给自己日夜难寐的3年一个交代，更是希望能够给其他被骚扰者做榜样,推动国内职场性骚扰的防治,改善国内职场环境。她同意再往前推进一步,提出上诉,争取在二审时改判精神损害赔偿和用人单位承担连带赔偿责任。同时我们了解到,肖茬也上诉了。

有了这样的期待和目标,二审我们依然全力以赴。为了进一步帮助法官增强对职场性骚扰的了解,我们专门申请了中国职场性骚扰研究领域的专家、中华女子学院教授刘明辉作为专家辅助人出席。刘老师在法庭上阐述了职场性骚扰的本质特征特点,有别于其他骚扰的特殊性等,以帮助法官更全面地理解案情。

而肖茬,也再次使出了决斗般的气力,提交了100多页证据,其中一大半是他的光辉履历。剩下的部分,除了再次抹黑百合,还对作为代理律师的我们予以诋毁,他让我看到一个人为了达到目的是如何不惜声誉,一再突破底线。

更让我大跌眼镜的是二审开庭时他找来了原机构负责人汪彝和一名中心的志愿社工出庭作证,这名社工甚至在法庭上诅咒百合。此种行为完全违背了社工的基本职业道德和职业伦理。肖茬是涉嫌利用职权为自己牟利;而汪彝和这名社工,在一审已经判决肖茬构成性骚扰的情况下,依然选择支持肖茬,完全丧失了基本的底线。他们的行为,导致了百合和晓玉的崩溃。

看到曾经如此信任的领导和同事站在对面,颠倒黑白,满口谎言,诋毁构陷自己,晓玉浑身发抖直至庭审结束。而百合也一改一审时的状态,神情戚然,有时甚至答非所问。我和田律师心疼不已。我知道这是比性骚扰本身还重的伤害，让她们体会到了人性中最不堪的残酷和恶意，这是她们年轻生命历程中从未遇到过的打击，对人性善的背叛，超出了她们的想象和承受力。我只能一直握着百合的手，轻声安慰鼓励她。晓玉艰难地完成了再次出庭作证的任务，她按捺着内心的痛苦和愤怒，尽责地完成了作证，一个人走出法庭，由于我们需要留在法庭上继续开庭，无法给她安慰。直至庭审结束，我们走出法庭，晓玉终于忍不住，哭倒在刘明辉老师的怀里。

肖茬不仅在法庭上公然利用自己的影响力来为自己谋私，在法庭之外也做了很多工作。有一位圈内人士对我说，肖茬做了很多的公益贡献，做了很多的好事，他只是抱了一下百合，女孩们却非要置他于死地，让他离开深耕几十年的专业领域，有必要这样穷追猛打吗？

我想这也代表了很多人的想法，是大众对所谓公益人物的在道德上的倾斜。一个人会不会违法犯罪，与他做了多少公益贡献没有必然的联系。而且我认为，肖茬作为一个有影响力的公益机构负责人，需要有比一般人更高的道德水准和道德自觉，因为他对公众还有引领和示范的责任，有的错是不能犯的，一旦触碰法律和道德底线，就该承担相应责任。我戏称这是对公益负责人在道德要求上的一票否决制。

我很不解，这么多人都试图跟我说明肖茬是多么好的一个人，他犯错的程度不至于断送整个公益生涯，而他们却对两个女孩的遭遇选择性失明，不约而同地失声缄默，难道不值得反思吗？

尽管肖荏费了这么多的工夫，但法律依然显示了正义的力量，二审判决很快就下来了，维持原判，也就有了文章开头百合的忐忑和欣喜。但这也意味着我们的上诉请求没有得到支持，这也很正常，任何的进步和改变都不是一蹴而就的。不完美才是生活的常态，我们把希望留给未来吧。

之后，百合没有等来肖荏的道歉，却等来了肖荏的再审申请，当然最后结果还是被驳回。而百合也同样行使了自己的权利，她向法院申请了强制执行，执行的过程也很顺利，两个多月后《人民法院报》刊登了法院执行部门的声明，肖荏作为被执行人，大名赫然在列。百合告诉我们负责执行的法官很和善，给了她很多鼓励，让她感到特别的温暖和安慰。

从立案到执行，这个案件走完了几乎所有的法律程序，整整800天。而人生，又能承受多少个这样漫长的800天呢。

本案是性骚扰损害责任纠纷案由的首案而且胜诉，因此也迎来了它在法律意义上的高光时刻，获得了很多荣誉。但与这些荣誉相比，我更在意它对司法实践产生的意义，正如它入选年度十大公益诉讼案件的理由中所提到的：本案原告胜诉，对施害人是一种制裁，彰显了司法对女性权利的保护，也体现了积极的社会意义，将鼓励更多的受害人打破沉默寻求司法救济。

百合也收获了幸福的结局，她和阿力最终走到了一起。

不做完美受害人

> 你们的衣服掩盖了许多的美,却遮不住丑恶。
>
> ——纪伯伦

故事五
恐怖的"亲密爱人"

· 晓葵来电 ·

2021年夏天,源众热线接到晓葵的来电,称其大学期间曾被一老师性侵,在网上撰文曝光引起关注,学校调查后给予该老师开除处分,后该老师却以名誉权侵权为由把她告上法庭。在晓葵没收到通知、没出庭的情况下,法院缺席审理并判了她败诉,判决她公开向该老师道歉和赔偿精神抚慰金。如今距离上诉期终止仅剩10余天,她在情急之下找我求助。

此事紧急,我连忙联系她了解具体情况。

晓葵在电话里告诉我,2018年2月,当时还是东南A省B大学三年级学生的她和实验室老师成昆相识不久,便频繁收到他的信息骚扰。3月12日,成昆把晓葵带到教师宿舍,强行与她发生了性关系。面对如此信任的老师,晓葵错愕到来不及反应过来报警。成昆顺势对晓葵展开猛烈追求。晓葵从小在性观念保守的家庭环境里成长,没谈过恋爱,更没有性经验,自责和羞愧让她日夜难寐,备受痛苦和煎熬。后来她只能如此宽慰自己：如果是恋爱，那就不是性侵了吧？如果是两情相悦，自己就不算被伤害吧？这么想着，晓葵答应了成昆的追求。

恋爱谈了几个月，晓葵逐渐察觉到不对，这根本不是一段正常的恋爱关系。他们之间，除了聊性、发生性关系之外，几乎没有其他共同话题。而且，她发现成昆在和她恋爱期间，还在不断骚扰其他女学生。

晓葵开始进行私下调查，结果令她大为震惊：自2015年起受成昆语言性骚扰、肢体骚扰的女生多达数名，且模式如出一辙，成昆伪装成B大学的研究生或者自曝B大学老师身份，和女生聊天博取好感，再通过多次邀约实施性骚扰或发生性关系，事后用情不自禁和喜欢对方来掩盖自己的恶行，谈恋爱的同时寻找下一个受害者。

一位受害女生小米告诉晓葵，自己曾在2017年被成昆性侵，导致怀孕并做了流产。晓葵看到小米和自己相同的遭遇，觉得要是自己再不站出来，将会有更多的女孩遭受伤害，二人决定共同去报警。但苦于时间久远，缺乏相关证据，最终公安机关没有立案。

晓葵多次和成昆正式提出声明结束关系，被成昆拒绝。成昆像甩不开的梦魇，在多个学生群里散播和晓葵是恋爱关系，以此捆绑和控制晓葵，还在校园里对她围追堵截，多个社交软件轮番轰炸。不堪其扰的晓葵和成昆直言："你那天晚上的行为，对我伤害很大。"成昆表示道歉，却依旧骚扰她，也没有停止骚扰其他女学生。

2018年6月,晓葵向辅导员投诉成昆。7月,学校表示要进行调查。成昆给晓葵发邮件,承认2018年3月12日是自己强行与晓葵发生的性关系,并提出愿意赔偿和解。8月,另一位被成昆性骚扰的女生借自媒体曝光了成昆的行径。

晓葵将陆续搜集来的证明材料提交给学校相关部门。直到11月,学校才正式介入调查,但是一直没有任何结果。期间,成昆依旧不停骚扰晓葵和其他女生,寻找新的受害者。

报案无果,举报无门,眼看越来越多的人落入成昆的圈套,晓葵忍无可忍,决定在网络上揭露成昆。2019年5月,晓葵在自己的社交平台上发文揭露成昆的行径,其中有"性侵""强奸犯"的表述。

文章发布后立刻掀起波澜。多名受害者告诉晓葵,自己也曾受过成昆的性骚扰,也是相似的手段。学校终于正式启动调查,最终认定成昆性骚扰晓葵和其他三位女生的情况属实,除此之外,成昆还利用职务之便受贿,最后对其给予开除公职的处理。教育部也通报了学校对成昆的处理意见。成昆将被学校开除、被教育部通报迁怒于晓葵,一直通过多种联系方式骚扰、辱骂她。此时正值晓葵毕业,她离开学校后即去另一座城市工作,并拉黑成昆,不再联系。

后来,晓葵曾收到过成昆老家所在城市C市拨来的电话,她当时认为是成昆的骚扰电话,没有接,电话只拨来一次,就没有在意。

直到几天前,晓葵收到法院寄来的判决书,才知道自己被成昆起诉并且一审败诉。法院认定晓葵在网络文章中使用"性侵""强奸犯"等侮辱性词语，构成对成昆名誉权的侵害，判令晓葵在社交平台上置顶一个月公开向成昆赔礼道歉并给予2万元精神损害赔偿。

晓葵需要在收到判决后15日内上诉至中级人民法院，否则判决就生效。作为受害人的自己要给对方道歉赔偿，晓葵觉得十分委屈，她决定上诉。但晓葵完全没有任何诉讼经验，需要找一名经验丰富的律师帮助她，经多方打听找到了我，知道我代理过很多性骚扰案件，抱着"只有李律师能帮我"的心情打来电话，急切地希望我能代理她的二审。

·诉讼思路·

我要来晓葵的一审判决书，仔细研究，也仔细看了晓葵发的文章，其中确实提到了"性侵""强奸犯"等所谓侮辱性词汇。严格来说，即便成昆对晓葵有性侵事实，任何人也不能在未经法院审理判决的情况下给他人定罪，称对方为强奸犯确实不妥。这是此案最难攻破的地方，也是法律的严谨之处。

但综合一审判决和晓葵的讲述来看，我觉得还是有突破口。这份判决存在事实不清，适用法律错误，在送达程序上也有不妥，在没有穷尽其他送达手段的情况下采用了公告送达的方式，晓葵完全不知道自己涉诉，导致她未能出庭，失去了提交证据以及抗辩的机会。而且整个判决，完全没有考虑成昆的过错、晓葵所承受的伤害，显失公平。为此，我跟晓葵沟通了我的看法。

首先,我认为晓葵为避免更多的女生受到伤害,在向学校投诉无果的情况下通过网络揭露成昆的行径,是一种为公共利益进行的舆论监督行为,是符合《民法典》人格权编的相关规定的。而成昆本人对晓葵等人确实存在性侵、性骚扰事实,那么文章就算不上事实歪曲、捏造事实。

其次,晓葵发表文章已保持了理性克制,尽管有一些情绪化的表达,在被侵害事实存在的前提下,这些情绪化的表达属于可以被理解和被容忍的范围,不应构成侵权,在部分涉及名誉权的案件中也有类似支持性判例。

更何况,晓葵没有指名道姓,不能必然得出"公众将文章对象明确确定为成昆本人"的结论。晓葵文中形容成昆为"成某某,B大学老师,一九××年生人……",B大学教职员工有3500多人,同姓的老师也很多,成昆只是一名普通教师,不是公众人物,也不是校领导,如果不是特别熟悉的关系,很难知道成昆具体是哪年生人。晓葵透露的这些信息相当克制和有限,并不会让读者一眼就能知道具体是谁,如果没有明确的、唯一的对应关系,就不能说降低了成昆的社会评价。即便晓葵的文章有一定的传播度,公众的评论也只是对事件本身而言,成昆并没有被直接曝光,反而是他自己主动接受了媒体采访,自行对号入座。

此外,一审判决在双方恋爱关系确立的时间以及结束时间、相关受害人被性骚扰等事实认定上,或认定有误,或事实不清,根据《中华人民共和国民事诉讼法》(以下简称《民事诉讼法》)的相关规定可以改判。

还有一个非常重要的问题，就是法院在未穷尽应有的送达手段的情况下，采用了公告送达的方式，导致晓葵无法有效获得诉讼信息，剥夺了她的诉讼权利，并造成对她的不利后果，这属于程序上的违法。我国《民事诉讼法》里规定了多种送达方式，而且严格规定，只有在受送达人下落不明，或其他方式无法送达的情形下，才能采取公告送达的方式。成昆起诉晓葵时，已经留了晓葵的有效电话，这个号码她一直在使用，虽有时会关机，但是可以联络的。而且，晓葵也确实看到过一审法院拨来的电话，但由于电话只拨打了一次，并且晓葵误以为是成昆的骚扰电话，没有回复。

当今社会，骚扰电话很普遍，一审法院应灵活变通多打几次，或给晓葵发短信说明情况，这样晓葵看到了一定会主动联系。除此之外，成昆还有晓葵的其他联系方式，甚至在成昆提供的证据里就有晓葵的社交平台账号，一审法院若是想通过这些方式去联系，是完全可以的。但一审法院反而舍易求难、舍近求远专程跨省到晓葵身份证上的住所地址公告送达。如今，很多人身份证上的住址未必是个人的常住地址，晓葵在很小的时候已举家搬迁，身份证住址地处偏远，很久没有住人，造成其无法看到法院公告。在网络、电话如此发达的今天，一审法院未穷尽其他送达方式便采取公告送达，违反了《民事诉讼法》的相关规定。

而且我认为，涉及侵害名誉权的案件，被告更应有权出庭为自己抗辩。正是法院选取的送达方式不合理，造成晓葵不知涉诉，未能出庭，剥夺了她答辩、提交证据、参加庭审等法定权利，造成本案审理只有成昆一方参与，只有单方证据。而一审法院恰恰就只采信了成昆方未经质证的单方证据，也未做其他事实的调查，属于程序违法，根据《民事诉讼法》规定，应当发回重审。

总之，我认为，一审判决显然不公平，二审应当正本清源，发回重审或部分改判。但最大的障碍还是晓葵文章中使用了"性侵""强奸犯"等词，这确实是超出了合理的限度。

近年来，有不少性骚扰、性侵犯受害人，因为缺乏有力证据，报案无果、投诉无门，选择在网络上曝光，却被对方以侵害名誉权反告。无奈的是，已经有好几起类似案件，都以受害人败诉告终，晓葵也知道我们将面临一场难打的仗。

我和晓葵说："你提到的'强奸犯'这些词汇，是我们最大的不利。但一审法院没有全面看待整个事实，在事实认定方面存在错误。我们有必要上诉，为自己的权利，争取一把。"

听完我的分析，晓葵也认为，无论结果如何，都要努力尝试一次。时间很紧，晓葵尽快跟我们签署了委托代理协议。

·第一次出差·

2021年盛夏时节，在上诉期截止前两天，我和邵齐齐律师来到了C市，一是协助晓葵上诉，二是申请对一审庭审情况以及对方提交法院的资料进行阅卷。晓葵从她工作的城市赶到C市跟我们汇合。

初见晓葵，我有些意外，她和我想象中有些差别。从她的文章来看，我原以为是一位"辣妹子"，没想到本人清秀腼腆，是个文静朴素的邻家女孩。

这么一位看似有些柔弱的女孩，经历了被性侵、说服自己"爱上"老师、发现事实、自我觉醒、开始抗争、收集证据、投诉交涉、成为被告、莫名败诉等一连串遭遇。这是个自我反复撕扯的过程，需要多大的勇气和多强的心脏，才不至于让自己陷入抑郁呢？我很难想象。

一直以来，我们都在努力呼吁大家打破刻板印象，但很多时候，我们也会不由自主地抱有成见、先入为主。永远不要用外表判断一位女孩，她或许看上去有些柔弱，但内心有不可低估的勇敢。对晓葵印象的转变，给我上了一堂课，我内心也激发出更强大的信念——一定要帮助这位女孩。

我们提前联系了一审法官，被告知这个案件已经结案，卷宗应该在法院本部。由于本案的审理是在该法院偏远的郊区派出法庭，因此必须先弄清楚卷宗在哪里，否则会跑很多冤枉路。

一大早我们三人就到了法院本部。法院坐落在一片待拆的旧楼之间，找起来费了一番功夫。进入法院后，接待的工作人员也不清楚我们要找的材料是放在诉讼服务中心还是档案科，我们只能挨个问。我们先找到服务中心，告诉我们没有，再到档案科，也扑了空。

后来还是档案科帮我们打电话联系，才知道卷宗并未移交到本部，还在那个五六十公里以外、最远的郊区派出法庭。

此时已将近中午,我们快马加鞭赶去,还是没能在中午休息前赶到。我们只能先找地方吃饭,等下午上班后再去阅卷以及提交上诉状。

吃饭时,我察觉晓葵有些沉默,我问:"晓葵,你还好吗?"晓葵抬起眼看我们,笑得有些勉强:"还好,有李律师和邵律师在,我有信心,再难我也要坚持下去。"我走到晓葵身边,拥抱了她。我知道她内心的委屈和巨大的压力,毕竟二审平均改判率很低,这是一场硬仗,而且还是在对方的主场。我对她说:"我们一定会尽力的。"

下午,我们顺利地复印了卷宗,也顺利地递交了上诉状。我们提出希望见一见一审的主审法官,他正好在。我向他抛出疑问:"明明可以有多种方式送达开庭通知,为什么最后选择公告送达呢?而且被告老家早已经不住人了,可以预见得到被告肯定看不到公告,也就无法出庭,没法提交证据,也没法进行抗辩,事实上就是剥夺了被告的诉权,这是不公平的。"

主审法官解释:"我们确实打了电话,被告没有接。为了此事,我们还专程跨省跑到乡下送公告。"他的意思是法院已经尽力了,但对于这种舍近求远、舍易求难的送达方式,我没办法苟同。

我说:"这个案件的送达是如此重要,如果你们能够再努力一把,哪怕多打几次电话。即使被告最后还是败诉,但至少诉权得到了保障。而现在被告连开庭都不知道,就莫名其妙地被判侵权了,肯定是无法接受的。"

主审法官说:"如果觉得我们判得有问题,可以上诉。"

我看着他，坚定地说："我们一定会上诉。"

这次出差完成了既定目标。我们提交了上诉状，拿到了一审的相关卷宗，包括对方提交的证据、开庭的笔录等，可以说是很幸运了。

·畸形恋爱·

没多久，我们接到了成昆的上诉状。成昆对一审判决也不满意，依旧坚持要晓葵在相关社交平台上置顶365天道歉，并要求晓葵在B大学公开向他道歉。另外，他依旧声称和晓葵是恋爱关系，不存在性骚扰。

成昆显然在歪曲事实，这也是我们在准备代理意见时要重点攻破的地方。

不过上诉出现了新的麻烦，成昆补充提交了和晓葵的聊天记录，包含多个晓葵向他示爱的信息。晓葵很担心这些聊天记录会对她不利，让我们无法翻盘。

我问她："这些聊天记录，你怎么当初没有告诉我们呢？"晓葵也很懊恼："我自己的记录都删光了，这些东西看着都恶心，没想到他还留着。"

这些记录是发生在2018年3月之后，即性侵发生之后，二人所谓"交往"期间，乍看像一对情侣在谈情说爱。

被性侵之后与加害者恋爱、让自己爱上加害者，在性侵或性骚扰案件中并不鲜见。被性侵是如此痛苦，涌来的耻辱感和罪恶感令人无法呼吸。人人都是房思琪①，都感到承认是强暴比爱上加害者更痛苦。加害者用言语编织诱奸的温床，受害者只能说服自己这是一个你情我愿的梦，否则无法宽恕和原谅自己。让自己确信这是一段恋爱，似乎就真的从未受过伤害，性侵就不是性侵，而是一段粉红色浪漫关系中的插曲。这其实是受害人潜意识里的一种自我保护行为。

很多类似案件中，受害者在性侵发生后，往往说服自己爱上对方，以此合理化性侵行为，甚至会主动维持这段"恋爱关系"。在我办理的另一个案件中，受害女生也在被侵犯后主动提出希望加害者能娶她，甚至愿意做小三，而觉醒后她自己也后悔不已，她懊恼地跟我说不知道当初是怎么想的，怎么会这么轻贱自己。

在我们的性文化中，受害者往往会被污名化，被性侵是不洁的，认定强奸是需要完美受害者的。性侵发生之后，社会总会质疑受害者当初为何没有激烈反抗，为何没有抵死不从，为何一而再再而三地和加害者发生关系？林奕含在《房思琪的初恋乐园》中借诱奸女学生的老师李国华之口道出了问题本质："他发现社会对性的禁忌太方便了，强暴一个女生，全世界都觉得是她自己的错，连她都觉得是自己的错。罪恶感又会把她赶回他身边。"

---

① 林奕含所著小说《房思琪的初恋乐园》里的主人公，被家教老师性侵。

被强暴在一个人世界里如同一场核爆炸。对晓葵而言，说服自己爱上成昆才能自洽，只有把性侵合理化，才有生活下去的勇气，否则一生都很难放过自己。正因如此，晓葵在自我成长和意识觉醒后敢于站出来揭露成昆，直面自己曾经回避的事实，更加勇气可嘉。

看到这一点，我们自然不会责备晓葵，也帮助她打消了自责的情绪，但是，我们需要说服法官来理解。我们针对成昆的上诉状提交了答辩意见，并给法官寄去《房思琪的初恋乐园》一书，希望法官能理解性侵后再恋爱，这背后的社会文化、传统观念给受害人带来的压力和无奈。

同时，我们决定，在诉讼策略中不会回避这一段畸形的恋爱关系，而是要说清楚，晓葵和成昆确实交往过，但是，这段交往并非成昆口中所谓正常恋爱关系，也并非是基于爱情的、健康的关系，而是靠性来维持的畸形关系。陷入这段关系，是晓葵为了合理化受到的伤害而选择的自我保护。

我们也明白，即便从我们的角度来看这并非真正的恋爱关系，但也不可否认，这段关系中发生的性关系、性骚扰，很难认定为法律意义上的强奸和违法行为。但是，能让法官理解这是一段畸形的关系，也是晓葵作为受害人自我防御机制的体现，就是胜利。

此外，对成昆的性骚扰行为，我们要强调发生在晓葵首次被强暴之前以及晓葵明确提出和成昆结束关系之后，这样就避免跟成昆主张的恋爱的时间段重合，也就与晓葵的示爱信息没有关联性了，成昆最倚重的这部分证据就无法发挥作用了。但进一步的问题就是,我们和一审法院对双方交往时间线存在不同的认识。一审法院认为,二人自 2018 年 2 月认识后就开始交往;我们提交了相关聊天记录等证据,将时间移后到 2018 年 3 月底。最后二审法院采纳了我们的意见,认可双方交往时间为 2018 年 3 月底至 2019 年 5 月。由此,这个时间段之外,成昆实施的性骚扰就可以被认定。

与此同时,对成昆提交的这些露骨的聊天记录,我们都坚持这是一种畸形的恋爱关系。而且性侵害、性骚扰与恋爱关系没有必然的联系,恋爱关系并不能否认性侵害和性骚扰的存在。

成昆极其狡猾,他除了选择性地提交证明恋爱的聊天记录作为证据,还回避了对他不利的 B 大学处分和教育部通报,这对我们而言也是另一重要的突破点。此外,成昆还对其他多名女生有性骚扰行为,这也是晓葵文章中很重要的内容,我们希望能进一步加强这部分证据的证明力度,一方面可以驳斥成昆认为晓葵文章歪曲事实的主张,另一方面也希望让法官了解成昆是怎样的人,从而更能理解晓葵在网上发文维权的初心。为此,我们向二审法院申请了调查令,调取 B 大学对成昆事件的所有相关调查资料。获批后我和齐齐专程前往 B 大学调查取证。

在去之前,齐齐提前联系好了 B 大学的相关部门,校方很配合,因此我们很顺利地拿到了学校对晓葵和其他女学生存在性骚扰事实的调查笔录、对成昆的处分原件等相关证据。我还记得当日 B 市下了一天的绵绵细雨,在偌大的校园里，我和齐齐骑着共享单车，往返于学校不同的部门，也仿佛看到了晓葵往返其间的身影，更加理解了她的倔强、不屈和辛苦。

·二审开庭·

不久，我们接到开庭通知，第三次来到 B 市参加开庭，我们做了非常充分的准备。

成昆本人也参加了开庭并聘请了律师，感觉得到他也很重视这次开庭。成昆的庭审策略，还是坚持声称他跟晓葵属于恋爱关系，他还强调，已经向 B 大学的开除决定提起了人事仲裁。但据我们了解，他的仲裁已经被驳回，目前正处于申诉阶段，不影响他被开除这一结果。而且我们从 B 大学调取的材料已经充分证明他性骚扰的事实清楚，他是抵赖不了的。

二审开庭当日，晓葵和她爸爸都来了。

在此之前，晓葵怕家人无法接受，一直没有主动和家里提起。但这次闹出这么大动静，还到老家张贴了公告，家人还是知道了。晓葵爸爸专门从外省赶来陪女儿开庭，由于种种原因，父女俩也是久别重逢。

我们要求公开审理，以便让晓葵爸爸能进入法庭陪伴晓葵。但因案件涉及当事人隐私，成昆要求不公开审理，最后晓葵爸爸只能一直在法庭外等待。晓葵爸爸个子不高，模样朴素，对我们非常信任和依赖，这个寡言的中年人说得最多的，是感谢我们给他女儿的支持。

庭审过程比较顺利，我们充分表达了自己的观点，晓葵状态也不错。她开心地和我说："李律师，我甚至觉得有改判的可能。"我也希望如此，如果真的能实现，那么将是司法实践中非常重大的突破和进步。

我认为，此案的最大难度在于对受害者的情绪宣泄的包容度问题。在我看来，晓葵发文时不知"强奸犯"这一表述需要司法机关的认定，并使用了情绪化的表达，是在法律容忍限度之内的。

开完庭已是傍晚，我们和晓葵父女就此道别。

离开时，看着父女俩在余晖中互相依偎，我很动容。无论孩子在外遇到多大的挫折，父母在的地方就是家，家永远会给孩子依靠。很多受害人遭受性骚扰、性侵之后，面临很大的社会压力，往往担心家人难过或者不理解而有所隐瞒，选择孤身奋战。本案是为数不多的、家人能够全情支持孩子的案件。

期待与担心交织着，怀揣这样复杂的心情，我们等待着二审判决的到来。

·维权代价·

忐忑之中，冬走春来。2022年2月末，我们接到法官的电话，通知我们已经寄出了判决文书。

打开一看，有惊喜，也有些许遗憾。

不出所料，二审法院依旧认为"强奸犯"这一表述超过了合理限度，未经法院审判，任何人都无权认定他人有罪。但对其他相关的情绪化表达,二审判决明确说明不能苛责,这也体现了法律的包容性。

最让我惊喜的是,二审判决对晓葵网络维权的行为给予了肯定。判决写道:"(晓葵)敢于为自己发声,维护自身合法权益及提醒社会公众的初衷是值得肯定、鼓励的。本院鼓励以合法的方式,在不损害他人合法权益的基础上勇于为自己发声,对有违道德品质、社会主流价值的事件进行批评和表达意见,以提醒社会公众防范、注意……"对晓葵来讲,这是二审判决最具价值的部分,是对她最大的宽慰和鼓励。

同时法院也提到,"(发声)不能超越合理限度",像"性侵"和"强奸"这样的表述,超过了合理限度,最终还是认定晓葵存在侵权行为。

最后,二审法院判决晓葵在社交平台上置顶一个月的道歉,而一审法院支持的 2 万元精神抚慰金过高,调整为 5 千元。至于成昆的诉讼请求,二审法院全部予以驳回。

总体而言,我还是比较赞同二审法院的判决。我第一时间告诉晓葵判决内容,她也很高兴,但还是对被法院认定为侵犯名誉权感到有些失落。这就是不得不付出的代价,对晓葵而言也是成长的代价。这份判决书告诉我们,即便是受害人,在网络维权过程中,也要注意规避法律风险,一切行为都要在法律框架之内,不能因为是受害方,就可以肆意使用超越法律规定和限度的语言。

这也给受害人敲了一记警钟。维权并不是一腔孤勇,需要方法和技巧。在未来的维权过程中,一定要注意法律风险,表述要实事求是,不能夸大或歪曲。另外,在情绪宣泄时,也要注意不能超越合理限度,更不能违反相关法律的规定。

我想,这便是本案给我们最大的启示。我相信通过这次经历,晓葵能够从中汲取教训,更好地走接下来的路。

除了判定晓葵侵犯名誉权之外,还有一点比较遗憾,即法院最终判决晓葵向成昆赔偿5000元精神损害赔偿金。严格意义上来说,精神损害赔偿应该是达到比较严重的精神损害,才能被支持,并非凡是侵害名誉权就可以判定。在我们办理的性骚扰损害责任纠纷首案中,法官认定被告对原告的行为构成性骚扰,但也只判了赔礼道歉,并没有支持精神损害赔偿。

在本案中,在原告有严重过错且性骚扰事实被认定,同时也没有任何证据证明他遭受了严重精神损伤的情况下,在我看来,可以判晓葵赔礼道歉,但不应判精神损害赔偿金,这样才更能表达法院对受害人的支持态度,也更为公平合理。

当然,我已深刻感受到法院的理念在不断进步,越来越能够理解、同情和保护受害人,尤其是性侵、性骚扰案件中,能够站在受害人立场上,包容受害人的情绪化的表达。更可贵的是,本案二审判决对受害人勇于维权的肯定,体现了理念上的巨大进步。

尘埃落定后,我问晓葵:"判决生效了,你是怎么想的?"

晓葵说:"既然已经判决,我也要尊重法律,这5000块钱,我会按时支付。但我不会给这个人赔礼道歉。"

我完全理解晓葵的感受。尽管法院从法律的角度要判她道歉,但晓葵也可以从人性的角度去决定自己应该怎么做,我尊重她的决定。

· 意外后续 ·

判决后不久,晓葵又找到我:"二审判决出来后,成昆在各种群里胡言乱语,说二审法院支持了他的诉求,完全不提二审判决也有对我维权行为的肯定,这个人实在太恶心了。"她甚至想找成昆理论。

我劝晓葵:"成昆知道自己做的事情不光彩,所以才想通过这种方式挽回面子。我相信公道自在人心,而且日子是你自己过的,不是过给别人看的。法律上已经肯定了你的行为,判决就是对你最大的支持,就不要在乎他做什么了。"晓葵认为有道理。她和我说老师们也在劝她不要回应,否则正中成昆下怀。

我表示赞同,希望晓葵就此释然,开启新的生活。

但没想到,故事还有后续。

前不久,晓葵突然给我发来几个网址。一家颇有影响力的地方媒体网络版刊登了一审和二审判决的部分内容,这些内容,只截取了对成昆有利的部分,对肯定晓葵的部分只字未提。还有一家自媒体发了一篇长文,引用的判决部分也只是支持成昆的部分。

我建议她先跟法院沟通,看到底是怎么回事。而自媒体的诋毁性文章,我让她好好留存证据。

经过跟法院沟通,由于晓葵没有道歉,成昆申请了强制执行,一审法院执行局没有通过二审法院审核内容便直接将有利于成昆的部分登出了。法院表示，他们会予以纠正，将所有相关内容都登出，包括二审法院支持晓葵的内容。

我也一直在思考成昆的行为逻辑，他一直想证明并想跟所有人表达，错的是晓葵不是他，因为法院已经判了晓葵败诉。在我看来，这是一种自欺欺人，但对他来说，也许是挽回他名誉的一种努力吧，只是继续去伤害晓葵就能挽回一切吗？无论是一审判决还是二审判决，都认定了他的性骚扰行为，这是他掩盖不了的。一切的罪魁祸首是他自己，是他毁了自己的生活。

而晓葵，也需要重新整理心情，生活毕竟要继续，风雨终将过去，晓葵一定能拥抱属于她的彩虹。

故事六
被害人的反应有标准答案吗？

· 接案 ·

2021年6月，初入职场的年轻女孩萱萱在酒店被公司董事长吴迟性侵，她想到的第一件事是紧急下单购买避孕药。凌晨3点多，她下楼取药，随后与追下来的吴迟一起返回酒店房间。正是因为这一点，检察院质疑这个过程存在瑕疵——为什么在事发后她没有及时逃离？为什么她下楼取药时没有报警或求助？为什么取药后她又回到酒店房间？由此，检察院认为发生性行为时违背被害人意志的证据不足，决定对嫌疑人不予批捕。

对萱萱而言，这是她人生最艰难的时期。近些年来，网络上活跃着一些帮助性侵受害者的社群，很多受害者在这里互相支持。在一位群友的引荐下，萱萱找到了我，当时吴迟已被取保候审，她很担心案件会不了了之。

萱萱把相关证据发给我，经过仔细研判，我感觉违背萱萱意志发生性关系的证据是够的。这个案件属于职场中上司涉嫌对年轻女下属的强奸。嫌疑人无需暴力胁迫，用权势即可达到压制被害人的目的；而事发突然，年轻的被害人很难做出有效反应。这样的性侵案需要司法机关抽丝剥茧地发现事实真相。目前这类职场性侵案件时有发生，成为严重的社会问题，侵害了职场女性的权益。我决心接手萱萱的案件。

·回溯·

萱萱当时非常焦急，我们尽快安排了见面。之前我们已经沟通过多次，彼此已建立了初步的信任。出现在我面前的萱萱，个子不高，娃娃脸，穿着打扮还是很学生气，让人感觉单纯而朴实。因为突遭变故，她的脸上难掩憔悴之色。那时，她已经在医院确诊应激创伤、重度抑郁。

初次见面，她有些紧张，声音也有些干涩。我轻声安抚："现在案件遇到一些阻碍，其实这种情况也不少见，不要着急。职场性侵案有它的特殊性，我们需要与公安和检察院做更多的沟通，虽然难度比较大，我认为还是有希望的。"她的情绪渐渐平复下来。

萱萱是一名职场新人，案发时也就工作了 8 到 9 个月。2020 年秋，她应聘了 D 市某教育咨询机构总裁秘书的职位，面试人正是公司董事长吴迟，即本案的嫌疑人。工作几个月后，由于公司有进军北京市场的打算，萱萱同意公司将自己外派来北京，因为男朋友也在北京工作，正好可以解决异地恋问题。那个时候，萱萱有跟男友进一步发展甚至结婚的打算。

萱萱入职的公司，准备与北京某科技公司成立一家新的教育咨询公司，萱萱主要负责相关行政人事以及出纳等工作，在日常工作中，接受吴迟的直接领导。吴迟经常会来北京出差，一般都是萱萱帮忙安排相关住宿、餐饮等事宜。

2021年6月初，北京某科技公司召开股东会，吴迟到北京参会。萱萱负责安排晚上的饭局，并为吴迟在餐馆附近预定了酒店。下午6点左右，她和同事来到餐馆接待合作伙伴，吴迟则先赶赴另外的饭局，到了晚上8点半，吴迟才来到餐馆。

那天和合作方一起吃饭，气氛热烈，也少不了推杯换盏。萱萱本来对酒精过敏，喝了酒会头昏脑涨，在当时的氛围之下，也勉强喝了一些红酒。吴迟对萱萱说吃完饭别走，还有别的事情安排。萱萱本来想等饭局结束后和同事一起坐地铁回宿舍，结果走不了，她还和同事发了消息。

饭局结束后已经将近夜里11点，萱萱与吴迟前往酒店的路上，吴迟谈到与北京方面合作签订的股权协议他吃了亏，指责萱萱没有替他考虑，并向萱萱发难，说就是萱萱让他在协议上签了字，造成了他的损失，声称要让萱萱赔偿损失。萱萱感觉很蒙，也很委屈，自己就是一个小职员，领导怎么说她就怎么做而已，这么一大笔钱，她又怎么赔得起，心里既担心又害怕。吴迟见状，便提议说待会儿一起吃烧烤再商量怎么解决。

到了酒店办理入住时吴迟拿出自己身份证，声明自己一个人住，并在酒店前台询问了烧烤店地址。手续办好后吴迟示意萱萱一起上楼，萱萱以为吴迟让她上楼谈工作，之后还会出来吃烧烤，就陪同吴迟上了楼。出电梯后，吴迟突然摸了萱萱的头,萱萱下意识往后退,走在吴迟身后。到了房间门口,吴迟刷卡进入房间,萱萱迟疑了一下,也走进了房间。一念之差,她的人生就此改变。

进房间后,吴迟先是继续指责萱萱,看到萱萱紧张无助的样子,他突然对萱萱搂抱亲吻,提出要和她发生性关系。萱萱一下子蒙了,自己尊敬的董事长怎么突然换了一副面孔,她明确表示不同意,但吴迟并未停下来,萱萱拼命挣扎,并尽量护住自己的身体。但是萱萱由于喝了酒,感觉头晕没有力气,体能上也无法和对方抗衡,最后还是被吴迟得逞。在挣扎过程中,她衣服上的纽扣脱落,内衣肩带开线。

讲到这里,萱萱一度哽咽,我轻抚她的后背等她情绪缓和下来。由于事发后萱萱的反应是被检方质疑的重点,我提示萱萱接下来发生的事情以及她的所思所想要讲清楚,萱萱重重地点头。

因小时候有被性侵的经历,萱萱特别担心自己怀孕。被强行发生性关系后,趁着吴迟入睡,萱萱在网上下单买了避孕药,她的身体在不断发抖,大脑一片空白。好不容易快递电话打进来,她带着手机下楼去拿药。接过药后,她只想着赶紧把药吃了,才意识到没有水吃不了药,这时候吴迟也打电话问她在哪里,要下来接她。她想起来自己的包落在房间里,内有公司的印章、银行卡、档案柜钥匙等重要物品,她不敢弄丢。她慌忙回答自己马上上楼。这时,吴迟已到楼下,他盯着萱萱进了电梯后,自己才进电梯,两人又回到房间。此时已经凌晨3点多了,她在凳子上休息了一会儿。她想过打网约车尽快离开,但当时网约车司机杀害年轻女乘客的事情刚发生不久,她很担心。看到吴迟已经入睡,决定留在酒店等天亮再走。

好不容易等到早上6点多,趁吴迟没有醒,萱萱叫了网约车。走出酒店,看到初升的阳光,萱萱感觉一阵头晕目眩,深深的悲伤袭来,她支撑不住,蜷缩着蹲下来等待网约车到来。

回到宿舍,置身于安全熟悉的环境,萱萱的大脑才逐步清醒。她给同事大壮发了信息,说自己被强吻了,羞耻感让她无法说出真相,而她又急需求助。大壮很快回复让她报警,并安慰她,他会尽快坐飞机过来帮助她。

该怎么跟警察说?刚刚踏进社会的萱萱甚至不确定吴迟的行为到底算不算犯罪,毕竟那是她尊敬的领导,拥有成功人士的光环,在她顺遂的人生经历里她确实不明白,于是她在网络上进行搜索,读着网友的回答,她的内心越来越笃定,也越来越愤怒,自己就是被强奸了!回答还告诉她,唯一能够保护自己的方式就是报警,如果忍了第一次就会有无数次。

她向吴迟提出要辞职。看着吴迟挽留自己的回复,她觉得一阵恶心。但对她而言,这件事情太大了,她还需要更多支持。她又联系了另一名同事,说:"老板昨晚骚扰我了,我报警合适吗?"在同事的追问下,萱萱才承认自己被侵犯了。对方鼓励她马上报警,这也是她心里一直想要的答案。上午9点多,在案发6个小时后,她拨打了报警电话。

当天下午警方即控制了吴迟。吴迟认可双方发生了性行为,但否认违背女方意志,他称是萱萱对他有意勾引。警察带萱萱检查了身体,并勘查了现场,调取了相关录像,拿到了生物学证据,并找到了衣服上掉的扣子。萱萱陈述自己一直在反抗,并提交了相关证据给警方。

警方认为现有证据能证明吴迟涉嫌强奸,申请检察院批捕。但是检察院认为违背萱萱意志的证据不够充分,没有证据显示吴迟使用了暴力手段,萱萱身上也没有明显反抗的痕迹,最关键的问题是,萱萱下楼取药时为什么没有向快递员求助?为什么没有逃离反而又回到了房间?他们认为整个过程存在瑕疵,鉴于此,检察院没有批捕,要求公安机关继续补充侦查。

·逮捕·

在与萱萱见面之后,我更坚定了我的想法。我认为,吴迟就是强奸。虽然被害人没有拼死反抗,也没有嫌疑人暴力的证据,但现有的其他证据已足以证明违背了萱萱的意志。所谓瑕疵是对被害人的苛责。

我又把本案与一位检察官朋友讨论,想借此了解检方视角。她是一位办案经验丰富、思维敏捷的检察官,为人磊落坦荡。令我比较吃惊的是,她也认可检方意见。她觉得萱萱的反应确实有瑕疵,人已经下楼了,为什么不向快递员求救呢?酒店大厅一般都会提供饮用水,为什么非要回房间吃药呢?

我不禁反问一句:"被害人的反应有标准答案吗?"她愣了一下,摇了摇头,我接着问:"既然没有标准答案,为什么被害人一定要按照我们认为的那样行动呢?为什么必须向快递员求助呢?取药不过短短的几秒钟,又是深夜,她无法确定对方可以信任，毕竟就是她最尊敬和信任的领导刚刚伤害了她。还有，回去吃药就证明她是愿意的吗？当时嫌疑人已经在给她打电话，而且她的包还在房间，里面有很多重要的物品，她有不得不上去的原因。"

我接着分析："违背她意愿的证据很多，而且相互印证，形成了证据链。比如她跟同事发信息、她向嫌疑人提出辞职，如果真是她愿意，或是如嫌疑人所说的是性交易，那她为什么要告诉别人，她再傻也会知道构陷领导的后果，而且没有获得任何利益就要辞职，不可能是性交易。还有，她在网络上搜索了关于上司强奸的信息，最重要的是，她报警是很及时的，这足以说明她是不愿意的。"

所谓瑕疵，无非是质疑被害人没有拼死反抗，没有按照我们理解的所谓正常人的思路来应对，但现实生活中，情况要复杂得多。案件发生时的具体情况、当事人的性格、社会经验、法律意识等等，这些都会使得被害人的反应有所不同，被害人如何反应不应该有标准答案。

和朋友的谈话给我很大触动，我意识到即使在司法系统中，大家对职场性侵的特殊性也缺乏了解，习惯以经验作为参考。我决定给侦查机关和检察院提交法律意见，希望能改变他们之前固有的思维。

在提交的法律意见中我特意用很大的篇幅详细阐释了职场性侵的特殊性，指出由于嫌疑人与被害人存在权力控制关系，犯罪的表现形式、被害人的反应等与一般的强奸案有所区别。通常嫌疑人较少使用比较激烈的暴力，被害人往往难以剧烈反抗。双方的职权关系使得被害人对嫌疑人具有一定的依附性，比如嫌疑人可以左右被害人劳动关系的存续、升职加薪等，这会给被害人带来压力、恐惧和无力感，被害人很难像对待陌生人的强奸那样剧烈或者有效地反抗。同时，案发时被害人很难迅速对案件的性质作出反应，缺乏识别能力和敏感度。大部分被害人很年轻，初入职场，缺乏对人性复杂性的了解，对自己的领导较为尊重和顺从。对她们而言，当自己尊敬甚至崇拜的领导突然换了一副面孔，绝大部分人是懵懂的，很难作出特别及时有效的反应，这也符合一般人在重大突发性事件发生时的心理状况。马上报警、马上逃离并不是被害人在遭受性侵后的标准化应对流程。

具体到本案，嫌疑人利用优势地位，在被害人因应酬喝酒造成身体无力无法强烈反抗的情况下强行与被害人发生性关系，违背了被害人的意志，已构成强奸罪。嫌疑人在实施侵犯前以公司财务方面问题给被害人施加压力，扬言要向被害人索赔，造成被害人害怕、恐惧，以此达到对被害人精神上的控制以及胁迫。在嫌疑人实施侵犯时，被害人本身精神就处于恐惧状态，且力量对比悬殊，加上酒精过敏使得被害人身体无力，被害人虽然有意识，也进行了抗拒，但是仍因力气不支被嫌疑人强行发生了性关系。事发后被害人的一系列行为也说明了性行为发生时违背其意志，如回到宿舍后被害人马上搜索查询关于性侵害、强奸等信息，天亮后告知同事，向嫌疑人提出辞职，在当天上午即报警等。

在法律意见的最后，我们请求检察院作出批捕决定，追究嫌疑人的刑事责任。

同时，我们还与办案的警官进行了面对面的沟通。警方结合检察院的要求展开了补充侦查。

令人欣慰的是，陆续有其他被害人和萱萱联系，萱萱并不是唯一的被害人。有一位被害人非常勇敢，专程做了笔录，就她本人被吴迟性骚扰的情况提供了证人证言。

· 困境 ·

在等待批捕的过程中，萱萱和家人遭受了很多的压力。她对我说感觉自己像在渡劫。

首先是吴迟的报复和反扑。取保候审后，吴迟擅自离开北京，回到了 D 市。一回到公司，他立即将支持萱萱的大壮开除，之后在公司全员大会上给员工施压，还让人私下对其他被害人进行威胁。被害人或者知情人大多是初入职场的年轻人，势力强弱悬殊，即使有正义感，也很难在强权之下站出来。

其次，吴迟派出说客向萱萱提出给予金钱补偿，以求撤案。萱萱自始至终不要任何补偿，一定要追究他的刑事责任，态度很坚决。看到萱萱这里无法攻破，吴迟将目标转向萱萱家人。有一天萱萱的母亲来找我，说吴迟要给萱萱补偿。我再三提醒要他们特别小心，避免公道没有讨到，反而被对方以敲诈勒索追究刑事责任。如果没有萱萱的委托授权就跟对方谈判，法律风险很大，因为她是完全行为能力人，亲属在没有授权的情况下私自协商，拿了钱，有可能被对方告敲诈勒索，这样对方就有了谈判的砝码。我感受到案件表面之下的凶险，嫌疑人不光通过各种方式向被害人施加压力，还利用资源优势试图陷害被害人及其家属。

我很愤怒，嫌疑人完全没有反思自己的行为，只是想方设法逃脱法律的制裁，甚至还想陷害被害人。萱萱感到心力交瘁，她反复地问我："还有没有希望？"

当时，萱萱还在与自己的抑郁症斗争，一直在服药，同时也在接受心理咨询治疗。有一天，萱萱的母亲打电话说萱萱前一段时间离家出走，现在已经找到她并安排她住院治疗，语气里尽是疲惫与忧虑。

我听了心有不忍，打电话安慰萱萱。电话那边传来了低低的啜泣声。我等了一会儿，轻声说："萱萱，没关系，有我们呢。我们和你的爸爸妈妈都会一直支持你。"

案发后，萱萱没有再回去上班，也一直没有找新的工作，她的状态很难坚持正常的工作。我问她和男朋友关系怎样，她不想多说。这件事对他们的亲密关系是一个挑战。传统观念之下，伴侣往往不太理解被害人的处境。这得萱萱自己去应对。

让我感动的是，萱萱自始至终没有任何的动摇。即使对方拿高额赔偿诱惑，各种方式施压，她都坚持要追究到底。她的勇气让人敬佩。这是一个鸡蛋碰石头的故事，但萱萱以让人难以相信的勇气，将自己淬炼得坚硬如铁，誓要将石头砸碎。

时间来到 11 月，冬天来了，我们终于等到了好消息，吴迟被正式逮捕。不久之后案件侦查终结，移送检察院审查起诉。2022 年春天，案件移送到了法院，这意味着，吴迟被追究刑事责任的可能性更大了。

而吴迟毕竟是"老江湖"。他尽管人在看守所，但是安排了人向媒体进行爆料，称萱萱是为了钱构陷自己，还称萱萱承认自己错了，特地发短信给他道歉。事实上是吴迟给萱萱发的道歉信，请她过目修改，萱萱编辑后又发回去，结果变成了女方道歉的证据。吴迟想通过移花接木的手段，歪曲事实，误导公众，掀起对萱萱的网络暴力，并试图影响司法公正。

萱萱很痛苦，她想不到一个人怎么会这么恶劣，而媒体作为社会公器，却被恶意私用。在没有判决的情况下，部分媒体不仅帮助吴迟撇清嫌疑，还给被害人泼脏水，对她造成二次伤害。我们指导萱萱进行了公证，必要时起诉相关媒体侵犯名誉权。

待案件移送法院后，我再次前去阅卷，并帮助萱萱提交了刑事附带民事诉讼的诉状。与之前相比，警方又补充了很多新的证据。我还看到了公诉书，其中明确提出，嫌疑人是利用职权关系对被害人进行侵害。这说明，我们关于此案是上司对下属利用权力控制关系实施性侵的意见得到了采纳。

因为涉及当事人隐私，法院选择线下开庭，受客观环境影响庭审一再延后。这期间萱萱的情绪不是太稳定，重压之下又离家出走了一次，所幸她还是挺过来了。

·庭审交锋·

2022年10月,终于等来开庭。萱萱本人无法出庭,我和齐齐作为诉讼代理人出庭,对方则派出两位辩护律师。在法庭上,法院充分尊重我们作为被害人公诉代理人的权利,给了我们充分发表意见的机会,我们积极参与发问、质证和辩论等所有重要环节。整个过程双方你来我往,十分激烈。

不出所料,吴迟在法庭上拒不认罪,辩护律师做无罪辩护。

纵观整个庭审过程,辩护律师的主要思路,一是否认双方存在上下级关系,这是针对公诉人认定的被告人利用职权关系强行与被害人发生性关系。他们的逻辑是,只要否认双方存在上下级关系,强奸的前提就不存在了。不过,证明双方存在上下级关系并非难事,庭审伊始,核实身份时,法官即问被告人:"你有什么职务?"当时吴迟没有防备,一五一十把自己担任的所有职务都列了出来。其实其中暗藏玄机,这样一来他与被害人的职权关系一目了然。同时,公诉人还提交了多组证据证明被害人向他请示工作,职权关系真实存在。包括案发当天,他威胁被害人赔偿股价损失,都体现了职权的压力和控制。

二是试图说明两人有暧昧,以此证明两人发生性关系是你情我愿,同时还试图说明萱萱是为了利益与被告人发生性关系，因获利不成而构陷被告人。辩护律师提出，被害人曾为被告人做过早餐。我表示这过于牵强附会，被告人在北京出差，有时会住公司宿舍，作为行政的萱萱为领导偶然做一两次早餐非常正常。公诉人指出，查阅双方所有的通信记录，没有一条涉及所谓的暧昧，全部都是正常的工作交流。这个论点不攻自破。

至于萱萱为了获利以及构陷，则完全只是被告人以及辩护律师的说辞，没有任何证据予以证明。整个庭审辩论过程中，对方一直试图把这起职场性侵粉饰成一场办公室恋情。然而没有任何证据支撑的观点毕竟是苍白无力的。

反观我方则证据充分，论述有理有节。公诉人出示了多组证据，有来自同事和其他被害人的证人证言，被害人的询问笔录，相关聊天记录，网络浏览记录，监控录像等，这些证据相互印证，证明了被害人的不愿意。

庭审中有一个细节让我印象很深。公诉人发问："被害人是怎么到你们公司的？"吴迟回答："我亲自面试的她，觉得这个女孩长得很有福相，所以录用了她。"似乎很多老板都希望长得福相的人能给公司带来好运，但恰恰是这个女孩终结了他的恶行，多么讽刺！

在最后的举证阶段，公诉人播放了酒店的监控录像，还原了案发当日的情形。之前我在电脑上也看过这些录像，这次在法庭上看，影像投放在大屏幕上，萱萱的反应更为清晰，也更让人为之心疼。这些镜头，让我们真切感受到了受害女性在这种权力控制之下的无助。

第一组镜头是上楼出电梯时被告人突然摸萱萱的头,我们能看到萱萱的惊讶,她本能地向后退了一步,一直走在被告人的身后。之后到了房间门口,我们看到萱萱明显地犹豫了一下,才进了房间。

再一组镜头是萱萱去拿药,被告人下楼去接她,接着二人上楼。电梯里,萱萱看到被告人进来,即往对角移动,尽量远离被告人。她一直低着头,沉默着。如果如被告人所言她是自愿的,怎么会对被告人这么生疏、防备、害怕?

最让我难过的是最后两组镜头。第二天早晨6点多,萱萱从酒店房间出来,神情木然,连吊带裙的一边耷拉下来都全然不知,还走错了方向,我们能感受到她的失魂落魄。

最后一组,萱萱在酒店门口等网约车,这是一个远镜头,路上只有萱萱一个人,她好像虚弱得无法站立,缓缓蹲下,用双手抱住了自己的肩膀,头默默低下,孤独、无助、痛苦似乎溢出了屏幕,让我忍不住流下了眼泪。

哪里有对方辩护律师所称的暧昧?所谓的违背意志,不只是嘴里说不,或者反抗得伤痕累累,萱萱的所有肢体语言都在表达她的痛苦和不情愿!

法庭辩论阶段,我代萱萱表达了她的态度:"被告人拒不认罪、悔罪,还通过各种手段不断向被害人施压,给被害人带来严重的精神创伤,应予以从重处罚。"

·实现正义的另一种方式·

由于证据较多,而且法庭让各方充分表达意见,各方交锋激烈,原计划开一次的庭变成了开两次。我和齐齐不辱使命,充分表达了我们的意见,也给公诉人予以助力。两次庭审结束后,吴迟及辩护律师希望通过赔偿获得被害人谅解,以此求得轻判。了解他们的想法后,我让对方直接与萱萱及其家人沟通,无论最后是否谅解,我们都会尊重萱萱的选择。

2023年春节前萱萱告诉我们,她目前尚未与吴迟达成赔偿以及谅解协议,我感觉她还是想让吴迟承担相应的法律责任。截至本书出版时,本案仍在审理中,我佩服她的坚持,也尊重她最终的选择。我想说的是,即使萱萱最终还是选择了接受赔偿,与之前被告人吴迟提出的补偿,性质已然不同。吴迟在侦查阶段提出的所谓补偿,是想作为和解费用,换取被害人撤案,并由此逃避法律的制裁,因此萱萱才会断然拒绝。在庭审之后,这笔钱是在确认被告人认罪服法的前提下,被害人依法获得的一种赔偿。

我认为,对被害人而言,拿赔偿出具谅解书,未尝不是一种可行的选择。法院认定被告人有罪,已经是对被害人最大的支持,萱萱的主要诉求已经实现。刑事附带民事赔偿的金额有限,而且不支持精神损害赔偿,对性侵害案件而言赔偿金额不会很高。但是对被害人来讲,精神上的伤害无疑更大。性侵给萱萱造成了非常严重的应激创伤,她在很长时间里都要与抑郁症做斗争，而在漫长的维权过程中，她和家人都承受了巨大的压力，她一直无法恢复工作，在这种情况下金钱的补偿更具实用性。

对这样的选择可能有人并不理解，甚至会指责被害人就是为了经济利益。我不能苟同。我的立场是支持案件中的被害人，要以被害人为中心，从被害人的利益和需求出发。

谅解制度是刑事诉讼重要的制度设计。被告人通过支付赔偿获得谅解和减刑，被害人获得实际的利益，我想制度背后的原意，是为被害人提供更多的实现正义的方式。事实上，在被告人认罪认罚之后，刑期的长短对被害人而言没有实际的意义。出具谅解书获得补偿，对被害人未来的生活有所帮助，这种方式未尝不可。

在本案中，还有一点我体会深刻，我们始终站在被害人一边，给予她支持，而另一方面，被害人一直咬牙坚持，也给了我们莫大的鼓舞。维权过程漫长、艰难，能够走下来，并取得最后的胜利，很不容易，只有双方相互信任，相互扶持才能做到。

后记

写一本这些年来我办理案件的手记,是我一直以来的心愿。20年来,数百名女性以案件当事人的方式走进了我的生命里,成为我人生中最精彩、最丰沛、最难忘的部分,她们的苦难令我难过,她们的勇气令我感动,她们的故事是这个时代女性命运的一个缩影。因此,把我办案的经历、我的所思所想、她们在这个过程的蜕变和成长记录下来,呈现出来,我觉得是我的使命,也是我必须要做的事情。

只是我这些年一直太忙碌,为案子,为我创立的公益组织源众的生存和发展,为机构年轻人的生计,写书慢慢变成了我办案路上小憩时的念想。它成了我拖着疲惫的身体把自己放倒在床上时不甘的一声叹息,也成了与伙伴们相聚时大家经常敦促我的话题。眼见完成它的时间点越来越遥远,我为此甚至有些焦虑和自责。

2022年对所有人而言都是特别难忘的一年,对我、对源众则是充满困难和挑战的一年。它于我的重要意义是,2022年是我从事妇女儿童权益保护工作整整 20 年，我觉得不能再等了，我需要对这 20 年的职业生涯进行总结和回顾，也需要一种在困难和挑战之下鼓励我继续前行的力量——过往的我和她们。于是，我开始动笔，并下定决心，一定不能半途而废，不管有多难。

但整个写书过程的艰难，还是超出了我的想象。

首先是工作的压力和困难。2022 年伊始，源众面临员工大换血，我需要花巨大的精力和时间培训新同事，而且更多的工作压在了我和老员工身上；同时，源众也遇到了前所未有的资金压力，之前多个项目因种种原因被停，我作为负责人需要寻找新的筹资渠道，开拓新的工作领域，而且，还需要进行新的战略调整。这当中的每一件事情都不容易，但它们几乎同时压向我。我只能在繁重的工作中挤出一些时间写作，不得不牺牲休息和睡眠。

第二，就是我的身体不断出状况。在年初，我身体经常潮热，心脏非常不舒服，检查结果是十几年的甲状腺功能亢进症严重了，必须尽快治疗，在身体不允许药物治疗的情况下我不得不选择碘 131 治疗方案，这种治疗的结果是甲状腺机能减退。很不幸，甲状腺机能减退的几乎所有症状我都出现了：身体极度疲惫，水肿，突然胖了十余斤，头经常炸裂般的疼，背部肌肉像断裂一样，整个身体像压了一座大山，脚像灌了铅，我不得不躺下。经过治疗症状逐步好转，我又病了，而出版社交稿的时间越来越近。我还清晰记得，休息到第 7 天时，自感身体好转的我写稿写到凌晨 4 点，半夜，老母亲看到书房里透出的灯光，既心疼又不忍打扰，就给我发了一条信息："赶快睡觉吧，为了自己更为了家人。"由于写作和工作的压力，我恢复得不好，不得不忍受后遗症带来的种种不适和折磨，比如长时间的咳嗽、头疼、浑身无力。

即便如此，我也没有想过放弃。我告诉自己：这是使命，也是修炼。而且在写作的过程中，我不断获得新的感悟和收获。我的大部分写作过程都有疾病相伴，我逐步摸索到了与病痛共舞的节奏，如果要形容，就好像一首交响曲，苦痛、疲累与电脑上一行行增加的文字带来的内心愉悦相交、相融。这些经历让整个写作过程透着些许艰难，但又如此特别难忘。最大的收获是，通过写作，我似乎又回到一桩桩案件的场景之中，回到与姐妹们共行的那段生命历程里，好像再次跟她们对话一样，通过笔触感受每一桩案件给我带来的不同体验。而且，经过时光的沉淀，这些封存的经历变得厚重、深刻，给了我很多新的滋养，让我的眼光更高远，信念更坚定，心态更平和。随着噼里啪啦的键盘声，那些已经变得有些模糊的人和事，从斑驳的光影里走出，变得越来越清晰，我不止一次地被感动，眼泪让视线模糊，我干脆停下敲动着键盘的手，让泪水肆意流下。我希望这本手记，成为一首致敬这些平凡而伟大的女性的赞歌，她们值得被称赞。

在新年钟声敲响之际，手记终于完成。而我和源众的小伙伴们，在经历了2022年的风雨后，一起昂首走进了2023年的春天，我相信，这是我们每个人的春天。

当然，写这本书不只是我一个人的战斗，还有很多人的付出，因此，我真诚地向所有做出贡献的大家致谢！

由于我的时间实在是太过紧张，有好几个源众志愿者不同程度地参与了本书的文字编写工作，为这本书的顺利完成打下了坚实的基础，她们是：李平、鹿一、崔玉敏、袁玥、董俊、三昧，还有我的朋友、网络作家姬流觞为多篇案例的写作进行了修改润色。她们的认真敬业让我感动，而在合作过程中她们体现出来的对性别议题的理解和洞察，也让我惊喜。如果未来我们又多了这些年轻的同行者，也是这本书的意外收获吧。而我的同事齐齐不仅在书里多次出现，还帮我准备了非常丰富详实的案件资料。感谢姑娘们！